经济发展与农业经济管理

李 仿 丛金凤 孔彦敏 著

吉林科学技术出版社

图书在版编目（ＣＩＰ）数据

经济发展与农业经济管理 / 李仿，丛金凤，孔彦敏

著. -- 长春 ：吉林科学技术出版社，2024.3

ISBN 978-7-5744-1111-1

Ⅰ．①经… Ⅱ．①李… ②丛… ③孔… Ⅲ. ①农业经

济管理 Ⅳ．①F302

中国国家版本馆 CIP 数据核字（2024）第 059493 号

经济发展与农业经济管理

著 李 仿 丛金凤 孔彦敏
出 版 人 宛 霞
责任编辑 郝沛龙
封面设计 南昌德昭文化传媒有限公司
制 版 南昌德昭文化传媒有限公司
幅面尺寸 185mm×260mm
开 本 16
字 数 302 千字
印 张 14.25
印 数 1~1500 册
版 次 2024年3月第1版
印 次 2024年12月第1次印刷

出 版 吉林科学技术出版社
发 行 吉林科学技术出版社
地 址 长春市福祉大路5788 号出版大厦A 座
邮 编 130118
发行部电话/传真 0431–81629529 81629530 81629531
 81629532 81629533 81629534
储运部电话 0431–86059116
编辑部电话 0431–81629510
印 刷 三河市嵩川印刷有限公司

书 号 ISBN 978–7–5744–1111–1
定 价 78.00元

前　言

在我国经济飞速发展的同时，农村经济面貌也有了很大改善，农村经济在我国经济发展中扮演了十分重要的角色，是我国整体经济持续增长的基础。政府对农村经济的管理应该从多方面着手，以提升农村经济质量为目的，就实际情况来讲，农村经济主要在农业，而农业又是关乎人民民生的产业，农业产业结构、农村环境保护、农村经济管理人才培养等，都是未来促进农村经济发展的主要方向。而在农村经济发展的过程中往往会出现许多的问题，从而影响到农业经济管理工作的开展，无法实现对农村经济的促进作用，使农村经济的发展长期得不到提升。因此，需要工作人员根据农村实际情况采用相应的经济管理措施，在农业发展中，改变传统经济管理观念的运用，完善农业经济管理相关制度政策，使用有效的专业农业经济管理措施，促进农村经济跟上社会发展轨迹，充分体现经济管理对经济发展的促进作用。

农业经济管理是研究经济规律在农业中的具体表现形式和管理学原理在农业中具体应用的学科，它不仅要研究各种经济规律在农业部门和农业企业中的特殊表现形式，还要研究经济管理职能的具体运用和作用的发挥。本书主要对经济发展与农业经济管理进行了探索，书中在经济发展的基础上，分析了农村金融及融资、农业产业结构与布局、农业经营预测与决策，接下来重点对农业自然资源管理、劳动力资源管理、农产品市场与营销管理、农村经济发展管理及创新进行了深入的研究。对于研究经济发展与农业经济管理具有重要的指导意义。

作者在撰写本书过程中，参考和借鉴了一些知名学者和专家的观点及论著，在此向他们表示深深的感谢。由于作者水平有限，书中难免会出现不足之处，希望各位读者和专家能够提出宝贵意见，以待进一步修改，使之更加完善。

目　录

第一章 经济发展概述

第一节 现代经济发展的本质与规律

一、现代经济发展的本质

从全球经济学的角度来看待人类社会经济的发展，有助于对经济发展的全新认识。立足于全球经济场，沿着人类历史的进程，很容易发现，近代人类社会经济的发展过程实质上就是工业化、城市化的过程。随着二十世纪七八十年代以来技术的大发展，加速了现代化过程，人类社会的进步已经成为工业化、城市化和现代化的发展过程。目前，中国和一些发展中国家正是处在三者的叠加发展过程中。相应地，人类社会的各种政治制度、经济制度、经济体制及其经济机制都只不过是这个过程中不同的实现方式而已。如果同意这一观点，现代发展经济学的研究目的就变得更加明晰，现代发展经济学就是要揭示在其过程中，生产要素、经济要素以及经济结构等在不同时期、不同阶段、不同制度作用下对经济增长、经济发展的作用及规律。

（一）经济增长与经济发展的区别

为了有助于深刻了解现代经济发展的本质，我们先来了解经济增长与经济发展这两个基本概念。

经济增长是经济学家常用的概念，更一般地来探讨，经济增长的含义是指，在一定时间内，一个经济体系生产内部成员生活所需要商品与劳务潜在生产力之扩大（亦即生产可能曲线向外扩张）。生产力的成长主要决定于一个国家自然资源禀赋、资本数量累积与质量提升、人力资本累积、技术水准提升以及制度环境改善。因此，经济增长决定生产力之诸多因素的扩展与改善。

一个国家走向经济和社会生活现代化的过程可称为经济发展。经济发展不仅意味着国民经济规模的扩大，更意味着经济和社会生活质量的提高；不仅涉及物质增长，而且涉及社会和经济制度以及文化的升级演变；同时又是一个长期、动态的进化过程。

一般而言，经济发展包括三层含义：一是经济量的增长，即一个国家或地区产品和劳务的增加，它构成了经济发展的物质基础；二是经济结构的改进和优化，即一个国家或地区的技术结构、产业结构、收入分配结构、消费结构以及人口结构等经济结构的变化；三是经济质量的改善和提高，即一个国家和地区经济效益的提高、经济稳定程度、卫生健康状况的改善、自然环境和生态平衡以及政治、文化和人的现代化进程。

经济增长或社会财富增长是生产力发展的重要标志之一。经济增长不是单纯的国内生产总值（GDP）增长，而是经济增长速度和经济增长质量的统一。从产出方面看、经济增长以社会产品数量增加和质量提高为标志，这就是经济增长速度。产品质量不变而数量增加属于经济数量绝对增长；产品数量不变而质量提高，经济数量相对增长。从投入方面看，经济增长以资源消耗的相对减少为标志，这就是经济增长质量或经济效益。如果社会财富产出总量不变而资源消耗总量减少，或者社会财富总量增加较多而资源消耗总量增加相对较少，就是经济增长质量提高或经济效益提高，把投入与产出联系起来考察，经济增长就是以最少的资源消耗生产出最多的社会财富，这是经济增长的确切含义。

经济增长与经济发展具有明显的差别。经济增长理论是西方经济学理论体系的重要内容之一。在西方经济学理论体系中，没有把经济增长与经济发展区分开。经济发展的特殊本质是"人本位"，以社会经济主体共同全面发展为目的。经济增长的特殊本质是"物本位"，以社会财富增长为目的。经济发展和经济增长是在不同的经济理论体系基础上确立起来的经济范畴。经济发展是指整个国民经济的演进过程，而经济增长仅是指社会财富生产的增长，比经济发展的涵盖范围小得多。经济发展与经济增长是整体与部分之间的关系，经济发展包括经济增长，经济增长是经济发展的内容之一。

经济增长作为生产力发展的总量目标，不包括经济结构优化的目标，不包括经济利益关系协调的目标，不包括社会消费水平的发展目标和分配格局的调整目标，因此解释不了经济结构失衡的问题。产业结构、区域结构、城乡结构、内外结构等方面的经济结构目标，属于经济发展的重要内容。经济发展的内容，不但包括物质产品生产与消费的增长，也包括精神产品生产与消费的增长；不但包括经济数量的增长，也包括经济效益的提高；不但包括经济总量的增长，还包括经济结构的优化；不但包括社会财富生产的增长，还包括社会财富分配的合理化以及消费水平的提高；不但包括经济效益和生态效益的提高，还包括社会效益的提高。

（二）现代经济发展的过程分析

经济发展是在经济增长基础上，一个国家经济与社会结构现代化的演进过程。考察人类社会发展的过程，可以发现，近代人类社会发展的最显著的标志就是工业化和城市化的发展，这两个方面的发展推动着人类社会发展的进程。由于技术大发展，加快了各行各业的现代化水平，因此，人类现代社会经济的发展其实质就是工业化和城市化、现代化的过程。如果明白了这一点，经济问题就变得简单明了。由此，可以通过社会发展的进程看到这一点。

1. 工业化过程

西方国家近代经济发展的事实证明，农业的率先发展，换言之农业革命的率先发生，是产业革命得以出现的前提。这是因为从新石器时代人类进入农业文明后，到17世纪产业革命的前夕，农业生产和技术的发展极为缓慢。农业无法为非农经济特别是工业经济的长足发展提供劳力和市场，没有国内农业的率先发展，不可能出现工业长足的发展，也不可能完成产业革命。因为在农业劳动生产率没有大幅度提高的情况下，发展工业如果转移农业人口，将急剧减少农产品的供应，其结果为：一方面无法保证对工业部门的农产品的供应；另一方面减少农村市场对工业品的购买力，从而将会从供给和需求两方面限制工业的发展。

一国不可能通过进口农产品来实现产业革命，因为要做到以国外农产品取代国内农产品，进口国的工业生产率必须大幅度地超过农业生产率，使得这一生产率差额足以支付进口农产品所需花费的运输费用，而这一点即使在产业革命开始以后的相当长的时间里也无法做到。因为在产业革命的前夕和初期，工业劳动生产率不高，而国际运输费用却因工业和运输水平低下而非常昂贵。

在西方产业革命时期，农业革命的先导和基础作用还突出地表现在提供劳动力、提供市场、提供资金和提供企业家四个方面。农业革命是人类历史上第一次人口革命的基础，使人工发展从高死亡率、高出生率的传统阶段进入低死亡率、高出生率的近代阶段，从而使人口迅速增加：人口增加一方面增加了劳动力的供给；另一方面扩大了对工业品的需求，从而为工业生产的发展扩大了市场。产业革命初期，由农业革命所造成的对工业品的需求，首先是衣着需求；其次是铁制农具需求，从而为纺织工业和钢铁工业的发展提供了广阔的市场，在西方国家工业化初期，首先是纺织工业；其次是钢铁工业，成为当时最兴旺、发展最快的工业部门，而农村市场乃是其主体市场。由此可见，在工业化的前期，无论轻、重工业均以农村为主要市场。

农业革命为产业革命提供企业家和资金，表现得最明显的是纺织工业，农业革命促使农民向非农产业转移，其最接近的产业便是纺织工业。因为在男耕女织的前工业化社会里，纺织是农家生产的重要组成部分。同时，在产业革命前期，纺织工业的设备比较简陋，投资额不大，家境较殷实的农民不难涉足其中。

工业发展并不等于工业化的过程开始，当资金、技术积累到适当程度的时候，工业发展加快，工业化进程开始。工业化最基本的前提是技术积累达到一定程度和阶段。工业化创造两种需求：一是社会需求；二是工业本身发展的需求：工业化程度越高，门类就越齐全，工业层级和门类的扩张按照一定的规律进行。

2. 城市化过程

西方的城市化运动自工业革命开始，到二十世纪六七十年代，城市化已达到很高的水平，城市已经成为西方人口的主要聚居区。西方城市化的高水平已经成为西方国家发达程度的重要标志。城市化的经济目的是通过规模经济、集体消费，提高公共服务的水平，人口密度是公共服务的函数，人口集聚是提高公共服务效率的前提，唯有大规模的空间集聚，才能降低公共服务的平均成本，获得递增的报酬。

城市作为独立的、高效的经济运行实体，有力地推进着社会、经济、文化的发展。城市能够非常有效地将一定区域内的经济人力、组织、文化、技术等资源聚合在一起，并加以合理的配置，以达到最优化的运行方式，使城市运行进入良性发展。社会的发展已经不是仅依靠产业的推动，城市本身已经成为推动社会经济发展的重要驱动力。现代西方城市的功能不是其生产水平有多高，而是要有能力组织起社会生产。在整个社会的经济运行中，城市更像是一个组织者、管理者、指挥者。城市规模是影响城市发展的重要因素，规模过小则不具备足够的聚合力，无法有力地吸引各种资源，对其周边地区的带动作用也不明显。城市的规模越合理，其运行效益越高。

工业的不断发展，增加了对土地和人口的需求，随着工厂的增多和规模的扩大，城市也在扩张，进而促进多种需要和多个产业的发展。工业化要求人力、资本、技术聚合，使城市这种最适合的发展模式脱颖而出，工业化与城市化在相互推动中不断发展。20世纪90年代以来，随着以国际互联网为代表的网络技术的发展，城市化进入新的发展阶段。城市化并不仅是人口由乡村向城镇的简单集中，它反映的是整个社会结构的变化，它包含非农产业的集中，生活空间的转化和观念意识的转化。西方社会在城市化的初期，主要是在工业革命后，城市在高速发展的同时，也出现了许多问题，如交通紧张、环境污染、住房紧张等。

3. 现代化过程

现代化常被用来描述现代发生的社会生活以及文化变迁的现象。一般而言，现代化包括了学术知识上的科学化、政治上的民主化、经济上的工业化、社会生活上的城市化、思想领域的自由化和民主化、文化上的人性化等。也有人认为，现代化是发展中的社会为了获得发达的工业社会所具有的一些特点，而经历的文化与社会变迁的包容一切的全球性过程。

现代化是人类文明的一种深刻变化，是文明要素的创新、选择、传播和退出交替进行的过程，是追赶、达到和保持国际先进水平的国际竞争。现代化的核心是"人性的解放"和"生产力（效率）的解放"，由于这一现象是从欧美等西方社会开始，有时也被称为"西方化"，但并不专属于西方社会。现代化也可以被理解为四个过程：技术发展、农业发展、工业化、都市化。现代化的另一个方面是技术的大爆炸，它使人类思想以惊人的速度和数蛍增长和传递，不同文化之间的差别在缩小，而专业技术领域上的差别却在扩大。

一般而言，在 18—21 世纪期间，世界现代化可以分为两大阶段：第一次现代化是从农业社会向工业社会、农业经济向工业经济、农业文明向工业文明的转变；第二次现代化是从工业社会向知识社会、工业经济向知识经济、工业文明向知识文明、物质文明向生态文明的转变。这里所讲的现代化着重于技术进步所引起的生产和生活所有方面以及各种手段的现代化，因为它的进步促进了需求和生产的急剧增加，即经济增长和社会发展。

二、工业化发展与规律

工业化是由农业经济转向工业经济的一个历史过程，当今世界各国发展经济，工业化是其必经之路。

（一）工业化时期需求变动

工业化过程存在双重需求，即工业本身的需求和市场需求。工业发展除了为社会提供产品需求之外，本身也需要机器设备、厂房建设、动力支持等，工业化发展还需要大量土地，需要运输设备等，同时需要大量人力资源。工业化时期，社会需求无论在总 M 和结构上都有空前的增长，其决定因素很多，如地理位置、自然条件、社会风尚等，但最主要的因素有：生产技术发展、人口城市化、市场发展、政府行为。

1. 生产增长与技术进步

人类社会经济发展史证明，没有大量的需求就没有大量的生产，而形成大量生产的必要条件是产品的价格能够为工农阶层所接受，从而使工农的需求成为有效的需求。工业化过程中形成的现代工业、现代农业和现代运输业不仅提供了数量日益增大、品种日益增多的产品，而且大幅度地降低了成本，降低了价格。其中特别值得一提的是，耐用消费品工业的发展向市场提供了大量的缝纫机和自行车，汽车和冰箱也开始出现。现代农业的发展则使谷物、肉类的生产在一定程度上摆脱了土地报酬递减法则的制约，国内外贸易的发展对商品价格的降低也起了一定的作用。

2. 人口增长与农村人口城市化

工业化时期欧洲人口的增长从两个方面影响需求：一是人口数量的增大直接扩大需求；二是农村人口城市化改变了消费的模式，从而改变了需求的模式。与农村居民需求相比，城市居民的需求有两个特点：一是自给自足的实物需求变成货币支付需求；二是需求更趋于多样化、如对公共设施、公共卫生和文化教育的需求增加，这两大特点既标志着人们需求质的提高，也标志着需求 / 的增大

3. 市场体系与市场机构的发展改进

市场的改进包括统一的国内市场以至统一的国际市场的形成，统一的民族国家的形成，市场销售机构如批发市场、零售贸易机构（百货商店、合作商店、联号商店、廉价

商店）的出现，全国性报纸刊物上的商品广告的作用，通信工具的改进，货币工资之取代实物工资等，所有这些均直接或间接地促进了市场的发展。

4. 政策行为对消费需求的刺激作用

工业化时期政府政策对消费需求的影响有直接和间接两种。政府政策行为对消费需求的直接影响是指社团消费的增长，包括政府行政费用的增长等。随着工业化和城市化的发展，政府相关部门用于行政管理、公共设施、公共卫生、文化教育、社会保障方面的开支与日俱增。间接影响是指政府的法令、政策的作用，如消费的等级限制，对消费品管理限制，譬如撤除关卡，税收减免包括关税减免，直接税和间接税的设置和完善。这些政府法令政策措施的颁布和实施，虽然其中有些项目对消费增长有抑制作用，如税收的增加，但总的说来，其对消费需求的促进作用还是主要的。

（二）第三产业的发展规律

西方国家工业化时期的重要经济现象之一是第三产业的迅速发展，第三产业被认为是国民经济中除去农业（称为基础产业）和工业（又称第二产业）以外的所有产业第三产业即服务业有三个基本特征：产品具有无形性、生产单位多为劳动密集型小企业、从业人员带有较强的专业性，且以女性、个体经营者和兼职人员为主。对第三产业内部行业的分类不尽一致。例如，比较通用的分类法是将第三产业分为：交通、通信；商业、金融、保险；科学、教育、文化、卫生；政府和防务；狭义的服务行业（饮食、旅游、修理等）。还可以将第三产业分为：社会服务业，即交通、通信和公用事业（教育、公安、国防司法）、社会福利卫生事业；商业服务，即商业、金融、保险等；个体服务，即家务、手工个体服务，个体专业服务者如律师、医师等；社团服务，如职业团体；文化娱乐。

服务业的发展过程相当漫长在产业革命前的西方经济中，服务业已经萌芽，包括细小规模的商业、政府、专业服务者和颇具规模的家庭仆役业。而当时的所谓专业服务者主要是从事法律和医疗等行业。产业革命开始以后，服务业得到与工业同步的发展、其主要分为两种类型：一是生产性服务业，如交通运输、教育、商业，这类服务业被视为生产活动的中间环节，故又称中间服务业；二是消费性服务业，主要是指文化娱乐业，这类服务业的发展与经济增长及人们实际收入的增长有直接关系，而 EL 当收入增长时，人们对这类服务的需求比对商品的需求增长得更快。

从长期看，第三产业的发展有两大特点：一是生产率的增长速度低于第二产业的增长速度，从而具有降低国民经济增长率的趋势；二是其对劳动力的吸纳能力，并且比较稳定，从而对西方国家的就业结构产生向第三产业倾斜的影响，并对就业率起某种稳定作用。

三、城市化发展与规律

城市的核心是"市"，城市化的核心是"市场化"。一般而言，城市化的含义分为广义和狭义。从广义的角度来看，城市化是社会经济变化过程，包括农业人口非农业化、城市人口规模不断扩张，城市用地不断向郊区扩展，城市数量不断增加以及城市社会、经济、技术变革进入乡村的过程，从狭义的角度来看，城市化仅指农业人口不断转变为非农业人口的过程。

城市化是指人类生产和生活方式由乡村型向城市型转化的历史过程，表现为乡村人口向城市人口的转化以及城市不断发展和完善的过程。城市化也意味着城镇用地扩展，城市文化、城市生活方式和价值观在农村地域的扩散过程。一般地，工业化可以产生多重需求：工业自身需求和市场需求（换言之满足市场需求）。正因为如此，工业发展能促进经济增长和社会发展。城市化一般滞后工业化，工业发展到一定程度工业化加速、进而促进和带动城市化发展。在现代社会经济发展中，城市化阶段是一国社会发展和经济增长深刻变革的时期。

随着产业革命的兴起，机器大工业和社会化大生产的出现，开始涌现出许多新兴的工业城市和商业城市，城市人口比例迅速增长。国际上城市化有两种不同的发展模式：一种是紧凑型模式，在有限的城市空间拥有较高密度的产业和人口，节约了城市建设的用地，提高了土地的配置效率；另一种是松散型模式，人口密度偏低，交通能源消耗要比紧凑型模式多很多。

城市化的本质是社会经济结构变革的过程。加快城市化进程的本质并不是无限制地扩大城市规模，根本上要使全体国民享受现代社会的一切城市化成果并实现生活方式、生活观念、文化教育素质等的转变。即实现城乡空间的融合发展，主要表现在产业融合、就业融合、文化融合、社会保障融合、制度融合等，以期真正实现城市和农村人口的共同富裕、共同发展、共同进步。

城市化可以拉动和促进消费，已经成为公理。无论如何，城市化进程的重要表象是人口的迁移，人口的流动必将产生对居住的需求以及连带多种需求，城市化过程会对城市房价带来较大的变化和影响。

另外，从制度经济学的角度，经济增长的关键在于制度因素，土地、资本、劳动力等要素在有了制度时才得以发挥其功能。城市化作为伴随社会经济增长和经济结构变迁而产生的社会现象，同样与制度安排及制度变迁密切相关。如果缺乏有效率的制度或是提供不利于生产要素聚集的制度安排，就会阻碍要素的流动、产业结构的升级、规模效应和聚集效应的有效发挥，就会妨碍城市吸引和扩散效应的实现，从而阻碍城市化进程的正常进行。

技术进步推进了工业和工业化发展，工业化拓展加剧了城市化发展。工业化是城市化的动力，城市化又为工业化创造条件，城市化进程中，既要充分考虑工业化对城市化的支撑，又要充分考虑工业化对城市化的要求和配套，城市化关键要统筹城乡社会经济发展。

第二节　经济制度与经济发展的联系

从全球经济场的角度来看，近代人类社会经济发展的实质是工业化、城市化和现代化的过程。劳动、资本、土地、技术等都是促进经济增长的基本要素，进而诸如制度、体制、机制等都是影响社会经济发展的重要因素。

一、制度在经济发展中作用

人类社会发展进步，离不开先进的制度，研究经济发展与增长，更离不开制度。制度学派对经济增长提出了全新的观点，认为资本积累、技术进步等因素本身就是经济增长；经济增长的根本原因是制度的变迁，一种提供适当个人刺激的有效产权制度体系是促进经济增长的决定性因素。从当代社会经济发展的本质来看，制度是促进当代经济发展的重要因素之一。

现代西方经济学可分为主流经济学和非主流经济学。非主流经济学流派很多，制度经济学是其中特别引人注目的一支。从方法论角度而言，制度学派以研究"制度"和分析"制度因素"在社会经济发展中的作用为标榜，并以此得名。制度学派以研究"制度"而得名，制度学派采用历史归纳方法和历史比较方法，强调每一个民族或每种经济制度都是在特定历史条件下进行活动或发展起来的，他们认为经济增长的根本原因是交易费用的降低，而降低交易费用的关键在于制度变迁。

制度经济学认为制度在经济发展过程中起决定性作用，人类社会历史的变迁，制度变迁才是根本的变迁。制度是一个社会的游戏规则，也因此成为塑造经济、政治与社会组织的诱因架构。所谓制度包括了正式规则（宪法、法律、规定）与非正式的限制（惯例、行事准则、行为规范），以及上述规则与限制的有效执行。制度加上技术，决定了构成总生产成本的交易及转换（生产）成本，从而影响经济的表现。由于制度与采用的技术之间有密切的关联，所以市场的效率可以说是直接取决于制度层面的架构。

在不同制度下，经济发展各因素的组合方式和发挥出来的生产力是截然不同的。人是经济发展中起主导作用的能动因素，但人的积极性以及创造性的发挥却是由制度决定的，制度对经济增长的作用是显而易见的，现代经济增长中的许多新问题，如公共政策对经济增长的影响、国际贸易对经济增长的影响和经济市场化对经济增长的作用等，都可在制度经济学理论中找到解释。

制度对于经济增长的作用是显而易见的。在经济学中，制度经济学派是把制度本身作为经济增长的一个独立因素或者独立变量来考虑，以此来研究它对经济增长的作用以及作用的程度。但是这里所考虑的制度对经济增长的影响，是把制度看成是影响经济增长的众多因素之一，换言之是作为众多变量中的一个来加以考虑。

制度是规范人类的活动规则、程序和习俗的集合。每一个基本经济形态都有自己的基本经济制度，过渡时期有过渡性经济制度，亚经济形态也有相应的经济制度。在基本经济制度变迁的同时，经济活动各个领域的制度也发生着变化；同一个基本经济形态的基本经济制度，可能会有几个变种。

二、经济体制影响经济发展

（一）经济体制的功能与分类

经济体制是指在一定区域内（通常为一个国家）制定并执行经济决策的各种机制的总和。经济体制通常也指一国国民经济的管理制度及运行方式，它是一定经济制度下国家组织生产、流通和分配的具体形式换言之是一个国家经济制度的具体形式，诸如投融资体制、金融体制、税收体制、财政体制，等等。

经济体制就其直接含义而言是一定的经济包括生产、分配式、权限划分、管理方式、机构设置的整个体系—社会的经济关系，活动的各个方面、各个单位、每个个人的地位及其之间的利益关系，体系表现出来。

经济体制除了指整个国民经济的（纵向）管理体制外（诸如农业体制、工业体制、商业体制、交通体制、电信体制等），还应该包括横向的管理体制和方式（譬如各省、市、县政府及地方的管理体制）。由此，我们可以大致看出：经济体制主要包括所有制形式、管理权限、管理方法、经营方式等。经济体制的三个基本要素是：所有制关系、经济决策结构、资源配置方式。

1. 经济体制功能

现代社会是一个复杂的利益体，必须通过各种形式把它们联系起来，而能够承担起这个责任的就是这种纵横交错的各种体制，由此来看，体制实际上是一个国家管理社会经济的所有机构和职能的综合，这种机构包括了横向的体制，也包括了纵向的体制，也就是常说的条块结合。显然这种体制具有各自不同的功能，这些功能主要表现在：确定经济行为主体的权利范围，对整个社会的经济活动起协调作用；确定经济主体共同遵守的行为规范，对经济当事人不符合社会整体效率的行为发挥约束作用；确定利益分享规则，对经济主体行为发挥激励功能；确定信息交流结构，对经济运行发挥信息功能，很显然，和谐顺畅的体制至关重要，换言之社会经济机构的合理组织、科学设置是很重要的。

2. 经济体制分类

①按资源占有方式或按照所有制形式划分经济体制，这是通常采用的方式，这种方式往往用于区分社会基本制度或经济制度。

②按所有制划分经济体制，这种划分往往与意识形态联系在一起，即"所有制＋运

行机制＋意识形态＝某种主义的经济制度"。

③按资源配置方式分类。按照资源集中配置还是分散配置，把经济分成三类：完全集中的模式；完全分散的体制模式；中间模式。经济体制包括决策结构、信息结构和动力结构三方面，并以决策作为主要标准，把经济体制分成二：传统体制、分散市场、集中市场、计划市场、分散计划、集中计划等。

④按资源占有方式与资源配置方式的组合分类。经济体制是资源占有方式与资源配置方式的组合，资源占有方式可抽象为公有制与私有制两种，资源配置方式可抽象为计划配置与市场配置两种，这样就可把经济体制划分为四大类：公有制计划经济体制；私有制计划经济体制；公有制市场经济体制；私有制市场经济体制。

这四类体制可以基本反映现实体制模式。但私有制计划经济体制在现实中没有相应的体制实例。资本主义私有制基础上的市场经济国家在引入计划机制中并未放弃市场机制，因而这类体制可称之为私有制为主导的计划市场经济体制。

（二）经济体制变革与经济增长

经济制度的变革主要表现在：所有制形式和结构、分配方式、消费方式等，而这些方面的变革又同时要求经济体制进行相应的变革，因此我们的改革是在不触动社会主义基本制度的前提下进行的体制变革，比如价格体制、商业流通体制、投资体制、外贸体制等。经济制度变革在先，经济体制变革紧随。经济体制改革极大地解放了生产力。

在未来的发展中，必须从规模化和集约化的角度来考虑，企业、产业的发展和规划以及基本建设要从更高层次和更大范围内开展，更加节约和具有竞争力。这就要求企业集团化、规模化，产业集群化，城市集群化。按照城市集群化的要求，城市基础设施的建设也要在更大范围考虑，才能形成城市集群，城市基础设施集约发展，才能有实力发展从而减少浪费。这就要求体制要相应变化，层级减少，环节减少，管理细化。譬如实行大部制改革加大了管理跨度，必须要减少层次和缩小中间层级的管理范围，只有这样才能加快发展，减少摩擦，从而减少成本。体制性改革的目标必须如此确立。

三、经济机制影响经济发展

当代社会各种经济体都存在多种经济机制，经济机制的各个组成部分是有机联系的。西方社会主要靠市场机制发挥作用。中国社会由于自然经济、商品经济、计划经济、市场经济在社会主义制度下同时并存，互相交错，机制还不能充分发挥作用。从全球化的角度来看，市场化推进和市场配置资源成为当今世界的主流，中国正在推进市场化进程，经济机制的着力点是要建立有利于转变经济发展方式的体制和机制，以提高市场配置资源的效率。

（一）经济机制的分析

对于人们普遍看好的市场经济，最重要的是产权制度。建立市场经济制度，就必须建立与其相适应的产权管理体制和市场机制。产权公有制需要与之相适应的管理体系和激励经济增长的机制，同样以产权私有为重要内容和特征的市场经济制度，也需要与其相适应的一系列运行机制。

在不同的经济制度下，经济机制的外延和内涵不尽相同。经常情况下制度、体制和机制对经济增长的促进作用是很难分清楚的，因为它们本身就是相互关联，甚至互为表里、互为载体，但是也有明显的区别。

国民经济是一个有机的整体，具有内在的构造和特定的联结方式。在国民经济这个大系统中，有物质生产部门和非物质生产部门，并存在生产、流通、分配、消费四个环节，各部门各环节之间，不仅存在有机的联系，而且具有特定的功能。如物质、资金和信息的交换，各部门各环节之间的协调平衡，以及相互联结和调节的功能。

在经济学中，经济机制就是指这样的一定社会经济机体内各构成要素之间相互联系、相互作用、相互制约的关系及功能。它存在于社会再生产的生产、分配、交换、消费的全过程。经济机体的各个组成部分和环节有机结合，通过互相制约和影响，作用于经济机体的运行和发展。各构成要素都自成系统，各自都有特定的方式运行。如价格机制、竞争机制、用人机制等。

价格机制通过价格的变动来推动和影响经济的运动；税收机制通过税种、税率的变化和减免税收的政策来制约和影响经济运动。各构成要素都自成系统，各自都有特定的运行机制。由于经济机制是在经济机体的运行过程中发挥功能的，因此它又称为经济运行机制。

实际上，经济机制包含了经济组织、经济杠杆、经济政策等项内容，生产关系是经济机制赖以建立的基础，经济规律制约和支配着经济机制。如何使它们在运行过程中的功能发挥最佳的总体效应，使得社会经济机体具有自我组织、自我调节、自我发展的性能，就需要对经济运行机制加以认真研究。

（二）市场机制内容与功能

市场机制是市场经济内在的作用机制，它解决生产什么、如何生产及为谁生产这三大基本问题。多数经济学者认为，市场机制是市场经济的核心，它能实现稀缺资源的有效配置。

一般认为，市场经济中各市场要素互相适应、互相制约共同发挥作用形成的市场自组织、自调节的综合机能即为市场机制。其动力源于市场主体对其个体利益的追求，通过传动系统转换为企业目标与社会经济目标；传动是由市场信息、交通运输以及各项服务来实现的；调节则是通过价值规律、供求规律以及竞争规律作用下的价格、工资、利率变动来完成的。市场机制包括调节机制与竞争机制两个方面，调节机制是市场体系的平衡力，二者共同作用以求保证市场的效率与均衡。市场机制是一个经济机制体系，包括竞争机制、供求机制、利益机制、价格机制等。

事实上，市场机制从不同的角度可以有不同的理解。这里可以有三个透视角度。第一，从市场机制运行的一般内容可以将之细分为三个过程：是商品市场的价格机制；是金融市场的信贷利率机制；是劳动市场的工资机制。第二，从市场机制运行的原理上划分，可分为动力机制与平衡机制。动力机制包括利益机制、竞争机制；而平衡机制包括供求机制、价格机制与调节机制动力机制是市场活力与效率的源泉，平衡机制是各市场主体相互协调生产与消费资源配置相互协调的保证机制。第三，从市场机制不同的作用方式看可细分为供求机制、竞争机制与风险机制。供求机制是价格与供求关系的内在联系、相互作用的原理。竞争机制是竞争与价格、供求相互作用原理，它通过经营者利益的驱动，保证价格供求机制在市场上充分作用，从而调节经济活动。风险机制是指风险与竞争及供求共同作用的原理，在利益的诱惑下，风险作为一种外在压力同时作用于市场主体，与竞争机制同时调节市场的供求

1. 市场机制的内容

（1）动力机制

所谓动力机制，是市场内各利益主体、各要素相互协调、相互制约形成的推动企业发展、社会经济增长的动力作用原理。市场动力机制是以二重传导的方式作用的。社会经济首先将宏观目标，如经济增长、供求平衡等通过市场传导给企业目标。个人追求个体利益最大化的原始动力转化为追求企业盈利目标的动力，而企业目标又统一于社会经济基本目标之下，社会原始动力资源得到有效利用并合理通过市场配置，这也是市场经济快速发展的秘密所在。

（2）平衡机制

平衡性是市场机制的重要表现方面。所谓平衡性，是市场各主体、各要素相互影响、相互作用下不断调整适应使供求趋向平衡，使资源合理配置的作用原理：市场主体为了各自利益相互博弈，产生竞争，形成竞争机制；市场供求关系影响价格，形成价格机制。在市场机制的调节作用下，市场整体上会在博弈中逐步趋向平衡，市场机制由价格机制、供求机制、竞争机制、风险机制共同构成。具体而言，价格与供求在动态中不断调节，供求态势影响价格的变动，反过来价格的变动又影响供求变化，供给者和需求者为了各自的利益相应调节自己的行为，两者在市场上通过不断的无限多的动态组合趋向平衡。

2. 市场机制的功能

市场机制与计划方式相比，具有：自由调节性、自平衡性、动态相关性、发展性纵观整个经济发展史，从市场产生到当前的现代市场经济是一个由封闭走向开放的动态发展过程。在这一过程中市场机制的内涵、功能日益丰富并随之加强，最终成为微观与宏观经济的纽带及资源配置的基本方式。市场机制是一种能够自发促进经济增长与资源优化配置的经济运行方式。市场机制的特点决定了市场机制的功能。市场机制自调节、自平衡、动态相关性的特点决定了市场机制具有一种动态的自组织、自平衡的调节能力，市场机制的发展性特点，显示了市场机制对资源的充分利用及刺激功能。

（1）调节功能

市场经济中价格是反映市场商品稀缺程度的信号，商品生产者为了实现利益的最大化就要依据市场信号，按平均利润率规律要求作出决策，生产那些价格高，有利可图的从而也是社会稀缺的产品，其稀缺程度愈高就会使价格与利润愈高从而愈加吸引生产者

的投资。与此同时，生产者减少生产那些价格低、相对社会过剩的无利可赚的产品。产品愈过剩，价格愈低就会愈无人进入且快速退出生产。这样在不断的动态平衡调节中，市场机制具有促进供求总量与结构的平衡，优化资源配置，调节宏观比例关系的功能。

（2）激励功能

市场机制对经济具有特殊的促进效率与财富增长的功能。首先，市场机制的特殊之处在于创造了一种有效率的组织制度与市场规律，使个人的谋利方式与社会财富效率增长相结合；其次，市场机制使个人资源可以从社会资源角度有效分配，一切稀缺资源以价格为媒介通过市场在全社会进行有效配置，发挥其最大效用；最后，市场环境迫使市场主体的能量得到最大程度的发挥：市场机制作为一种特殊的激励经济增长机制，市场机制的巧妙之处在于把个人追求与社会利益结合起来，对盈利方式严格规范，同时最大范围地利用社会现有资源，并最大限度发挥各自的效能，从而有效刺激经济的增长。

第三节　生产、结构要素与经济增长

一、生产要素与经济增长

（一）经济增长的三个要素

经典经济学理论把劳动、资本、土地看作是一切社会生产所不可缺少的三个要素。从经济增长的源泉和动力来看，劳动、资本、土地是经济增长的决定力量。但是，需要特别说明的是，劳动、资本、土地这三个要素在不同的时期换言之在不同的经济阶段对财富的创造和财富的分配所起的作用是不一样的。

劳动创造价值，没有劳动就无法创造出社会财富。劳动力是劳动的提供者，劳动力要素是最活跃的要素，主要来源于区域内自有劳动力和外来劳动力，如迁徙和打工等因素。

资本要素主要来源于家庭储蓄、企业储蓄和政府储蓄，总收入减去总消费等于储蓄，储蓄和劳动的有效结合形成资本，从而实现价值增值。

自然资源要素对经济的增长影响也很大，如土地的肥沃程度、矿产的种类及丰富程度、气候等因素。所谓土地既可以作为劳动资料，也可以作为劳动对象：土地作为生产要素，不仅包括土地本身，还包括石油、煤、铁等各种矿藏以及森林、野生动植物等一切自然资源。土地作为一种劳动资料或劳动对象本身并不会产生价值，只有与资本和劳动结合起来才能创造出财富。

劳动、资本、土地的数量决定产出，换言之，生产要素的数量决定一个区域或国家的产值和经济规模。土地、资本和劳动力是近代社会的三大基本生产要素，在这三类要素中土地是根本，没有土地任何生产都将是无本之木。

资本要素向来被视为经济增长的发动机，区域经济发展的资金主要来源于本地区资本积累和区域外资本的净流入。资本积累与经济增长率成正比，资本积累的多少是经济增长率高低的关键。可见，资本存量的多寡特别是资本增量的快慢，往往成为促进或阻碍经济增长的重要因素。

在生产要素中，人力资本特别是技术水平的提升以及制度的良好演进会通过劳动和土地使用效率的增加显现出来；资本是土地和劳动结合的纽带，资本的作用类似润滑剂，会加速劳动和土地产出的交换和分配，刺激产出的增加。长期来看，资本的作用是中性的。只有三要素的有效结合与运作，才能使我们的社会财富得以不断增长和积累。推动经济发展，必须充分尊重客观经济规律，高度重视生产三要素在经济发展中的决定作用。

（二）生产增长取决于要素增加

劳动、资本和土地是生产的必要条件。因此，生产的增长取决于这些要素的性质。生产增长是这些要素本身增加的结果，或是其生产力提高的结果。从而，生产增长规律肯定是生产要素规律的结果；生产增长的限度肯定是生产要素规律确定的限度，不论是怎样的限度。研究经济增长，先要考察这三种要素所起到的作用，换言之，要考察生产增长规律对劳动的依赖，以及考察增长对资本的依赖和对土地的依赖。

通常情况下，生产不是固定不变的，而是不断增加的。生产只要不受到有害的制度或低下的技术水平的阻碍，总是趋于增加状态。生产不仅受到生产者扩大其消费欲望的刺激，还受到消费者人数不断增加的刺激，随着生产的增加，三个要素对经济增长贡献的大小，在不同的国家或不同的阶段是有差别的。一般而言，在经济比较发达的国家（或阶段），生产率提高对经济增长的贡献较大。在经济比较落后的国家（或阶段），增加资本投入或劳动投入对经济增长的贡献较大。

在不同的时期，由于稀缺的程度不同，生产要素对经济增长的促进作用也是不一样的，随着生产的增加，工业化开始加速，同时对于住宅的需求也有所增加，在这种情况下，既需要劳动的增加又需要资金的增加。因此，一般而言，在经济发展的初中级阶段，对于劳动、资金等要素都有大量的需求。

在经济和社会发展进入城市化快速阶段，对资金的需求是巨大的。但是在城市化进入快速阶段以后，对于钢铁、水泥、电力这些基本要素的需求逐步开始下降，社会经济中也拥有了巨量的货币，在这种情况下，对劳动、资本的需求开始下降，土地需求成为工业化，特别是城市化阶段的稀缺要素。

可以看出，一个国家或者一个地区在不同阶段，对于劳动、土地，以及资本的需求是不一样的，如果能够认识到这些需求变化的规律，在这个过程中按照不同阶段增长的需要提前作出合理的安排，就能够做到科学发展。

（三）技术进步对经济增长作用

科学技术是知识形态的生产力，它一旦加入生产过程，就转化为物质生产力科学技术在当代生产力发展中起着决定性作用，技术进步已成为推动经济增长的主要因素。技术进步通过两种途径来推动经济增长：一是技术进步通过对生产力三要素的渗透和影响，提高生产率，推动经济增长；二是在高科技基础上形成的独立的产业，其产值直接成为国民生产总值的组成部分和经济增长的重要来源。

在工业化、城市化过程中，人们开始寻求更高层次的需求，实际上是对现代化以及精神方面的需求。在这种情况下，社会对于对技术要素的需求进一步提高，人类社会的每一次重大进步都是与科学技术的进步密切相连的。比如从 18 世纪蒸汽机的发明和 19 世纪电力的应用，极大地促进了工业的快速发展，加速了社会经济的发展另外，像的航海、航空、航天领域的发展加速了科学技术的进步，同时也加速了社会经济的发展。所以，国家经济的发展从长远而言必须重视科学技术的发展，与科学技术相关联的是人才的培养和发展教育。

二、结构要素与经济增长

在经济发展中，结构变化如何影响经济增长这一问题已经引起人们越来越多的关注。按照经典的经济学理论，商品产生的基本原因是私有制和分工。从人类的发展过程中我们可以看到，每一次人类社会大的变革和发展都是由分工所引起的。人类社会发展史上的第一次大分工是农业与畜牧业的分工，第二次是农业与手工业的分离，第三次是出现了不事生产而专门从事商品交换的商人，每一次分工都标志着人类文明的构、产业结构就会越来越细分

（一）经济结构要素与经济增长

在产业划分上，人们固有的概念都是三个产业。按照统计的通常划分，第一产业是指农、林、牧、渔业，第二产业是指采矿业，制造业，电力、燃气及水的生产和供应业，建筑业，除此之外的产业全归属于第三产业。产业结构的划分应该随着经济与社会的发展而不断丰富完善，除第一产业、第二产业外，而把其他的都划入第三产业不合理也不科学。

实际上，随着新的科研成果和新兴技术的发明应用，会不断地涌现出新的行业，像现在非常发达的信息产业，堪称一个独立的产业。但不管怎么划分，每个产业的发展和新兴产业的出现都标志着人类向更高的文明阶段发展。人类发展的阶段越高，精神享受的要求就越高，而文化产业也就越发达，经济越发展，分工就越细，结构就越丰富实际上这是个可逆的相互作用过程。即反过来，结构越细分，就越利于经济增长，文明的程度就越高。

但是，经济结构是一个内涵非常广泛的概念，它一方面反映各种经济成分、要素互相联结、互相作用的方式及其运动变化规律；另一方面也是各类经济行为体在各个不同的经济领域按照一定的方式活动、构造具不同效能的经济侧面，进而介入经济生活的直接体现：任何一个社会的经济结构都是在多方面因素共同作用下的结果，就经济结构的

组成而言，它会涉及产业结构、分配结构、就业结构、供给结构、需求结构等。然而，无论是任何社会制度，也无论社会生产力处于何等发展水平，只要经济行为是社会性的，都必然是在一定的经济结构之中活动，并同经济结构形成互动的关系，经济发展或增长的过程，实际上也就是经济结构不断演化升级的过程、其原因主要表现在以下方面：

1. 经济结构与经济增长是两个不同侧面

经济结构和经济增长是反映社会经济活动的具有较强关联性的两个不同的侧面。如果把经济增长视为经济总量不断扩大的过程，那么一定时期的经济总量实际上又等于所有结构的总量的话，那么经济增长也就等于结构总量的增长。从动态的角度看，分析经济增长根本无法离开经济结构这一前提，任何增长都是在一定经济结构条件下的增长，经济结构会从多方面对经济增长产生影响。因此，各类要素在不同经济空间的集聚如果符合社会经济发展方向，符合外部各项需求，那么这种经济结构就会对经济增长带来有利的影响，经济增长速度自然就会快一些，各类资源就会得到高效利用；反之，经济结构就会对经济增长造成阻碍，导致经济增长放慢或停顿，最终导致社会资源的损失和浪费。

2. 经济结构影响经济增长的方式

经济增长方式主要是指生产要素的组合使用的方式方法，它决定着生产力系统的整体效能和发展状况。在不同的经济结构形态之下，对要素的占有要求各有不同，各种要素间的相互替代水平亦不同，经济增长的源泉构成也势必会有所不同。美国学者彼特按照经济增长主动力的属性，把经济增长分为"要素（劳动力、土地及其他初级资源）推动"的增长、"投资推动"的增长、"创新推动"的增长和"财富推动"的增长。这四种不同的增长形式都是要在一定的经济结构条件下才会出现的。

3. 经济结构影响经济增长的效率

经济结构变化影响到经济增长的效率还可以从另外方面来看，即效率与微观的与投入和产出相关的经济变量。直白地说，也就是投入产出率。投入产出既同经济结构的需求结构有关，又同经济结构中的供给结构有关，如投入会影响需求的水平，产出会影响供给的水平，需求和供给又与社会的收入水准和分配结构紧密相连。因此，如果经济结构中的各个组成部分能够相互协调，各要素能量可得到充分释放，那么"经济增长价格"便会相对降低，经济增长质量相对提高。

4. 经济结构影响经济增长的周期

经济周期的波动是渗透于经济各部门的，如制造业、贸易、金融业等。所以说经济结构会影响到经济增长周期是因为经济结构变化始终是以资本投入、技术创新等因素增减为条件的，社会生产力构成（包括中间要素投入结构、产业固定资产的结构和技术结构）显然会对经济增长周期产生影响。从资本投入的角度看，无论是企业增大存货投资，还是机器设备投资，或是房屋建设投资，乃至大型基础设施投资，如公路交通、水运码头、铁道隧道等，都必然会引起总需求变动，引致生产和就业的增加，为经济增长增添新的上升动力，改变经济增长的曲线，或者是延长增长的上升时间。而经常在经济长波下降阶段出现的重大技术创新，可为社会创造出新的增长快的产业，借此则可克服下滑趋降波段的低速增长，把社会经济带入另一个具有较高增长速度的时期。

5. 经济结构影响经济增长的稳定性

受全球经济一体化的影响，现代社会的经济结构越来越多地表现出了世界性的特征，各种社会经济体系之间的联系越来越多，相互间的依赖性越来越强。在这样的条件下，社会经济结构的开放度、该社会在世界产业分工中所处的位置及经济专业化程度、产业转换的弹性大小等方面，都会对经济增长的稳定性带来影响。如果社会的出口商品在需求方面有高度收入弹性的话，经过一段时间后，其出口增长会表现为快过国民收入的增长；如果社会经济增长依赖的是易于受外部经济影响的产业，那么这一社会的经济增长稳定性就会较弱。

（二）公共财政支出结构要素与经济增长

财政政策作为政府宏观调控的重要政策工具，是政府在实现经济增长方式转变和产业结构升级中最直接的表现方式。由于积极财政政策属于总需求的范畴，而经济增长属于总供给的范畴，积极财政政策与经济增长之间需要通过一定的机制传导才能有效释放其效应。从宏观调控的角度来看，积极的财政政策一般包括扩大政府支出和减税两方面的内容。财政具有资源配置、收入分配和经济稳定三大职能。而且，政府职能主要是通过财政职能来实现。从各国财政职能来看，财政部或多或少发挥了经济增长的职能。

1. 经济建设支出影响经济增长

经济建设支出是一种生产性的支出，一定的经济建设支出为私人部门的经济活动提供必要的外部条件，可以提高其产出能力。但是过多的经济建设支出就会排挤私人部门支出，并与私人部门争夺有限的社会资源，从而会阻碍经济的增长。

我国的经济建设支出比重仍有上升的空间，而最关键的是其内部结构需要优化，对于一般的竞争性领域公共支出要逐步退出，以集中有限的支出强化国民经济的关键领域和重要产业的投资，以促进产业结构与技术结构的升级。这样经济建设支出的效率才能从根本上得到提高，更大限度地满足经济发展需要，使公共支出发挥促进经济增长的作用。

2. 文教支出影响经济增长

人力资本形成是长期经济增长的关键因素之一，个人的教育和训练就像企业的设备投资一样，是最重要的人力资本投资。社会文教支出形成了政府对人力资本的投资，从理论上而言，它可以提高劳动者的素质与技能，推动生产率的发展，因此社会文教支出的增加时以对经济增长产生正的影响；从社会健康发展的需要出发，需要在规范收支的同时，优化公共支出结构，从总量和比重两方面提升社会文教支出的重要性，从而满足未来的发展需要和促进经济的更快增长。

3. 行政管理支出影响经济增长

从标准的资源配置理论而言，社会总资源最终是用于投资或消费。当社会有效需求不足时，增加政府消费性支出能扩大社会总需求，提高现有生产能力，特别是提高现有资本存量的利用率，进而提高利润率，对经济增长产生一定的拉动作用，但同时现代经济增长理论认为，投资是经济增长的主要推动力之一，消费性支出过多的增加会挤占生产性支出应有的份额、导致社会总投资减少，可能会阻碍经济的增长行政管理支出是一种纯消耗性的支出。

行其职能的财力保障，因此，在我国公共支出结构的优化过程中，行政管理支出的比重迫切需要进行调整，有些方面要严格控制。由于使用的数据不一致和回归误差，公共支出结构对于经济增长的测算有差异，但是这里先不管哪一种测算更精确，有两点是一致的，即：一方面财政支出可以影响经济增长是毋庸置疑的；另一方面财政支出结构需要优化。

第四节 投资、消费、贸易与经济增长

经济增长最终要靠消费拉动，但消费拉动经济增长的前提是要不断地增加投资。消费是一个衣、食、用、住、行不断升级换代的过程，当一个过程完成以后，就向下一个更高的阶段发展，即由一个成熟消费阶段向更高级消费阶段升级的过程，这个过程还要求技术不断地升级，同时要求不断地增加投入。

一、投资与经济增长

中国经济之所以能够保持高度增长，除了制度、体制和机制变革的因素外，很重要的原因在于：一是不断引进、消化、吸收先进的科学技术，为经济发展奠定必要的技术基础；二是在发展中增量：发行了很多货币，为投资拉动经济提供可能。经济增长的过程同时也是一个货币增加供应的过程，有时货币的增长甚至可以超过投资增长或者经济增长。

进入 21 世纪以后，社会整体正处在一个由衣、食、用向住、行，由低层级消费向更高层级消费快速转化的过程中，而在这个转化升级过程中蕴藏着巨大的投资空间。只有进行大量的投资，不断提高投资率、才能把这些投资转化成资本、转化成企业的利润，转化成就业和收入，转化成生产生活资料的消费，才能够有效推动社会保障、就业等问题的解决，同时这也是有效应对、化解金融危机，实现经济持续又快又好发展的根本措施。经过投资发展，经济就可能达到一种相当高的程度。因此，探讨投资与经济增长的关系及其规律非常重要。

（一）理论关系

1. 投资率的计算方法

投资率通常指一定时期内资本形成总额（总投资）占国内生产总值的比重，一般按现行价格计算。国际上通行的计算方法为：

$$投资率 = \frac{资本形成总额}{支出法GDP} \times 100\%$$

此外，社会上还存在另外两种计算投资率的方法：

$$投资率 = \frac{固定资本形成总额}{支出法GDP} \times 100\%$$

$$投资率 = \frac{社会固定资产投资完成额}{生产法GDP} \times 100\%$$

固定资产投资对 GDP 增长的贡献率，是指当年固定资本形成额年度实际增量占当年 GDP 实际增量的比重，该指标是从需求角度分析固定资产投资增长与 GDP 增长之间的关系。具体公式是：

$$固定资产投资对 GDP增长的贡献率 = \frac{当前固定资本形成年度实际增量}{当年GDP实际增量} \times 100\%$$

$$固定资产投资对 GDP 的拉动率 = 固定资产投资的贡献率 \times GDP 增长速度$$

上述指标都反映了投资与 GDP 之间的关系。投资率反映了当年投资总量与 GDP 总量之间的比例关系，贡献率和拉动率则反映了当年投资增量与 GDP 增量之间的比例关系。投资贡献率在本质上决定于投资率，因此在某种程度上对投资率的分析也适用于投资贡献率。

2. 投资与 GDP 的关系

投资增加，必然会增加有效需求，由此引起经济增长或 GDP 增加。实际上，马克思创立的剩余价值学说就是采取了投入产出的理论形式，根据剩余价值原理，资本家首先垫付一笔货币（称为垫付资本），实际上就是投入、预付。投入的货币资本分成两部分，其中用于购买生产资料的部分，称为不变资本；另外一部分用来购买劳动力，称为可变资本；垫付总资本为可变资本＋不变资本。如果不变资本和可变资本每年周转 1 次，那么资本在 1 年内投入的生产资料成本在数值上等于不变资本；1 年内投入购买劳动力的成本即劳动者工资在数值上等于可变资本；1 年内产出商品的价值即销售收入，则销售收入超过成本的部分，就是剩余价值。

一定的投资增量将会引起总收入和就业的连锁反应和联动作用，从而导致总收入的增量几倍于投资的初始值，这一倍数即为投资乘数：因此，在欧美主流宏观经济学里有不少关于"乘数"的概念，如投资乘数、消费乘数、政府购买乘数、货币乘数、税收乘数、外贸乘数等。可以看出，对投资乘数的正确估算将不仅使我们掌握经济运行的实际状态，也将对政府在调控经济中采取适当的政策产生积极意义。

（二）高投资率

投资率主要反映的是一定时期内生产活动的最终成果用于形成生产性非金融资产的比重。高投资率，既会带来经济的高速增长，也会给经济带来负面影响，降低经济增长的质量和效率，通过深入研究投资与生产之间的关系，可以更好地分析经济的状态、增长类型和运行质量。其中：经济状态包括冷、热、适中等；增长类型包括投资拉动型、消费拉动型、外需拉动型等；运行质量包括投资回报情况等。

消费是拉动经济增长的主要动力，投资是经济增长的重要拉动力。高投资率有其必然性、合理性和积极作用。从一个较长时期看，高投资率是带动经济增长、增加财政收入、扩大就业的重要手段。较高的投资率是一个国家经济起飞必不可少的重要条件之一。另外，只有在一定阶段具有高投资率，才有可能为消费结构明显升级提供积累

虽然高投资率有其必然性、合理性和积极作用，但高投资率仍有不合理和不可持续的一面。经济发展最终目的是消费，而不是单纯的投资，从长远看，投资增长过快，消费增长过慢，会加大资源约束与环境保护的压力。必须加快转变增长方式。

以提高投资的效益，合理调整投资与消费两者之间的比例关系。支撑高投资率的主要因素有三个：一是投资回报率虚高；二是高储蓄率；三是外资流入量大。这三个因素相互关联，都有不稳定性，譬如，由于基础设施、房地产和一些重化工业的大规模投资，引发了对钢材、水泥、能源、化工等相关行业产品的需求，使这些行业的产品价格猛涨，投资回报率提高，形成了供不应求的局面，这种局面和高投资回报率，又会刺激上述行业的投资，新一轮投资又会对基础设施和上述相关行业产品形成新的需求。如此形成了一个自我封闭循环，一旦这种循环的某一环节出现问题，投资回报率就会迅速降低，对钢材、水泥等行业产品的需求将很快下降，进而导致这些行业生产能力过剩，相关企业的还贷能力明显下降，银行的呆账、坏账也会上升，经济增长的稳定性就会受到影响。此外，投资率长期过高，还会增加资源与环境保护的压力，也会使经济运行绷得过紧，扭曲经济结构。

一般而言，投资是扩大再生产、提高生产能力的重要手段，较高的投资率不仅可以直接带动生产的增长，还会带动居民消费的增长。表面上，在国内生产总值一定且净出口保持基本稳定的情况下，资本形成总额和最终消费额是此消彼长的。一个国家（或地区）的 GDP 如果用于投资的部分多了，投资率就会提升，那么可用于消费的部分就减少了，消费率就相对降低了。实际上，由于保持较高的投资率，投资中一部分直接转化为工资或其他的劳动报酬，一部分会直接转化为消费。一些国家和地区为保持经济较快的增长，维持较高的投资率水平。但当经济发展到一定水平后，投资率会逐步趋缓并下降，消费率逐步提升。此时，经济增长也由投资拉动为主转为以消费拉动为主，此后消

费率则保持较高水平

正确认识高投资率的风险，并在这一前提下保持经济的健康稳定发展，是宏观经济调控的一个重要任务。在一个只有消费品和资本品两种商品的简单经济中，如果生产要素越来越多地用于生产资本品，则一定意味着资本品比消费品具有更高的相对价格；也只有资本品比消费品具有更高的相对价格时，才可能导致更多的社会资源流向资本品的生产和提供，使最终实现的产出组合在生产可能性边界上向资本品那一端靠近，从而使资本品产出在总产出中所占的比例更高

城市化会带来较高的投资率，换言之，在城市化过程中，将有更多的产品用于投资，而不是消费，将有更多的生产资料用于生产资本品，而不是消费品。在市场经济中，是价格机制在指引市场将更多的社会资源配置到生产资本品的领域，既然城市化将影响资本品和消费品的相对价格，也就能影响一般物价水平，从而使城市化过程中的物价波动具有自身的特征。城市化导致资本品价格上涨，而消费品的相对低价格又会刺激消费需求，消费需求的扩张连同城市化带来的投资需求扩张，将导致总需求扩张；总需求扩张将带来普遍的物价上涨，物价的普遍上涨又将受制于宏观调控，而宏观调控最先起作用的领域是资本品市场，将导致资本品价格下降。

资本品价格下降将产生三个效应：一是抑制生产资源向资本品领域流动，使更多的资源转向消费品的生产领域，从而降低资本品的供给，增加消费品的供给；二是提高消费品的相对价格，降低对消费品的需求，这两个效应的同时作用将使消费品的价格下降，进而带动一般物价水平的下降；三是将重新导致对资本品的需求增加，加上物价的普遍下降所造成的宽松的宏观经济政策环境，资本品价格又将重新上升，又将有更多的资源配置到资本品的生产领域，新一轮的城市建设重新开始。如此循环往复，城市化过程中的物价波动和整个宏观经济波动都具有不同的特点。

此时，宏观经济政策的作用方向应该是对基础设施和房地产投资需求的适度抑制，而不应该针对资本品生产领域和生产资本品的投资领域采取紧缩政策，如对钢材、水泥等行业的紧缩，在某些情况下，甚至可以对资本品的生产领域和生产资本品的投资领域采取鼓励政策。再则，经济已出现了下滑倾向，通过财政政策直接进行基础设施建设等扩大固定资产投资需求的宏观政策将能比货币政策更直接、更有效地刺激经济重新进入城市化过程中的正常经济增长轨道。

二、消费与经济增长

经济的增长最终要靠消费拉动，在消费市场不断趋向成熟的过程中，居民消费率逐渐趋向黄金结构。经济增长最终要靠消费拉动。在通常情况下，消费与居民收入水平呈正相关。中国的消费潜力巨大，市场具有无限性。但是，如何才能提高人均收入，如何才能将巨大的潜在需求变为市场的现实，问题却显得非常复杂。

（一）消费率

消费率（又称最终消费率），通常指一定时期内最终消费（总消费）占国内生产总值的比率，一般按现行价格计算。用公式可表示为：

$$消费率 = \frac{最终消费}{支出法GDP} \times 100\%$$

其中，最终消费包括居民消费和政府消费。

社会上也有人用社会消费品零售总额代替最终消费，用生产法 GDP 代替支出法 GDP 计算消费率，但这种方法低估了消费率，这是因为实际中，社会消费品零售总额与最终消费存在较大差异，它仅与最终消费中的商品性货物消费相对应，服务性消费以及实物性消费、自产自用消费和其他虚拟消费都不包括在内，不能全面反映生产活动最终成果中用于最终消费的总量。

消费率反映了生产活动的最终成果用于最终消费的比重。通过观察消费与生产之间的关系，可以研究经济的增长类型和运行质量，揭示其发展规律。

（二）恩格尔系数

恩格尔系数，是指食品支出总额占个人消费支出总额的比重，用公式表示：

$$恩格尔系数 = \frac{食物支出金额}{总支出金额} \times 100\%$$

一个家庭收入越少，家庭收入中（或总支出中）用来购买食物的支出所占的比例就越大，随着家庭收入的增加，家庭收入中（或总支出中）用来购买食物的支出比例则会下降。简单而言，一个家庭的恩格尔系数越小，就说明这个家庭经济越富裕。反之，如果这个家庭的恩格尔系数越大，就说明这个家庭的经济越困难。除食物支出外，衣着、住房、日用必需品等的支出，也同样在不断增长的家庭收入或总支出中，所占比重上升一段时期后，呈递减趋势，推而广之，一个国家越穷，每个国民的平均收入中（或平均支出中）用于购买食物的支出所占比例就越大，随着国家的富裕，这个比例呈下降趋势。国际上常常用恩格尔系数来衡量一个国家和地区人民生活水平的状况。

三、对外贸易与经济增长

通常人们习惯称进出口是拉动经济增长的马车之一，实际上，在全球统一的经济学中，一国的出口相当于投资，进口相当于消费。这里我们仍然按照通常的习惯来研究进出口与一国经济增长的关系。国际上通行计算外贸依存度的方法是计算一国进出口贸易总额占国内生产总值（GDP）的比重，它通常用来衡量一国或地区的经济对国际市场的依赖程度。外贸依存度同时考虑进出口因素，都是我们分析中国经济外向情况的一个方面。有些经济学者在计算外需对中国经济的拉动作用时，认为只有净出口才算是外需，得出中国的外需对中国 GDP 贡献不大，他们认为这只不过是大进大出，真正的外需（净出口）对 GDP 的贡献很少。

仅计算出口对经济的影响显然是不全面的，中国的事实是进口也对经济有极大的影响，但是进口对于经济的影响不能简单从数字来分析，需要分析进口结构，譬如进口的是附加值高还是附加值低的产品，对此会有不同的增长结论。中国经济的增长有许多影响因素，对外贸易只是其中的一个因素。

（一）对外贸易及其表现形式

对外贸易或国际贸易是指世界各国之间货物和服务交换的活动，是各国之间分工的表现形式，反映了世界各国在经济上的相互依存。从国家角度可称为对外贸易，从国际或世界角度，可称为国际贸易或世界贸易。就各国而言，对外贸易最通常的表现形式就是进出口。

全球化促使世界市场的形成，促进了国际交换的发展。世界交换的迅速发展，导致了世界货币的出现。只有对外贸易，只有市场发展为世界市场，才使货币发展为世界货币。随着国际贸易和国外投资的发展，逐步形成了适应于资本主义生产方式的国际货币体系，最后形成了资本主义经济体系和相应的经济秩序，为国际贸易的发展奠定了基础。与此同时，随着商业资本的发展和国家支持商业资本政策的实施，产生了从理论上阐述这些经济政策的要求，逐渐形成了重商主义的理论：

长期以来，人们在分析对外贸易是如何影响经济增长的时候，总是把注意力集中在出口上，认为只有出口才对经济增长起推动作用。这种认识正是来源于早期的国际贸易理论——重商主义。重商主义认为贵金属（货币）是衡量财富的唯一标准：一切经济活动的目的就是为了获取金银。除了开采金银矿以外，对外贸易是货币财富的真正的来源。因此，要使国家变得富强，就应尽量使出口大于进口，因为贸易出口才会导致贵金属的净流入。一国拥有的贵金属越多，就会越富有、越强大。因此，应该竭力鼓励出口，不主张甚至限制商品（尤其是奢侈品）进口。

随着全球经济形势的变化，人们逐渐注意到进口对经济增长的作用。特别是现代经济增长理论从长期供给角度分析，认为经济增长的主要因素是要素供给的增加和全要素生产率的提高两大类。全要素生产率的提高包括产业结构优化、规模经济、制度创新、知识进步等，而这些因素则与进口和利用外资有着密切的关系。

（二）国际贸易存在的主要原因

国际贸易存在的原因很多，但主要表现在以下方面：

1. 各国的生产要素供给存在差异

世界各国由于各自的先天条件不同，所以生产要素的供给状况也不尽相同。各国产品所需投入的要素比例又存在差异，有些产品需要集中使用土地，有些产品需要密集使用资本，有些产品需要大量劳动力，还有些产品则需要高科技含量。因此，土地丰富的国家，有利于发展土地密集型产品生产，如种植业和畜牧业；资本和技术丰富的国家，有利于生产资本和技术密集型产品，如汽车和计算机；而劳动力资源丰富的国家，有利于生产劳动密集型产品。若各国按其所长，分工生产相对优势产品，而后进行贸易，则可以互通有无，调剂余缺，而且能促进生产资源的有效利用，增加产品总量，提高经济福利和生活水平。可见，国际贸易很有必要且对各国都有利。

2. 由于制度、文化等贸易壁垒

国际间生产要素缺乏流动性，生产要素在国与国之间不像在一国内部那样容易流动，所以才会发生商品和劳务的国际贸易，以弥补国际间生产要素相对缺乏流动性的不足。

3. 各国的科学技术存在差异

由于各种原因，世界各国的科学技术水平有高有低，技术水准高的国家有利于生产技术密集型产品，而技术水准低的国家凭借现有技术根本无法生产或必须花费巨大的代价才能生产某些产品，因此唯有通过国际贸易，以彼之长补己之短，才能促进经济繁荣，提高生活水平。

第二章 农村金融及融资

第一节 农村金融

一、农村金融与农村资金运动

农村资金是在农村再生产过程中，通过不断的资金运动，保证和增加自身价值的资金。从广义上来看，中国农村资金既包括货币资金，又包括实物资金；从资金流向来看，既有资金的流入，又有资金的流出；从资金的供求主体来看，既包括农户、农村中小企业等，又包括农村金融机构和政府机构等。

农村资金根据不同的分类标准可分为不同的类型。根据在生产活动中存在形态不同，可以分成货币资金、生产资金和商品资金；按照流转的周期不同，可分为固定资金和流动资金；根据来源的不同，可以分成自有资金、财政资金和信贷资金。

（一）农村资金的来源与运用

1. 农业资金的来源

农村中的每个生产经营单位，由于组织形式、经营方式、管理规模等各方面的差异，获得资金的渠道是不同的。但从总体上来说，可以概括为三个来源：自有资金、财政资金和信贷资金。

（1）自有资金

自有资金主要依靠各单位的内部聚集，包括国有企业、集体经济组织和企业、农户和所办企业的自有资金。改革开放以来，我国农村实行以家庭联产承包责任制为基础的双层经营，农户拥有的自有资金是资金的主要来源，且其所占比重较大。

（2）财政资金

财政资金包括财政预算对农村的拨款、各级地方政府及农业主管部门筹集用于农村的投资。该资金主要用于支援农村生产、农业开发，作为农林等部门的日常维护费用，支援不发达地区的农林。基础设施建设、农林科技的研发，等等。

（3）信贷资金

总的来讲，信贷资金是农村资金的重要来源。为农村提供信贷资金的金融机构主要有农村信用社、中国农业银行、中国农业发展银行、中国人民银行、中国邮政储蓄银行、村镇银行、贷款公司等。近年来，农村信用社作为重要机构，一直是农村信贷资金的主要提供者。中国农业银行把支持农业产业化经营作为支农工作的重点，同时还承担了扶贫贷款、以电网改造为重点的农村基础设施建设贷款和农村城镇化贷款业务。中国人民银行通过再贷款等措施不断加大对农村金融机构的投入。

2. 农村资金的运用

农村资金的运用，是农村生产经营单位的资金存在形式。由各种资金来源渠道形成的资金，进入生产过程后按照其周转的特点，可分为固定资金和流动资金两种运用形式。

（1）固定资金

固定资金是指垫支在劳动手段上的资金，它的实物形态是固定资产，如厂房、机器设备等，它在参加很多次生产过程后才完成其一次周转。

农村固定资金的特点有以下两个方面：一是价值相对较小。农村农业中机械化程度比较低，人力畜力所占的比重还较大，固定资产少，价值不高；农村工业中的有机构成一般也低于城市，多为劳动密集型行业，这是农村就地发展工业的优势之一。二是牲畜既可作为固定资产，也可作为流动资产。牲畜既可以在生产过程中执行劳动手段职能，如养牛耕地；也可执行劳动对象的职能，如养牛卖肉。

（2）流动资金

流动资金是指垫支在劳动对象、工资及流通费用等方面的资金。流动资金的实物形态是流动资产，如原材料、燃料、库存成品等。流动资金每参加一次生产过程，就完成一次周转，在农村家庭式经营中，流动资金既可用于生产垫支，也可用于农户内部的生活消费，不易划清，必须加以正确引导。

3. 农村资金运动的特点

研究农村资金运动，也是研究农村资金的周转循环，这是研究农村信用关系的出发点。改革开放前，我国农村经济处于相对不发达的状态，农村的非农业生产并不发达，农业是农村经济的主体。在这个阶段农村资金运行的特点与农村在生产过程中的特点相对应，具有季节性、缓慢性的特点。

第一，季节性特点。农业生产以动植物培育为主，受天气、季节影响较大，谷物一般都有相应的种植季节和收获季节，因此在收获季节前，资金比较紧张，贷款需求量相对较大。而到农作物收成后，又会有大量资金回流，可以归还贷款，从而使农村资金的运动表现出明显的季节性。

第二，缓慢性特点。在动植物生长过程中，除人类劳动时间外，还需要有一段自然生长时间，而且这段生产时间的长短目前人力还不能完全控制。这就使得农业资金运动的周期要比工商业长，农业资金的积累也比较缓慢，并且贷款的期限都比较长。

20世纪80年代以来，随着我国农业经济水平的不断提高，农村产业结构也发生了显著变化。一些农村地区的非农产业比较发达，农业比重逐年减少，相应的，农村资金运动也呈现出新的变化，具有了一些新的特点。

第一，资金的来源与运用呈现多元化发展趋势。从产业结构角度看，之前的农村资金是源于农业、用于农业，而现今已经转变为源于各行业、用于各行业。从经营方式角度看，之前农业中的资金来源与运用是以集体经济为主，而现今已转向农户家庭经营为主。对此，必须对农村资金进行统筹安排、合理分配。

第二，农村经济对资金的依赖性增强。农村商品经济的发展，致使农村经济的发展速度及规模较大地依赖于资金的投入规模，因而农村经济的发展对资金的需求越来越大的同时，依赖性也越来越强。所以需要对农村资金的融通加强重视。

第三，资金运动的空间范围扩大。改革开放前，农村以农业为主，农业又以种植为主，农村资金运动相当局限。改革开放后，商品生产和流通得以在更广的规模和范围内进行，农村资金运动的空间开阔，流动性增强。因此，为了在更大范围内配置农村资金，虽然增加了资金管理的难度和风险，但有利于提高资金的配置效率。

第四，资金运动的风险性增加，营利性增强。计划经济时期，农村的农业生产只有自然风险，没有市场风险。改革开放后，不仅非农产业的发展具有市场风险，而且农业生产经营也具有市场风险。但农户还不太适应市场经济，大部分农民的经营水平较低。同时，信息不通，交通不便，加之社会经济秩序不好，导致农村资金运动的风险性增大。

第五，资金运动的季节性减弱。农村非农产业的发展使农村资金运动的季节性大为减弱，这一点在经济发达地区的农村表现得尤为突出。同时，由于农业内部的生产结构、产品结构趋于合理化，这在一定程度上有助于农村资金供求矛盾的缓解。但由于农业生产、农村消费的季节性特点不能完全消除，相应的农村资金运动季节性问题仍需得到重视。

4. 农村资金当前的流转情况

农户、农村中小企业和城市工商业是农村资金主要的流向。

农村资金的来源主要是农村居民、农村的经济组织和农村中小企业暂时闲置的货币资金，还包括学校等事业单位获得的临时闲置的由财政集中拨付、分期使用的资金，以及中央银行对农村金融机构的再贷款等。

从我国的现实情况来看，具有真正意义上的直接融资的发展时间并不是很长，从直接融资的角度来说，农村的资金主要是流向农户和农村中小企业，作为农户的生活、生产资金以及企业的生产资金。

在我国，融资的主要方式仍然还是间接融资，而间接融资中的资金流向是复杂多样的，中国农业银行、中国工商银行等一些国有商业银行，邮政储蓄银行在相关区域内的机构网点、农村信用社以及村镇银行是吸收农村正规资金的主要金融机构。现如今，几家国有商业银行已经大量减少农村贷款的发放数额，将资金大部分转到城市，并且农业银行在农村的资金投放也在逐步减少。邮政储蓄机构由其特殊的性质所限定，它只是吸收存款，然后资金转给人民银行，它是不发放贷款的。由农村民间金融部门吸收的资金主要提供给农民个人和农村私营经济部门，因此这也同属资金在农村内部的循环。从我国的经济体制看，由于政策导向的作用，以及工业化发展初期的客观需要，资金会由农村流向城市，同时农业支持工业发展。而农村资金过分外流，则在很大程度上影响了农村经济的发展。

（二）农村信贷资金的供求

1. 农村信贷资金的需求

农村信贷资金的需求包括农户、农村企业以及农村公共事业信贷资金的需求。农户和农村企业两类主体的信贷资金的需求是农村金融市场上最基本、最活跃的需求，也是具有中国农村金融特色的需求。我国公共事业经营管理机制改革以来，财政在农村基础设施和社会事业设施方面的投入比例逐渐变小，农村对公共事业基础设施投入的资金需要依靠金融市场解决，这方面的融资需求日益迫切，对新农村建设的意义重大。

20世纪80年代以来，农户成为我国农村最基本的生产单元，并且这一现状还将长期存在。随着农村市场经济的不断发展，农户的经济行为日益活跃，当前和潜在的农户资金需求总量相当巨大。我国农户具有双重身份，既是独立的生产实体，又是基本的消费单元，因此农户对信贷资金的需求主要集中在生产和生活需求两个方面。

农村企业大部分是中小型企业，为农村增加就业和经济增长做出的贡献显著。然而目前农村企业普遍面临资金短缺问题；并且农村企业是立足于当地资源而由乡村投资发展起来的，生产的是面向市场的资源产品，基本处于完全竞争状态。在这样的情形下，因为市场供需的不确定性较大，信息不够对称，造成农村企业经营的风险较大，所以农村金融机构对其发放贷款特别谨慎，使得农村企业所面临的资金短缺问题一直较为突出。

农村的公共事业体系对资金的需求主要表现在农村文化教育和农村医疗卫生建设两个方面。农村文化教育、医疗卫生、社会保障、社会救助等公共服务设施和服务体系的建设，都需要大量、充分的资金。而在农村基础设施建设中，农业现代化基础设施和城镇化建设对金融的需求已经越来越明显。

不同类型的需求主体，其信贷需求的特征和满足信贷需求来源以及信贷需求的手段与要求是不同的。具体来说，中国农村信贷需求结构主要体现为：

作为信贷需求主体的农户，包括贫困户、温饱型农户和市场型农户。贫困户的信贷需求特征表现为生产开支，信贷供给来源主要为民间小额信贷、小额商业信贷、政策性扶贫贷款等；温饱型农户的信贷需求特征表现为种养生产，信贷供给来源主要为民间信贷、小额商业贷款、信用贷款等；市场型农户的信贷需求特征表现为专业化规模生产，信贷供给来源主要为自有资金或商业信贷。

作为信贷需求主体的农村企业，包括资源型小企业、具有一定规模的企业和龙头企业。资源型小企业的信贷需求特征表现为启动市场、扩大规模，信贷供给来源主要为自有资金、民间信贷、商业信贷和政策金融等；具有一定规模的企业的信贷需求特征表现为生产贷款，信贷供给来源主要为自有资金和商业信贷；发育初期的龙头企业的信贷需求特征表现为扩大规模，信贷供给来源主要为商业信贷、风险投资、政策金融资金，成熟期的龙头企业的信贷需求特征表现为规模化生产，信贷供给来源主要为商业信贷。

农村基层政府的信贷需求特征为基础设施建设、提供公共产品，信贷供给来源主要为财政预算和政策金融。

2. 农村信贷资金的供应

金融资源是经济发展的"血液"，经济发展离不开金融的支持。农村金融资源的供给必须适应农村经济发展对金融的需求，我国农村信贷资金供给主体可以分为正规金融机构和非正规金融机构。农村正规金融机构又分为政策性金融机构、商业性金融机构、农村合作金融机构和新型农村金融机构；非正规金融是相对于正式金融机构而言的，泛指不通过正式金融机构的其他金融形式及活动，包括农户、民间的金融活动和各类非正式金融组织的金融活动。

（1）农村正规金融机构信贷资金的供应

自 20 世纪 90 年代国有商业银行股份制改革以来，国有商业银行大规模撤销了县级机构，股份制商业银行几乎没有设立县级机构，目前我国农村商业性金融机构主要为中国农业银行、中国邮政储蓄银行以及农村商业银行。中国农业银行网点遍布中国城乡，成为国内网点最多、业务辐射范围最广的大型国有商业银行，是中国最大的银行之一。农村商业银行也是我国农村地区商业性金融机构之一，它规模较农业银行等大型金融机构小，但是相对于农业银行而言，农村商业银行更加贴近农村。

我国目前主要的农村合作金融机构是农村信用社。农村信用社是目前农村金融市场中最大的供给主体，机构基本覆盖了全国的各个村镇，其主要职责是为农民、农业和农村经济发展提供金融服务，主要业务为提供储蓄、抵押类贷款和小额信用贷款等。

新型农村金融机构诞生。小额贷款公司主要是以经营小额贷款为主，不吸收公众存款的有限责任公司或股份有限公司。村镇银行主要是为当地农民、农业和农村经济发展提供金融服务。农村资金互助社是经银行业监督管理机构批准，由乡（镇）、行政村农民和农村小企业自愿入股组成，为社员提供存款、贷款、结算等服务。

（2）农村非正规金融机构信贷资金的供应

农村非正规金融供给的产生具有悠久的历史，随着农村经济社会的发展，存在的形式也不断演进，既有助于满足融资困境中的农户对资金的需求，还可进一步推动正规金融深化改革。

非正规金融组织形式源远流长。各种互助会（或简称"合会"）、私人钱庄、集资、储贷协会、基金会、典当行等，都是民间金融组织的变体。互助会具有储蓄和互助保险的性质，主要融资功能是用于日常消费资金的融通余缺，它在我国农村比较普遍。私人钱庄具有储蓄和贷款的功能，甚至可以办理很多汇兑业务，规模一般也较大，它在一些经济发达地区较为普遍。储贷协会和基金会在我国农村也较为普遍，它们经营的方式比较灵活，办理业务的手续比较方便、简单、快捷，经营成本也比较低，曾一度是农村经济发展的主要融资渠道之一。典当行作为古老的民间金融形式，具有短期抵押贷款的性质，它的主要功能是进行短期资金的融通。

3. 农村信贷资金供求的现实考察

我国农村信贷资金供求处于非均衡状态，即需求旺盛但供给短缺，信贷供求矛盾异常突出。其结果是民间借贷融资顺势而发，借贷资金价格持续走高，融资成本增大，制约农村经济发展。

我国农村信贷资金供求矛盾尖锐，主要表现在以下四个方面：

第一，农业信贷供给与农业在国民经济中的地位还不太相称。农业信贷资金供给不足已经严重影响了农业发展的后劲。再者，农村中小企业信贷比重低与农业产业化经营要求不相称。农村金融机构信贷资金投入相对较少，且多集中于少数国家级龙头企业。相对而言，众多中小型农村企业信贷投入比例很低，严重制约其发展壮大。

第二，农业信贷结构与农业产业结构调整还不太相符。随着我国农业结构调整的步伐不断加快，传统种植业在农业中的份额逐步减少，而非传统的种植业，比如畜牧业、水产业、蔬菜业等所占份额逐年上升。而且以乡镇企业为代表的非农产业发展迅速，技术改造和规模扩张的资金需求量加大。可是，在农村，农业信贷结构却没有及时进行调整，缺乏创新模式，贷款投放的局限性还比较大，贷款的品种也只是短期的流动资金，因此，难以达到适应新型农业金融需求的目的。

第三，农户储蓄资金贡献与其获得的信贷支持还不匹配。农村金融机构商业化经营，使农户金融活动资金倒流城市和发达地区，为城市工业化和乡村城镇化提供资金来源。而对于农户来说，想获得用于生产和扩大再生产的资金却难以如愿以偿。

第四，农村金融机构区域布局与农村经济发展要求还不协调。在我国，农村金融的发展基本上是以东部和城市为中心逐步推进的模式，农村东部经济发达地区农村金融机构的区域布局相对较为完善，而中西部地区的分布密度较小。

二、农村政策性金融机构

我国农村正规金融体系主要由三部分构成，一是作为商业性金融机构的中国农业银行，二是作为政策性金融机构的中国农业发展银行，三是作为合作金融机构的中国农村信用合作社。此外，农村邮政储蓄也是农村正规金融体系必不可少的组成部分。

（一）农业政策性金融机构的定位

中国虽然是一个农业大国，但长期以来所采取的社会经济发展战略，使得农业部门长期处于"政策性"的边缘。我国农业政策性资金和商业性资金的分离、农业政策金融性业务和商业性金融业务的分离及我国国有专业银行向国有商业银行的转变，标志着我国专门的农业政策性金融机构的诞生。

作为唯一的国有农业政策性银行，中国农业发展银行有其明确的任务、经营目标、独特的职能与作用。中国农业发展银行的主要任务是按照国家的法律、法规和方针、政策，以国家信用为基础，筹集农业政策性信贷资金，承担国家规定的农业政策性金融业务，代理财政性支农资金的拨付，为农业和农村经济发展服务。农业发展银行的业务范围是：办理由国务院确定、中国人民银行安排资金并由财政部予以贴息的粮食、棉花、油料、猪肉、食糖等主要农副产品的国家专项储备贷款；办理粮、棉、油、肉等农副产品的收购贷款和棉麻系统棉花初加工企业的贷款；办理国务院确定的扶贫贴息贷款、老少边穷地区发展经济贷款、贫困县县办工业贷款、农业综合开发贷款以及其他财政贴息的农业方面的贷款；办理国家确定的小型农、林、牧、水利基本建设和技术改造贷款；办理中央和省级政府的财政支农资金的代理拨付，为各级政府设立的粮食风险基金开立专户并代理拨付。发行金融债券；办理业务范围内开户企事业单位的存款；办理开户企事业单位的结算；境外筹资；办理经国务院和中国人民银行批准的其他业务。

中国农业发展银行秉持的经营目标，是办好农村政策性银行，大力支持农村经济发展。因而与一般商业性金融相比，农业发展银行在机构定位上具有以下三大职能：一是扶持性职能。扶持性职能是农业发展银行区别于一般商业银行的最显著的职能。农业是弱质产业，但它所提供的产品关系国计民生，关系人类赖以生存的自然生态环境，因此需要国家特别加以扶持和保护。二是具有倡导性职能。倡导性职能又称诱导性职能，是指农业政策性金融通过直接或间接的资金投放，吸引民间资金包括金融机构和个人资金从事符合国家农业政策意图的贷款和投资，以推动更多资金投入于农业领域。三是具有调控性职能。与其他产业相比，农业在市场竞争中通常处于劣势，难以成为吸引投资的产业。因此，政府必须要进行干预和调控，以确保农业与其他国民经济各产业均衡发展。中国农业发展银行自组建以来，认真贯彻落实党中央、国务院制定的路线方针政策，坚持以收购资金封闭管理为中心，逐步建立起了农业政策性银行的组织体系、制度体系，进一步完善了管理体制与经营机制，较好地履行了国务院赋予的收购资金封闭管理职责，基本发挥了国家农业政策银行作用，特别是在保障粮棉油收购资金供应、支持粮棉地区农业经济发展方面，起到了不可替代的作用。

（二）政策性银行改革的政策定位和经营原则

根据国际经验和理论的研究，在当代各国经济金融体制中，只有同时存在政策性金融与商业性金融，金融体系才是协调与均衡的，才是稳定和有效的。否则，因为市场失灵，金融体系将会是扭曲的、非均衡的、不稳定的和低效的。因此，应逐步建立起一个功能完备的政策性金融体系。

　　一个功能完备的政策性金融体系应当包括四个部分，即开发性金融、支持性政策金融、补偿性政策金融和福利性政策金融。开发性金融，应当主要用于与农村社会经济可持续发展密切相关的新农村建设的基础设施建设，如环境保护和发展、农业科技进步、技术创新与推广等方面；支持性政策金融，就是通过政策性金融机构的业务活动，充分反映出政府期望促进发展经济体系中的特定组成部分政策意图；补偿性政策金融，通过政策性金融机构的业务活动，来弥补某些弱势或幼稚产业的不足，并对特定弱势群体进行利益补偿。从目前来看，补偿性金融应当集中用于粮棉等国家战略储备性金融支持。所谓福利性政策金融，是指为实现共同富裕奠定基础，为特定群体如贫困人口提供资金支持，为资金互助组织提供担保，以及为农村大学生提供教育投资贷款等。这四个方面的金融政策措施，比较全面地覆盖了农村经济社会发展的各阶段各方面，对农业经济社会发展起到全面推动作用。在构建功能完备的政策性金融体系的同时，我国农村政策性银行应该总结吸取十几年经营发展中的经验教训，进一步加强经营管理改革，遵循"政府信用、市场运作、国家目标"这一经营原则，防止"市场失灵"和"政府失灵"。为此，应当从以下几个方面着手：

　　第一，完善法律，重建"政府信用"。治理市场失灵主要靠"政府信用"，而"政府信用"需要通过法律支持体系来构建。政策性银行在产权上大多属于国家。任何一家政策性银行都要体现政府的产业政策。为了约束政府的短期行为对农业发展银行经营活动的干扰，为了使农业发展银行在经营发展中受到法律的有力制约与监督，避免农业发展银行的经营范围和管理体制的随意性管理；为了使农业发展银行在经营中得到法律的支持和保护，如相关财政税收政策支持和优惠在执行中维持严肃性，在贷款资产保全、维护合法权益等方面得到有效保障；同时避免由于农业发展银行的职责和功能易变性而引发部分相关经济主体的机会主义行为，将政策性信贷资金视为国家财政资金，防止损坏国家政策性银行功能的发挥、破坏社会信用体系行为，必须建立与政策性银行设立、发展、经营管理等有关的法律体系和监管制度。国家对农业发展银行的监管应该明显区别于国家对商业银行的监管，监管的重心在于国家农业产业政策的贯彻落实、信贷资金的安全、最高利率水平的控制、政策性贷款规模执行等，以期重建政府信用。

　　第二，坚持市场运作，避免与商业性金融机构过度竞争。政策性银行也要按市场规律运作，因为防范"政府失灵"的有效措施是坚持市场运作。市场运作是指"独立核算，自主、保本经营，企业化管理"。不实行独立核算，农业发展银行在经营中难免出现部门利益至上，出现道德风险；不实行自主、保本经营，企业化管理，就无法防范风险，最后失信于社会。政策性银行之所以不与商业性金融竞争，因为其毕竟有着政策和资金方面的优势，同时政策性金融的本来职能就是弥补市场的不足。当然，在实际操作上，因为市场不足和市场失败领域是个动态的过程，某一特定领域由资金短缺到充分供给需要有一个过程，也因为金融业务自身具有一定的延续性，从放出贷款到收回贷款需要一个时间过程。另外，一些带有政府税收优惠、贴息的金融业务在金融系统一视同仁、招标实施，这同样会带来竞争问题。因此，应当不排除政策性金融机构与商业性金融机构存在适度的交叉。如果因交叉过度引发激烈竞争，应通过政府进行控制和调整。要解决农业发展银行的定位，首先应确定市场与政府的边界，即哪些业务真正属于公共商品或准公共商品范畴，进而比较政府和民间的供应成本，在此基础上再来规划农业发展银行的职能。

目前达成共识的观点主要是：按市场机制原则形成农业政策性银行可持续发展机制。在国家政策支持下，要解决好以下基本问题：一是健全资本金的补充机制，即要建立一个动态的、可持续发展的、与农业政策性银行业务发展有内在联系的补充机制。二是建立稳定的低成本的资金来源机制。要根据农业政策性银行的特点，按照政策性银行市场化运营模式转变的要求，拓宽资金来源渠道，增强自主筹资功能，优化负债结构，降低资金成本。三是按照政策定位拓宽业务范围。目前，农业发展银行在继续做好粮棉油收购贷款业务为主体，支持龙头企业、农副产品加工和转化的同时，在政策支持下开展开发性和支持性金融等中长期贷款业务、发展中间业务为补充的两翼格局。四是完善农业政策性银行的金融监管制度。取消农业政策性银行上缴存款准备金的做法，或取消政策性业务部分存款准备金；制定适合农业政策性银行的信贷资产质量监管体系和办法，根据农业发展银行业务效益差、风险大、资产质量一般较差的特点，提高风险拨备税前计提比例；坚持保本微利的经营方针，防范农业发展银行商业化和财政化两个倾向。五是创立良好的外部环境。随着经济的发展和农村金融体制的改革，其中一些规定开始显得滞后和偏离。所以，当务之急是制定顺应时代的农业政策性的金融法律，用法律的手段对农业发展银行进行监督。

此外，农业政策环境有待进一步优化。在发达国家存在着大量的农业补贴，但这并不是由它们的农业政策性金融机构来办理或者负责，而是由政府直接办理，所以这些机构就不必办这种几乎纯粹性的政策性业务，也就避免了产生完全亏损，因而有利于农业政策性金融机构的可持续发展。

当然，我国农村金融要做到为农村社会经济提供更好的服务，除了要发挥包括政策性银行在内的农村正规金融机构的作用，还要逐步发挥非正规金融体系的积极性，使之成为正规金融体系的重要补充。

三、我国新型农村金融机构可持续发展的对策

（一）国外农村金融机构发展模式借鉴

国外农村金融机构经过多年的发展已积累丰富经验，因此这里选取美国、日本等国的成功经验进行学习借鉴。

一是美国。美国农村金融机构发展模式是成熟的供给型模式，这与其健全的金融体系密不可分。通过美国政府和市场共同引导加速培育新型金融机构，促使美国农村金融体系逐步完善，现已形成农业商业金融、政策性农村金融机构、农贷专业银行和农业保险组成的分工明确、互为补充的多层次金融组织体系。二是日本。日本积极发展农村金

融机构，现已形成民间合作性金融机构为主体、政府政策性金融机构为补充的农村金融体系。

（二）我国新型农村金融机构可持续发展的对策建议

结合国外成功经验，立足本国国情，对我国新型农村金融机构的可持续发展提出如下建议。

一是强化政府扶持力度。农村金融供给具有外部性，因此新型农村金融机构发展离不开政府的支持，政府部门应尽可能给予财政和资金支持以及税收优惠政策，提供相应的税收减免和财政补贴，同时加大货币金融政策扶持，确保新型农村金融机构发展的积极性，助其度过薄弱的发展前期。二是建立健全监管体系。逐步完善相关法律法规，建立长期有效机制和实行奖惩制度。在风险控制的前提下可以适当放宽农村金融市场的准入门槛，引导民间资本服务农村和农业发展。同时根据不同类型金融机构特点探索建立差别化监管制度。三是完善农村金融生态建设。大力建设农村社会信用体系，形成较为完备的信用评价体系以及信用激励和惩戒机制。推动落实存款保险制度，增强储户信心，为新型农村金融机构可持续发展提供外部保障。加速发展农业保险，缓解涉农贷款风险大导致的"贷款难"问题。四是加强金融产品和服务的创新。新型农村金融机构要获得客户认可，最根本的还是要充分发挥自身优势，坚定服务"三农"定位不动摇，通过实地调研挖掘农户个性化需求开展金融业务，提升产品和服务的针对性，才能逐步提高其公信力，从而确保可持续发展。

第二节　农业企业融资

一、农业企业的融资环境

任何事物总是与一定的环境相联系和发展的，融资决策也不例外。不同时期、不同国家、不同领域的融资决策有着不同的特征，最终都是因为影响融资决策的环境因素不尽相同而形成的。企业如果不能适应周围的环境，也就不能生存。

（一）一般企业的融资环境

1. 重新认识经济发展的周期性波动

一般而言，在萧条阶段，由于整个宏观经济环境的不景气，企业很可能处于紧缩状态之中，产量和销售量下降，投资锐减，有时资金紧张，有时又出现资金闲置。在繁荣阶段，一般来说，市场需求旺盛，销售大幅度上升，企业为了扩大生产，就要扩大投资，以增添机器设备、存货和劳动力，这就要求决策人员迅速地筹集所需资金。因此，面对周期性波动，决策人员必须预测经济变化情况，适当调整融资战略。目前，世界经济正处于萧条时期，重新认识经济周期性波动，对于我们正确制定企业的融资战略具有重要意义。

2. 重新认识企业面临的法律环境

企业融资是在特定的法律约束下进行的。公司法、证券法、金融法、证券交易法、经济合同法、企业财务通则和企业财务制度等都从不同方面规范或制约企业的融资活动。中国加入世界贸易组织之后，为了与国际惯例接轨，尽快融入世界经济大潮，新的相关法律会相继出台。作为企业的决策人员，应该熟练掌握相关的法律知识，随时了解其变化，为制定企业的融资战略服务。

3. 高度重视市场环境的变化

在市场经济条件下，每个企业都面临着不同的市场环境，这都会影响和制约企业的融资行为。处于完全垄断市场上的企业销售一般都不成问题，价格波动也不会很大，企业的利润稳中有升，不会产生太大的波动，因而风险较小，可利用较多的债务来筹集资金；而处于完全竞争市场的企业，销售价格完全由市场来决定，价格容易出现上下波动，企业利润也会出现上下波动，因而不宜过多地采用负债方式去筹集资金；处于不完全竞争市场和寡头垄断市场的企业，关键是要使自己的产品超越其他企业，创出特色、创出名牌，这就需要在研究与开发上投入大量资金，研制出新的优质产品。为此，这就要求企业筹集足够的资金以满足需要。

4. 充分利用金融市场，以保证企业融资战略的实施

在经济活动中，金融市场的存在是有举足轻重的作用，金融市场存在的目标就是将储蓄有效率地配置给最终的使用者。如果有储蓄的经济单位恰好是寻求资金的经济单位，那么即使没有金融市场，经济发展也无关紧要。但是在现代经济中，大多数缺乏资金的公司投资于实物资产的资金均超过了自己的储蓄，而对大多数个人来说，却是总储蓄超过了总投资，效率要求以最低的成本、最简便的方式把实物资产的最终投资者和最终的储蓄者撮合起来。因此，企业在制定融资战略时，应充分利用金融市场的优势，随时了解市场信息，保证企业的融资战略能够很好地得到贯彻实施。

5. 认真分析采购和生产环境，以进行科学投资决策

企业的采购环境有稳定和波动、价格涨跌之分，企业如果处于稳定的采购环境中，可少储存存货，减少存货占用的资金；反之，则必须增加存货的保险储备，以防存货不足影响生产，这就要求决策人员把较多的资金投资于存货的保险储备。在物价上涨的情况下，企业应尽量提前进货，以防物价进一步上涨而遭受损失，这就要求为存货储备较多的资金；反之，在物价下降的环境里，应尽量随使用随采购，以便从价格下降中得到好处，可以在存货上尽量减少资金的储备。不同的生产企业和服务企业具有不同的生产环境，这些生产环境对企业融资战略具有重要影响。比如，企业的生产如果是高技术型的，那就有比较多的固定资产而只有少数的生产工人，这类企业在固定资产上占用的资金比较多，而工薪费用较少，这就要求企业理财人员必须筹集到足够的长期资金来满足

固定资产投资；反之，如果企业生产是劳动密集型的，则可较多地利用短期资金，以其来满足企业的固定资产投资。

（二）农业企业融资环境优化策略

1. 优化农业企业融资的宏观经济环境

国家实行的财政政策和货币政策是宏观经济环境的重要内容。从农业产业结构调整和市场竞争力提升方面分析，国家宏观经济环境优化有助于促进我国农业产业结构调整和市场竞争力提升，有助于提高农业企业的市场认知能力、产品研发能力、技术创新能力，有助于推动农业经济的规模化、市场化、现代化和集约化发展。国家宏观经济政策的变迁可能会对部分农业企业的融资方式、产业结构、发展战略、生产工艺和技术水平等产生直接或间接、显性或隐性的影响，可能会限制部分农业企业的惯性发展、也可能会推动部分农业企业的快速稳固发展。宏观经济环境具有战略性、动态性和调控性，以规范和完善社会主义市场经济体系、明确社会经济发展方向等为主要目的，因此会对某些粗放型农业企业的存续发展产生消极影响；但宏观经济环境的优化将强调农业产业市场的监督管理力度，建立农业产业市场的公平、公正、有序的竞争秩序，规范不同所有制结构、不同资本结构、不同发展规模的农业企业的竞争行为和融资行为等。

2. 优化农业企业融资的政府扶持环境

市场经济是由政府"看得见的手"和市场"看不见的手"共同作用的，农业企业的健康有序发展离不开政府的宏观指导、政策支持、税收优惠、监督管理等。为了促进农业企业融资行为运行和农业企业存续发展，中央政府和地方政府要加大对具有较高特殊性的农业企业的扶持力度，完善农业企业健康有序发展的扶持政策和优惠补贴建议，建立合理系统的农业企业融资的政府扶持环境。政府可以通过财政补贴、政府扶持专项基金、投资基金、直接贷款或信用担保贷款等方式，拓展农业企业的融资渠道，营造公平有序、诚信和谐的融资环境，满足农业企业的资金需求。

3. 优化农业企业融资的法律法规环境

完善的法律法规环境是农业企业融资行为的立法基础，是农业企业健康发展的必要保障，是建立良好金融服务秩序和企业竞争秩序的重要前提。因此，政府要不断完善中小企业或农业企业的经营管理、财务管理法律法规建设，不断规范农业企业的融资行为和融资过程，不断改善农业企业规模化和市场化发展的法律法规环境。政府有关部门和金融监督管理机构要颁布明确的企业运营法律法规和政策建议等，出台相应的配套规章制度，从法律层面上规范和约束农业企业的生产、经营、管理、营销、财务行为，切实解决农业企业个体脆弱性和整体重要性的矛盾；修改或剔除有悖于市场经济运行规律和农业企业发展特点的法律法规，不断建立适宜的、完善的农业企业法律法规，不断强化法律法规的执法效率，不断规范企业相关法律法规的执行公平性，以规范农业企业的生产经营行为，不断提高农业企业的整体素质，不断优化农业企业的资本结构、组织结构和管理体制；要不断提升农业企业经营管理者的信用意识，降低农业企业与银行等正规金融机构的信息不对称等，保障投资者与债权者的切身利益，建立良好的农业企业融资环境。

4. 优化农业企业融资的社会服务环境

地方政府要指导建立成立专业的企业服务中介组织，不断完善非营利性中介服务组织的结构设置、职能定位、管理体制、人员组成和服务水平等，以强化中介服务组织在信息共享、管理咨询、投资参考、融资决策、企业管理、技术革新、市场营销等方面的支持和辅导功能，以引导和规范农业企业的经营管理战略、融资决策和技术创新导向等，切实提高农业企业的核心竞争优势，实现农业企业的可持续发展。

政府要积极发展中小农业企业的融资担保机构，通过政府为主、多元筹措方式建立农业企业融资担保基金，以高担保效率、低担保费用、多元抵押担保形式等为农业企业提供良好的金融产品或服务，切实提高农业企业的融资效率和效果。同时，政府要建立综合性服务机构以协调和指导农业企业的融资问题、担保问题、技术创新问题、生产运营问题、员工培训问题、信息共享问题等，切实提高区域、省域的农业企业金融服务工作。

信用担保融资是农业企业多元融资服务体系的重要内容，是建立多层次资本支持体系的重要途径。信用担保制度的建立和完善降低了银企间的信息不对称，降低了银行等正规金融机构的资金发放风险和信贷成本，有利于银行等正规金融机构扩大对农业企业的资金投入力度，使农业企业获取更多的发展资金支持。信用担保机构的生成和发展是多层次的、多途径，可以建立以政府为主体的信用担保机构，通过公开透明的运作方式为农业企业等提供资金支持或担保服务，降低农业企业的融资风险和融资成本；可以成立具有独立法人资格的小额信用担保公司，按市场经济原则、以商业担保的形式向企业提供融资担保业务；可以建立中小型农业企业的互助型担保共同体，以共同信用标准和信用等级、风险共担形式等申请融资担保贷款，切实解决部分农业企业个体担保贷款困难、抵押担保物缺失或总量不足引发的融资难题。

二、农业企业的融资渠道

（一）企业盈余融资

1. 留存盈余

留存盈余是企业缴纳所得税后形成的，其所有权属于股东。留存盈余融资是企业内部融资的重要方式。中小企业的收益分配包括向投资者发放股利和企业保留部分盈余两个方面，企业利用留存盈余融资，对税后利润进行分配，确定企业留用的金额，为投资者的长远增值目标服务。

企业利用盈余资金进行投资需要平衡股东的权益分配与企业持续发展之间的关系。企业发展的最根本目的是为股东创造最大的价值，只有股东和管理层需要在利润如何进行留存收益在投资和股利派发之间达成一致意见，既能实现股东价值的不断增值又能促进企业的长远发展。为了进一步理解留存盈余融资，我们首先要明确企业股利分配政策以及类型。企业股利分配政策一般包括以下三方面内容：

（1）利润分配政策

①利润分配项目

A.盈余公积金。从净利润中提取形成，用于弥补公司亏损、扩大公司生产经营或者转为增加公司资本。盈余公积金包括法定盈余公积金和任意盈余公积金。公司分配当年税后利润应当按照 10% 的比例提取法定盈余公积，当盈余公积金累计额达到公司注册资本 50% 时，可不再提取。任意盈余公积金的提取由股东会根据需要决定。

B.公益金。公益金也是从净利润中提取形成的。专门用于职工集体福利设施建设。公益金按照税后利润的 5% ~ 10% 的比例提取形成。

C.股利。向投资者分配的利润。

②利润分配顺序

A.计算可供分配的利润。将本年利润（亏损）与年初未分配利润（或未弥补亏损）合并，计算出可供分配利润。如果可供分配利润为正数，则进行后续分配。

B.计提法定盈余公积金。按抵减年初累计亏损后的本年净利润计提法定盈余公积金。

C.计提任意盈余公积金。

D.计提公益金。

E.向股东支付股利。

公司股东会或董事会违反上述利润分配顺序，在抵补亏损和提取法定盈余公积金、公益金之前向股东分配利润的，必须将违反规定发放的利润退还公司。

（2）股利政策的类型

股利政策实施的终极目标是如何使股东财富最大化。因此企业在确定股利政策之前应权衡各种因素的利弊得失，结合自身实际制定出较为理想的股利政策。

①剩余股利政策

公司有收益较高（至少高于投资者的必要报酬率）的投资机会时可采用此政策。该政策是指税后利润在满足所有可行的投资项目需要后，如有剩余则派发股利，反之则不发股利。具体运用方式为：

A.确定最佳投资项目；

B.确定最优资本结构，以综合资本成本率最低为标准，最大限度地利用留存收益来满足所需增加的股东权益数额；

C.当企业税后净利超出所需增加的股东权益数额时，可发放股利。

②固定股利率政策

这一政策也叫变动股利政策。它是指每年股利支付率保持不变。股票投资者获得的股利从公司税后净利中支付（通常在 30% ~ 70% 之间），并且随税后净利的增减而变动。这就保证了公司的股利支付与公司的盈利状况之间保持稳定关系。

③同定股利加额外股利政策

企业一般每年按一固定数额向股东支付正常股利，然后在一段时间内，无论财务状况如何都派发的股利额均不变。

④低现金股利加送配方案的股利政策

这一政策是一项包括现金股利和股票股利并同时包括认股权发行的综合政策。这也是目前我国大部分上市公司所采用的股利政策。送股是公司将利润转为股本，按增加的股票数比例送给股东。配股是指公司在增发股票时以一定比例按优惠价格配售给股东股票。一般净资产收益率大于10%者可采用送股加配股政策。这项政策可便于公司保留现金、扩大股本、稀释流通在外的股票价格。

（3）影响股利政策的因素

①法律因素

A. 契约约束。当企业举债经营时，债权人为防止公司以发放股利为名私自减少股东资本的数额，增大债权人的风险，通常在债务契约中含有约束公司派息的条款。如规定每股股利的最高限额；规定只有当公司的某些重要财务比率超过最低的安全标准时，才能发放股利；派发的股息仅可从签约后所产生的盈利中支付，签约前的盈利不可再作股息之用；也有的直接规定只有当企业的偿债基金完全支付后才能发放股利等规定。

B. 法律法规约束。各国的法律如公司法及其他有关法规对企业的股利分配给予了一定的限制。如资本保全约束、资本积累约束、利润约束、偿债能力约束，等等。这些约束对于企业制定合理的股利政策均有一定限制。因此在下列情况下企业不能分配股利：当企业的流动资产不足以抵偿到期应付债务时；未扣除各项应交税金时；未弥补亏损时；未提取法定盈余公积金时；当期无盈利时；经董事会决定可以按照不超过股票面值6%的比率用盈余公积金分配股利，但分配后盈余公积金不能低于注册资本的25%等。

②资金需求因素

从企业的生命周期来看，处于上升期的企业总有较多的投资机会，资金需求量大且来源紧张，因而其股利分配额通常较低；处于成熟期或衰退期的企业，投资机会减少，资金需求相对减少，但资金来源和资金储蓄相对比较丰富，因而其股利分配额较高，由此可见，大量分派现金股利对股东来说未必是件好事。

③财务信息的影响因素

广大投资者将现金股利发放的变化往往看作是有关公司盈利能力和经营状况的重要信息来源。公司增加股利发放表明公司董事会和公司管理人员对公司的前途看好，公司未来盈利将有所增加，反之就会减少。因此股份公司一般不敢轻易改变股利政策，以免产生种种不必要的猜测。

④股东投资目的因素

股利政策最终要由董事会决定并经股东大会审议通过，所以股东投资目的，如为保证控制权而限制股利支付；为避税目的而限制股利支付；为稳定收益和避免风险而要求多支付股利等，这些足以影响政策的最终制定。

2. 盈余融资的优势

盈余融资，是以当期可供分配利润中保留一部分不进入利润分配环节，用于满足企业未来发展的一种内部融资活动，其性质相当于股权融资。这种融资方式的优势主要表现在以下几个方面：

（1）盈余融资方式是一种财务负担最小、融资成本最低的融资方式

盈余属于企业内部资金运用的一种策略选择，并不发生企业资金规模外延的增大，也不发生与企业外部的实质性财务关系。所以，其融资成本接近于零，既无显见的筹资成本，也不发生用资成本，是最为经济的一种融资方式。

（2）盈余融资方式下用资风险的保障程度较高

由于盈余融资的资金是企业经营所得，是企业经营者辛辛苦苦赚下的钱，与企业经营者具有一种难以割舍的"亲和力"，这种"亲和力"在用资过程中起到一种内在的约束作用，企业经营者就像用自己的钱一样，故其用资风险的保障程度较高。

（3）盈余融资方式可提高公司权益性资金的比重

盈余融资方式可提高公司权益性资金的比重降低公司的财务风险，稳定公司的资本结构。盈余是企业利润分配决策的关键，从所有者角度来说，当企业预计投资收益率大于盈余资金的机会成本时，所有者愿意接受企业采取盈余融资方式；当企业预计投资收益率小于盈余资金的机会成本时，所有者将难以接受这种融资方式，对企业融资决策形成一定的制约力。同时，盈余融资方式会改变企业的资本结构，直接增加企业所有者权益，从而使企业利益格局向有利于所有者的方向调整，这是促使所有者接受这种融资方式的内在动力。

盈余，使企业盈余保持相对的稳定性，公司易于较好地控制公司的经营运作，如不必发行新股以防止稀释公司的控制权，这是股东们所愿意接受的。避免发放较多的股利，使高股利收入的股东合法避税，也是有益于股东的，同时，这种低股利政策还可以减少因盈余下降而造成的股利无法支付、股份急剧下降的风险，将更多的盈余再投资，以提高公司权益资本比重，降低公司的财务风险，稳定公司的资本结构，无疑对公司是十分有利的。可见，企业采取盈余进行融资，有利于企业市场价值的提升，对外传递着一种利好的信息，提升了企业的信誉度，提高了企业举债融资能力，对于企业的现状和未来发展起到良好的造势和推动作用。

（二）村镇银行融资

所谓村镇银行就是指为当地农户或企业提供服务的银行机构。区别于银行的分支机构，村镇银行属一级法人机构。目前农村只有两种金融主体，一是信用社，二是只存不贷的邮政储蓄，农村的金融市场还处于垄断状态，没有竞争，服务水平就无法提高，农民的贷款需求也无法得到满足。改革的出路，就是引进新的金融机构。

1. 村镇银行的含义

村镇银行是指经国家金融监督管理总局会依据有关法律、法规批准，由境内外金融

机构、境内非金融机构企业法人、境内自然人出资，在农村地区设立的主要为当地农民、农业和农村经济发展提供金融服务的银行业金融机构。

村镇银行可经营吸收公众存款，发放短期、中期和长期贷款，办理国内结算，办理票据承兑与贴现，从事同业拆借，从事银行卡业务，代理发行、代理兑付、承销政府债券，代理收付款项及代理保险业务以及经银行业监督管理机构批准的其他业务。

按照国家有关规定，村镇银行还可代理政策性银行、商业银行和保险公司、证券公司等金融机构的业务。

2. 村镇银行设立的背景和目的

在准入资本范围、注册资本限额，投资人资格、业务准入、高级管理人员准入资格、行政审批、公司治理等方面均有所突破。其中，最重要的突破在于两项放开：一是对所有社会资本放开。境内外银行资本、产业资本、民间资本都可以到农村地区投资、收购、新设银行业金融机构。二是对所有金融机构放开。调低注册资本，取消营运资金限制。在县（市）设立的村镇银行，其注册资本不得低于人民币 300 万元；在乡（镇）设立的村镇银行，其注册资本不得低于人民币 100 万元。在乡（镇）新设立的信用合作组织，其注册资本不得低于人民币 30 万元；在行政村新设立的信用合作组织，其注册资本不得低于人民币 10 万元。放开准入资本范围，积极支持和引导境内外银行资本、产业资本和民间资本到农村地区投资、收购、新设以下各类银行业金融机构。新设银行业法人机构总部原则上设在农村地区，也可以设在大中城市，但其具备贷款服务功能的营业网点只能设在县（市）或县（市）以下的乡（镇）和行政村。农村地区各类银行业金融机构，尤其是新设立的机构，其金融服务必须能够覆盖机构所在地辖内的乡（镇）或行政村。

建立村镇银行是解决我国现有农村地区银行业金融机构覆盖率低、金融供给不足、竞争不充分、金融服务缺位等"金融抑制"问题的创新之举，对于促进农村地区投资多元、种类多样、覆盖全面、治理灵活、服务高效的新型农村金融体系的形成，进而更好地改进和加强农村金融服务，支持社会主义新农村建设，促进农村经济社会和谐发展和进步，具有十分重要的意义。但作为新生事物，村镇银行在建立及发展中还存在一些新的问题，需要得到有关部门的关注和解决，以促进其健康发展，进而发挥应有的功能。

3. 村镇银行的设立缓解中小企业融资难

随着国内外经济形势的恶化，国内相当一部分中小企业面临融资难题，有关方面虽采取了不少措施，但实际效果较小。只有大力发展村镇银行才能有效化解中小企业的融资难题。其理由如下：

第一，村镇银行的开办能从根本上解决与中小企业融资不相称的金融机构对称性问题。当前有关部门要求现有各类银行多向中小企业融资，但实际结果不理想，主要原因在于相互不对称。虽然目前各地也有农村信用社，但它们的机制已僵化，与多是私营企业的中小企业相比，体制与效率、目标上都有很大差异，无法满足中小企业的融资需求。

第二，允许私营村镇银行的设立，有利于既吸收中小企业的存款，又比较灵活地支持中小企业的发展，有利于化解中小企业的融资难问题。

第三，防范私营村镇银行的金融风险可通过对村镇银行业务范围、业务种类的设定，国家成立存款保险公司等办法来解决，这样做不但对目前的中小企业融资问题大有裨益，而且对发展民间金融事业，培养一大批金融人才是很有帮助的。

（三）农村资金互助合作社融资

农村金融改革的最大难题是农村金融发展不能惠及广大农户。虽然农信社、农业银行等正规金融机构正在积极推进小额信贷业务，但截至目前，全国仅有1/3的农户获得了贷款，只占到符合条件且有贷款需求农户的六成。贷款供需不平衡的主要原因是借贷双方信息不对称，放贷者无法了解借款者的风险偏好和还款意愿，也无从监督贷款的使用情况，因此，让正规金融机构来监督和实施分散在整个农村的数以千万计的小额信贷合同是不可能的。

1. 农村资金互助社的设立背景

虽然资金互助社规模小、形式初级，但大力发展资金互助社可以推进农村金融改革的大战略。这是因为，一方面，资金互助社更接近农户，可以满足被商业性金融机构排斥的农户的贷款需求；另一方面，通过参与资金互助社，农户们不但获得了更多金融知识，而且在信贷交易中证明了自己的信誉。因此，农村资金互助社也起到了改进金融文化、培育客户的作用，从而降低了正规金融机构开展业务的成本。因此，资金互助社这种具有代表性的合作金融形式在中国农村金融发展中具有不可替代的作用。我们可以进一步设想，借助众多的农村资金互助社和商业可持续的农村正规金融机构小额信贷项目，中国必将建立起一个包括所有农户在内的普惠制金融体系。

2. 农村资金互助社的现状

村镇银行的发起人主要是银行业金融机构，有较好的从业能力和丰富的管理经验，懂得如何规范经营，可以说"背景很硬，出身很好"，因此生存发展不成问题；而农村资金互助社的发起人是农民和农村中小企业，虽说对自己的社员较为熟悉，但缺乏金融从业经验，也不知道如何同监管部门打交道，先天不足，经营发展受到局限，因此需要更多的政府扶持，而这恰恰是政府所忽视的。

资金互助社的良好发展对在农村开展业务的、力争商业化经营的正规金融机构至关重要。农户和中小企业通过参加资金互助社，不断熟悉金融交易的运作，经济行为和信用观念也发生了转变，金融文化的熏陶使他们更加注重自身的信誉。随着收入的增加和财富的积累，他们必然会向资金互助社之外的正规金融机构寻求贷款，而这些"合格的"经济主体正是正规金融机构所要发展的客户。商业化金融机构总是不愿第一个向没有接受过信贷的个人或中小企业提供贷款，而必须对潜在客户进行金融制度和规则方面的培训，必须对潜在客户进行筛选，这些前期工作都要花费较长的时间和较大的费用。资金互助社的发展恰恰为正规金融机构培育了客户和信用土壤，节省了它们开拓市场的成本，从而吸引它们不断深入农村金融市场。单从这方面看，投入资金对农村资金互助社进行扶持也是非常必要的。

要建立一个普惠制的农村金融体系，必须要以小额信贷和合作金融为两翼才能满足所有农村经济主体的金融需求。但是从动态发展的角度看，合作金融更加重要，因为它不仅可以为被正规金融机构小额信贷业务排斥在外的经济主体提供融资服务，还能为正规金融机构小额信贷业务培育优质客户和信用土壤。因此，中国农村金融改革应优先发展合作金融，政府应该投入财力、物力和人力去推广农村资金互助社等合作金融模式，让亿万农民可以使用金融服务来谋求自身的发展，让资金互助社为正规金融机构的可持续发展培植土壤，让资金互助社这一小机构去推进农村金融改革的大战略，请不要见其小就否定它的巨大作用，殊不知农村金融大河流淌的原动力正是这些涓涓细流。

3. 农村资金互助社的功能

（1）资金互助合作社具有信用与经济功能双重属性

这种属性决定了资金互助合作社与其他银行业机构的直接区别。其他银行业一般在政策上不支持具有实业性的经济功能，而是作为纯粹的社会信用工具虚拟经济存在，是为实体性经济服务的。资金互助合作社之所以天然地要具有信用与经济功能而存在，是因为它要发挥联结作用，发挥农村经济组织对内联结农户和对外联结市场作用，是要发挥对内信用组织和对外经济组织作用，如果它不能发挥这种双重功能的属性作用，与其他银行机构就没有根本的区别了。这种双重属性和功能作用，起到了农村资金蓄水池的作用，发挥了农村金融免疫细胞组织之功效。有了它，农村金融才不会出现败血症，因此资金互助合作社具有农村金融体系基础地位作用，其他任何组织具有不可替代性。

（2）资金互助合作社具有货币政策传导功能

引导农户发展资金互助合作社绝不仅仅是发挥"蓄水池"进行余缺调剂的作用，还有一个非常重要的功能，就是发挥货币政策传导工具作用，建立起国家引导农村经济、扶持农业产业和帮助农民作用。商业银行不愿意或不能够服务农户，那么就要建立农户自我服务的金融制度，而仅仅依靠农户自我服务能力是不够的，为此必须建立起国家帮助机制，通过国家财政或政策银行（央行支农再贷款）支持，增强农户自我服务能力和扩大服务领域，不断产生对农村商业银行的竞争压力，促进商业银行转变机制、改进服务效率，才能产生竞争性农村金融市场。

（3）资金互助合作社具有推动购销合作、生产合作和消费合作功能作用

发展资金互助合作社一方面要满足农户家庭经营的生产和生活资金需求，促进经济和福利的增长，但这样一家一户的生产关系，是难以容纳更高生产力发展要求的，生产力不发展农户就难以增收，社会问题就难以解决，因此发展资金互助合作社另一方面的作用，是依靠组织资金把农户的劳动力、土地和市场组织起来，形成共同销售、购买和消费，联合组织生产把先进科学技术应用到农业产业中去，不断通过合作的生产关系促进农村生产力的发展和结构调整与升级。通过发展资金互助合作社促进农业生产组织和土地制度变迁，发展新型农产品加工业，通过资金互助合作社开展买方信贷，培育农民自己工业的发展。

（四）贷款公司融资

小额贷款公司是介于正规金融机构与民间借贷资本之间的一种尝试。这种有担保的横向拆借，其实是一种融资创新。小额贷款公司的试点，为民间资本涉足金融业开辟了一条崭新的途径，逐步构架起了民间资金与"断粮"中小企业之间的桥梁，对改善农村金融环境、缓解中小企业资金紧张，有着不可替代的作用；同时，也有利于规范和引导民间借贷。从长远发展来看，经营较好的小额贷款公司将有望获得优先推荐，进一步发展成为村镇银行。这一诱人前景，为到处涌动的民间资本设定了转变为合法金融资本的有效路径。

灵活的经营方式、有效的激励手段，也使得小额贷款公司犹如一条"鲶鱼"，激活金融服务市场，促使正规的金融机构进一步改善信贷服务、提高信贷质量。

1. 小额贷款公司及其经营原则

小额贷款公司是由自然人、企业法人与其他社会组织投资设立，不吸收公众存款，经营小额贷款业务的有限责任公司或股份有限公司。小额贷款公司是企业法人，有独立的法人财产，享有法人财产权，以全部财产对其债务承担民事责任。小额贷款公司股东依法享有资产收益、参与重大决策和选择管理者等权利，以其认缴的出资额或认购的股份为限对公司承担责任。

小额贷款公司应遵守国家法律、行政法规，执行国家金融方针和政策，执行金融企业财务准则和会计制度，依法接受各级政府及相关部门的监督管理。小额贷款公司应执行国家金融方针和政策，在法律、法规规定的范围内开展业务，自主经营，自负盈亏，自我约束，自担风险，其合法的经营活动受法律保护，不受任何单位和个人的干涉。

小额贷款公司设立之后应当遵循以下原则：

①小额贷款公司要建立适合自身业务特点和规模的薪酬分配制度、正向激励约束机制，培育与当地农村经济发展相适应的企业文化。

②小额贷款公司在坚持为农民、农业和农村经济发展服务的原则下自主选择贷款对象。小额贷款公司发放贷款，应坚持"小额、分散"的原则，鼓励小额贷款公司面向农户和微型企业提供信贷服务，着力扩大客户数量和服务覆盖面。同一借款人的贷款余额不得超过小额贷款公司资本净额的5%。在此标准内，可以参考小额贷款公司所在地经济状况和人均 GDP 水平，制订最高贷款额度限制。

③小额贷款公司应建立适合自身业务发展的授信工作机制，合理确定不同借款人的授信额度。在授信额度以内，小额贷款公司可以采取一次授信、分次使用、循环放贷的方式发放贷款。

④小额贷款公司应建立健全贷款管理制度，明确贷前调查、贷时审查、贷后检查业务流程和操作规范，切实加强贷款管理。

⑤小额贷款公司应按照国家有关规定，建立审慎、规范的资产分类制度和资本补充、约束机制，准确划分资产质量，充分计提呆账准备，确保资产损失准备充足率始终保持在 100% 以上，全面覆盖风险，及时冲销坏账，真实反映经营成果。

⑥小额贷款公司要建立发起人和股东承诺制度。发起人向批准机关出具承诺书。公司股东与小额贷款公司签订承诺书，承诺自觉遵守公司章程，参与管理并承担风险。

⑦小额贷款公司应建立健全内部控制制度和内部审计机制，提高风险识别和防范能力，对内部控制执行情况进行检查、评价，并对内部控制的薄弱环节进行纠正和完善，确保依法、合规经营。

2. 贷款公司助力农业企业发展

首先，在银行贷款方面，中小企业的市场淘汰率远高于大中型企业，因为银行贷款给中小企业要承担更大的风险。一般商业银行的政策是优先保证大中型企业，最后才会考虑民营中小企业；其次，中小企业在借款时，不仅无法享受与大中型企业相同的优惠利率，反而要支付更高的浮动利息。而且银行给中小企业的贷款一般采取抵押和担保的方式，不仅手续繁杂，而且还要支付诸如担保费、抵押资产评估费等相关费用；最后，银行贷款手续繁复及审批时间过长，逼迫许多为求生存的中小企业不得不通过民间融资渠道。

为中小企业的发展营造一个更好的发展环境，各相关方面都在积极寻求方法。金融业也都在积极探索中小企业融资新模式，希望能多渠道破解中小企业的融资难题，助力中小企业健康发展。

尽管针对中小企业的融资困境的解决方法还有很多种，比如股权融资、中小企业集合发债、网络联保贷款等，但就目前来说能够较快、较大规模推动的就是设立和成功运作小额贷款公司，缓解农业企业资金紧张。小额贷款公司是由自然人、企业法人与其他社会组织投资设立，不吸收公众存款，经营小额贷款业务的有限责任公司或股份有限公司。贷款公司只提供贷款，不吸收存款，就是投资者用自己的钱贷给中小企业，通过收取利息获得回报。因为贷款公司不吸收公众存款，因此对于国家与社会来说没有很大风险。万一贷款出现问题，只是股东的资本金的损失。这样一方面能吸引很多的民间资金投入到中小企业贷款上来，把大量非法的民间集资纳入正常的金融渠道；另一方面也能推进金融体制创新，有效配置金融资源，营造更好的金融环境。

三、农业企业风险管理与控制

融资风险属于风险在企业融资活动中的具体表现。随着融资问题在企业生产经营活动中变得日益重要，融资以后的风险问题日益突出，成为一个亟待研究和解决的重要问题。

（一）农业企业融资风险分析

1. 农业企业融资风险

（1）传统负债融资风险

负债融资相对其他资金来源来说，成本较小。但是一旦企业决策失误或经营项目失败，就会面对无法偿还本金和利息的风险。实务中，大多数农业企业仍主要依靠银行贷款获取外部资金支持。一些个体和私营农业企业由于其资产质量不高，"抵押无物，担保无人"，很难通过资产抵押获取贷款，于是求助于民间的个人借贷活动。近年来在私营企业的融资结构中，有约占融资总额 10% 的资金是通过非正规渠道融进的，这种借款来源分散、成本高，缺乏法律保障，因而极易造成资金不能按时到位的风险，使企业陷入经营困境。

（2）传统权益融资风险

权益融资的成本相对较高，股票发行的数量、价格、时机的决策，以及股利分配政策等，都可能给企业带来潜在的风险，能够通过上市融资的农业企业寥若晨星。由于我国证券市场的不完善，监督机制的不健全，上市的农业企业为了吸引更多的投资，可能会非法操纵利润，以致影响企业声誉，打击投资者信心，而绝大多数农业企业规模较小、资产质量参差不齐，要通过证券市场进行融资，短期内是不太现实的。除此之外，农业企业在上市额度成为稀有资源的当今资本市场争得一杯羹，也不符合财务管理的成本效益原则。

（3）其他风险

①融资租赁风险

融资租赁是解决农业企业长期资金不足的有效手段，但它会给企业带来如下风险：

A.内部决策风险，即对设备、租赁公司的选择引起的风险，及无法及时支付租金的财务风险；

B.外部连带风险，即不能按期获得租赁资产，致使企业停工停产的风险；

C.市场风险，即租期内由于资产的无形损耗，企业产品不能及时更新换代，造成滞销的风险；还包括市场利率频繁波动带来的利率风险等。

②法律风险

农业企业在融资过程中，由于利益的驱动，或缺少法律意识，极有可能违反法律从而招致法律风险。农业企业在缺乏充分公正性的融资环境下要更加注意对法律风险的防范。

③兼并收购风险

农业企业为谋求协同效应，实现战略重组，经常采取并购的方式进行融资，以迅速提高竞争力。但这一过程也充满了风险，主要是：

A.信息风险。有些农业企业家忽视信息的重要性，在并购中没有认真地调查分析，凭感觉贸然行动，结果频频翻船。

B.并购中的操作风险。企业并购要合理选择融资方式，准确把握并购时机，综合考虑资本成本，并购过程中还可能遭遇反收购风险。

C.并购后的整合风险。多数农业企业的并购由于缺乏专业分析，仅凭业主"拍脑袋"决定，并购后的新企业常常因为规模过于庞大，缺乏一统的企业文化而出现规模不经济，无法实现营运整合。

2. 农业企业融资风险的成因分析

（1）宏观原因

①国家对企业的政策法规限制

目前我国的政策法规还不完善、不健全，与民营经济的发展不相匹配。另外，国家对农业企业的开放管理尚不尽如人意，其税收负担相当沉重，民企遭受严重的非国民待遇，经营环境的有利程度甚至不如外资企业。

②银行等金融机构的限制

一方面，农业企业融资的主要来源仍然是银行等金融机构的贷款。对银行而言，农业企业贷款规模小，贷款期限短，其利率水平相对较低，因此银行获得的收益也比较少；少数农业企业缺乏专门的财务管理人才和机构，存在严重的逃废债现象，使银行常常无法按期收回贷款，银行出于对自身风险的规避，也不得不对农业企业看低一线。银行与企业之间极度的信息不对称，还会产生逆向选择和道德风险，因此银行在向农业企业发放贷款时不得不设置额外的屏障。另一方面，我国银行业已经将贷款权限级级上收，这一举措大大减少了与农业企业联系最密切的县级支行，其信贷审批权限也层层缩小，很多资信状况良好的农业企业也因为成本或缺乏信用观念，甚至不愿意参加信用评级活动。

③资金市场准入制度的限制

在金融领域中，国有商业银行长期处于垄断地位，民营金融机构的发展受到严格的限制，其业务范围小，业务能力差，不能为民营企业提供更好的服务，然而，正如经济学家们所指出的，"如果没有金融业的民营业，那么民营经济的发展就是跛脚的。"

股票市场的建立是以支持国企改革为宗旨的。农业企业即使采用了诸如"借壳"等方式上市，也因为企业整合过程中不同的文化背景及其他因素的影响而达不到上市目的。

④全国范围内的信用担保体系尚不健全

缺乏担保是造成农业企业直接融资难的关键因素。目前我国政府正在尝试建立中小企业信用担保体系，政府组建担保机构，造成新的行政干预，农业企业受到歧视；农业企业信誉状况参差不齐，如何评定信用等级、营造守信的市场环境等问题亟待解决。

（2）微观原因

①农业企业自身的内部组织形式、管理模式和产权结构的限制。我国农业企业大多起源于业主个人或合伙投资设立的企业，普遍采用家族式管理模式。企业内部组织结构简单，各层次管理人员的权责不够明确，出于人情关系，管理人员不能从企业的利益出发进行计划和决策，限制了企业的发展。

除此之外，绝大多数的农业企业产权结构比较单一，家族式管理模式使其在外部排斥外来资本的进入，在内部劳资关系紧张，无法推行职工持股。

②农业企业缺乏有效的融资机制，融资结构不合理，不能有效发挥财务杠杆的作用。由于我国的农业企业遭受非国民待遇，缺乏有效的社会保障制度，企业税赋沉重，直接融资困难，大量资金都用于内部积累以扩大再生产，没有多余的资金来吸引人才，导致企业无法形成用人机制。专业管理人才的缺乏，使农业企业在融资过程中没有切合实际

的财务规划，导致融资决策体系失灵。而由于农业企业融资困难，一旦发现融资机会，管理当局不论是否有融资需求，就盲目融资，从而要么造成资本闲置，要么使资本投向缺乏战略性，不能达到预期的投资回报，从而进入恶性循环。

③经营管理和投资理财能力的限制。农业企业仍主要集中于劳动密集型产业，既缺乏管理人才，又缺乏技术人员，其产品的技术含量低、质量差、竞争力不强，企业的经济管理效率低下，缺乏决策管理信息系统，限制了企业的融资能力，这是企业融资过程中最大的潜在风险。农业企业大多规模较小，缺乏专门的财务机构，财务人员素质低下，投资理财的能力较差，很少编制现金预算，财务预警系统更无从谈起，加大了农业企业的融资风险。

农业企业必须建立起一套完整的融资风险预警系统，以利于企业防范、化解其融资风险，从而为缓解农业企业的融资压力提供技术方法上的支持。

（二）农业企业融资风险控制

融资风险是企业面临的主要风险之一，企业要加强风险防范意识，采取一系列风险防范措施是完全可以控制或降低风险程度的。

1. 资本结构与规避融资风险

高度重视融资风险的控制，尽可能选择风险较小的融资方式，企业高额负债，必然要承受偿还的高风险。在企业融资过程中，选择不同的融资方式和融资条件，企业所承受的风险大不一样，对各种不同的融资方式，企业承担的还本付息风险从小到大的顺序一般为：股票融资、财政融资、商业融资、债券融资、银行融资。企业为了减少融资风险，通常可以采取各种融资方式的合理组合，即制定一个相对更能规避风险的融资组合策略，同时还要注意不同融资方式之间的转换能力。比如对于短期融资来说其期限短、风险大，但其转换能力强；而对于长期融资来说，其风险较小，但与其他融资方式间的转换能力却较弱。

企业在筹措资金时，常常会面临财务上的提高收益与降低风险之间的两难选择。那么，通常该如何进行选择呢？财务杠杆和财务风险是企业在筹措资金时通常要考虑的两个重要问题，而且企业常常会在利用财务杠杆作用与避免财务风险之间处于一种两难处境；企业既要尽力加大债务资本在企业资本总额中的比重，以充分享受财务杠杆利益，又要避免由于债务资本在企业资本总额中所占比重过大而给企业带来相应的财务风险。在进行融资决策与资本结构决策时，一般要遵循的原则是：只有当预期普通股利润增加的幅度将超过财务风险增加的幅度时，借债才是有利的。财务风险不仅会影响普通股的利润，还会影响到普通股的价格，一般来说，股票的财务风险越大，它在公开市场上的吸引力就越小，其市场价格就越低。

企业融资应当在控制融资风险与谋求最大收益之间寻求一种均衡，即寻求企业的最佳资本结构。寻求最佳资本结构的具体决策程序是：

首先，当一家企业面临几种融资方案时，企业可以分别计算出各个融资方案的加权平均资本成本率，然后选择其中加权平均资本成本率最低的一种。其次，被选中的加权平均资本成本率最低的那种融资方案只是诸种方案中最佳的，并不意味着它已经形成了最佳资本结构，这时，企业要观察投资者对贷出款项的要求、股票市场的价格波动等情况，根据财务判断分析资本结构的合理性，同时企业财务人员可利用一些财务分析方法对资本结构进行更详尽的分析。最后，根据分析结果，在企业进一步的融资决策中改进其资本结构。

2. 农业企业融资风险的控制策略

（1）树立正确的风险观念

农业企业在日常财务活动中必须居安思危，树立风险观念，强化风险意识，抓好以下几项工作：

①认真分析财务管理的宏观环境变化情况，使企业在生产经营和理财活动中能保持灵活的适应能力；

②提高风险价值观念；

③设置高效的财务管理机构，配置高素质的财务管理人员，健全财务管理规章制度，强化财务管理的各项工作；

④理顺企业内部财务关系，不断提高财务管理人员的风险意识。

（2）优化资本结构

最优资本结构是指在企业可接受的最大筹资风险以内，总资本成本最低的资本结构，这个最大的筹资风险可以用负债比例来表示。一个企业只有权益资本而没有债务资本，虽然没有筹资风险，但总资本成本较高，收益不能最大化；如果债务资本过多，则企业的总资本成本虽然可以降低、收益可以提高，但筹资风险却加大了。因此，企业应确定一个最优资本结构，在融资风险和融资成本之间进行权衡。只有恰当的融资风险与融资成本相配合，才能使企业价值最大化。

（3）巧舞"双刃剑"

农业企业要强化财务杠杆的约束机制，自觉地调节资本结构中权益资本与债务资本的比例关系：在资产利润率上升时，调高负债比率，提高财务杠杆系数，充分发挥财务杠杆效益；当资产利润率下降时，适时调低负债比率，以防范财务风险。财务杠杆是一把"双刃剑"：运用得当，可以提高企业的价值；运用不当，则会给企业造成损失，降低企业的价值。

（4）保持和提高资产流动性

企业的偿债能力直接取决于其债务总额及资产的流动性。农业企业可以根据自身的经营需要和生产特点来决定流动资产规模，但在某些情况下可以采取措施相对地提高资产的流动性。企业在合理安排流动资产结构的过程中，不仅要确定理想的现金余额，还要提高资产质量。通过现金到期债务比（经营现金净流量 ÷ 本期到期债务）、现金债务总额比（经营现金净流量 ÷ 债务总额）及现金流动负债比（经营现金净流量 ÷ 流动负债）等比率来分析、研究筹资方案。这些比率越高，企业承担债务的能力越强。

（5）合理安排筹资期限的组合方式，做好还款计划和准备

企业在安排两种筹资方式的比例时，必须在风险与收益之间进行权衡。按资金运用期限的长短来安排和筹集相应期限的负债资金，是规避风险的对策之一。企业必须采取适当的筹资政策，即尽量用所有者权益和长期负债来满足企业永久性流动资产及固定资产的需要，而临时性流动资产的需要则通过短期负债来满足。这样既避免了冒险型政策下的高风险压力，又避免了稳健型政策下的资金闲置和浪费。

（6）先内后外的融资策略

内源融资是指企业内部通过计提固定资产折旧、无形资产摊销而形成的资金来源和产生留存收益而增加的资金来源。企业如有资金需求，应按照先内后外、先债后股的融资顺序，即：先考虑内源融资，然后才考虑外源融资；外部融资时，先考虑债务融资，然后才考虑股权融资。自有资本充足与否体现了企业赢利能力的强弱和获取现金能力的高低。自有资本越充足，企业的财务基础越稳固，抵御财务风险的能力就越强，自有资本多，也可增加企业筹资的弹性，当企业面临较好的投资机会而外部融资的约束条件又比较苛刻时，若有充足的自有资本就不会因此而丧失良好的投资机会。

（7）研究利率、汇率走势，合理安排筹资

当利率处于高水平时或处于由高向低过渡时期，应尽量少筹资，对必须筹措的资金，应尽量采取浮动利率的计息方式。当利率处于低水平时，筹资较为有利，但应避免筹资过度，当筹资不利时，应尽量少筹资或只筹措经营急需的短期资金。当利率处于由低向高过渡时期，应根据资金需求量筹措长期资金，尽量采用固定利率的计息方式来保持较低的资金成本。另外，因经济全球化，资金在国际间自由流动，国际间的经济交往日益增多，汇率变动对企业财务风险的影响也越来越大。所以，从事进出口贸易的企业，应根据汇率的变动情况及时调整筹资方案。

（8）建立风险预测体系

企业应建立风险自动预警体系，对事态的发展形势、状态进行监测，定量测算财务风险临界点，及时对可能发生的或已发生的与预期不符的变化进行反映，利用财务杠杆控制负债比率，采用总资本成本比较法选择总资本成本最小的融资组合，进行现金流量分析，保证偿还债务所需资金的充足。

第三章 农业产业结构与布局

第一节 农村产业结构

一、农村产业结构的概念

产业结构一般是指一个国家或地区社会分工体系中各种产业之间的分类组合状况和各部门之间的比例关系和相互联系。

农村产业结构是指一定时期农村地域内各个产业部门之间、各产业内部之间的比例关系与相互联系。具体地说，农村产业结构指农村中的第一产业农业（种植业、林业、牧业、渔业），第二产业的工业、建筑业，及第三产业（交通运输业、商业、饮食业、金融业、旅游业、信息业等服务业）在农村经济中的组成和比重。它通常以各业总产值或增加值的构成及劳动力在各业的分布等指标予以反映。

在我国农村产业中，非农产业产值不断增大，其中工业比重最大，这是农村经济全面发展的重要标志，也是中国工业化的重要特色。农村建筑业是农村非农产业的重要组成部分，交通运输业是农村商品化、市场化的需要，也是农民易于进入的产业，商业、饮食服务业是农村传统的行业，信息业、旅游业正在农村兴起，日益成为农村经济的必要组成部分。

任何一个国家和地区的农村产业结构都不是一成不变的，不同的农村产业结构。具有不同的社会效益、经济效益和生态效益，合理的农村产业结构可实现三者的最佳结合。因此，根据社会经济技术发展的要求，不断优化农村产业结构，使农村各产业及内部各部门间保持合理的结构比例，有利于助推农村经济发展。

二、农村产业结构的特征

由于自然、经济、社会条件的不同，农村产业结构在不同时期、不同地区、不同国家都会有所不同，但从根本而言，农村产业结构呈现出如下特征。

（一）基础性

农村是由农村社会系统、农村经济系统、农村生态系统交错组成的大系统，农村产业系统则是决定其经济功能的主要子系统，它决定并反映农村经济发展水平，并在一定程度上反映一个地区甚至国家的社会经济发展状况。

（二）系统性

农村产业结构是一个系统概念，农业、农村工业、建筑业等物质生产部门及交通运输、商业、金融、信息、旅游和服务业等非物质生产部门相互依存、相互制约。农业是基础，现代农业的发展依赖于工业的发展；农业和工业的迅速发展又要依赖于为其提供产前、产中、产后服务的第三产业的进一步发展，而第三产业的发展又以第一、二产业的发展为条件，从而三者构成了相互依存、不可分割的农村产业系统。

（三）地域性

农村作为一个空间地域性的概念，其具有的各种自然资源、地理位置总是存在着地区差异性，因而各地区三次产业的发展、数量比重与结合方式总存在地区差异性，进而带来农村产业结构的地域差异。

（四）不平衡性

农村产业的发展受自然、社会等多种因素影响，又与农村经济、政治、文化条件相联系，从而导致各地区农村经济发展水平不同，也使产业结构呈现出不平衡性。

三、农村产业结构的影响因素

（一）生产力水平生产力

水平是决定农村产业结构的最主要因素。生产力水平决定社会分工和专业化程度，从而决定着农村产业的部门和层次结构。生产力水平低，农村经济落后，没有充分的分工分业，也就不可能有农村生产的专业化和社会化，因而农村产业结构必然比较简单。同时，生产力水平决定人们开发和利用自然资源的程度，随着生产力的不断提高，技术的不断进步，能够有条件充分发挥自然资源和经济资源优势，使农村产业向着专业化的商品经济发展并使其结构不断优化。如农业中使用机器以后，不但可以向农业生产的广度和深度进军，而且可以解放出更多农业劳动力发展农村第二、三产业。

（二）资源条件

自然资源条件和经济资源条件是形成农村产业结构的物质基础。就我国农村地区而言，各种资源的分布是不平衡的，产业结构和农业生产水平与当地的气温、雨量、光照、地形、土质等自然条件关系密切，也直接或间接地影响农村其他产业的发展。劳动力、资金、技术、交通等经济资源的优劣决定了农村对市场、信息、资金、物资等利用程度的不同，从而使农村各产业的形成和发展存在差别。如经济条件较差的偏僻山区，由于交通不便，产品运输困难，不得不选择自给自足型的农村产业结构。

（三）人口及其消费结构

人口及其消费结构是影响农村产业结构的重要因素。人既是生产者又是消费者，个人消费结构首先取决于人均收入水平，随着人均收入的增加，个人用于吃、穿、住、行的支出结构将发生变动，农村消费会由自给型向商品型转变，由雷同型向多样型转变。消费结构的这种转变，不仅影响农村产业结构的调整，还将影响整个国民经济结构的变化。

（四）国内外贸易

国内外贸易是影响农村产业结构的外在因素。在开放型的农村经济系统中，生产力发展水平和资源条件只决定有可能建立什么样的农村产业结构，而社会对产品的需求，却决定着需要建立什么样的农村产业结构。为保证农村经济系统的高效运行，获得最大的比较效益，必须根据不断变化的国内外市场需求，特别是在对国内外市场进行科学预测的基础上调整农村产业结构。

（五）经济制度、经济政策及农村经济管理水平

经济制度、经济政策及农村经济管理水平对农村产业结构的形成有重要影响。经济制度反映不同阶级的利益，如社会主义国家经济制度、经济政策的根本目的在于促进经济发展、为广大人民利益服务。同时，不同的经济政策如农产品价格、税收、信贷政策等也会影响农村产业结构；此外，农村经济管理（如经营决策、经营计划、组织形式等）水平的高低对农村产业结构的合理程度也有较大影响。

第二节　农业产业结构与生产布局

一、农业产业结构

（一）农业产业结构的概念

农业产业结构通常称之为农业生产结构，简称为农业结构，指一个国家、地区或农业企业的农业产业各部门之间和各部门内部的组成及其相互之间的比例关系。它是农业资源配置中的一个基本问题，也是农业生产力诸因素如何恰当结合的基本问题，其合理与否直接影响着农业甚至整个国民经济的发展。

农业产业结构具有量和质的规定性，它不仅要从投入和产出的角度反映农业各组成部分之间在数量上的比例关系及其变化趋势，还要反映各组成部分怎样相互结合，它们在生产结构中的主从地位、依存关系、相互作用以及生产结构在内部各要素和外部环境作用下的运动规律等。

广义的农业包括农业（种植业）、林业、畜牧业和渔业，这四业的构成和比例关系是农业的基本结构，也称一级结构。农、林、牧、渔业全面、协调发展有助于充分利用农业自然资源，保持自然界生态平衡，使整个农业持续、稳定、健康发展。但是，农业结构受需求、自然条件、生产力水平等多因素影响，各业发展速度不同，所占比重也不断变化。

狭义的农业结构专指种植业结构。种植业包括粮食作物、经济作物和饲料作物的生产，其结构合理与否，对改善人民生活、促进轻工业发展有重要意义。粮食是保证人民基本生活和国家建设的最重要物质资料，在农业生产中有特殊重要的地位；经济作物包括棉花、油料、糖料、麻类、烟叶、茶叶、水果、药材等，其满足轻工业原料需求和人们生活多样化的需求；畜牧业的迅速发展也使得以各类牧草为主的饲料作物种植增加。

（二）农业产业结构的内容

农业产业结构所包括的产业，通常是由一个国家的农业概念所决定，但都具有多层次性。有的国家农业只包括种植业和畜牧业，有的国家还包括林业、渔业。我国20世纪80年代以前，统计农业产值包括农业（种植业）、林业、畜牧业、副业和渔业，中副业主要指农民从事采集野生植物、捕猎野兽、野禽及农民家庭兼营工业产品的生产活动。

在农业内部又包括产品性质和生产特点不同的各种产业类别，如在农业（种植业）中包括粮食、棉花、油料、蔬菜、水果等；在林业中包括用材林、经济林、防护林、林下特产等；在畜牧业中包括养猪业、养牛业、养禽业等；渔业中包括养殖业与捕捞业等。这些产业的比例关系与结合方式，构成了农业产业的二级结构。二级产业内部又可以根据产品种类和经济用途分为若干类别，如粮食可以分为水稻、玉米、小麦等；养牛可以分为奶牛、肉牛等，依此类推，构成了农业产业的三级结构。随着产业分工的发展，农业产业有日益细化趋势，构成了农业产业的四级甚至五级结构。

多种多样的农业产业结构受一定条件的影响，随着时间、空间条件的变化，农业产业结构也要发生变化。农业产业结构量的变化可通过农业总产值或增加值结构、农业商品产值结构、土地利用结构、农业劳动力利用结构、农业资金利用结构等反映。

（三）农业产业结构的形成条件

1. 生产力水平是农业产业结构形成和发展的主要条件

不同的农业产业结构是一定时期生产力水平提高到不同程度的产物。人类历史证明，生产力的发展进程决定产业结构的发展进程。农业时代，从原始农业到传统农业转变，农业与畜牧业、手工业、商业的分离，但粮食生产依然是主要的产业部门，而生产规模狭小、产量低、自给自足是最明显的时代特征。工业时代，农业工业化成为最主要的产业结构特征。

2. 需求是农业产业结构形成和发展的前提条件

现实生活中存在着两种消费需求，一是生活资料消费需求，即人们为了生存、繁衍后代而产生的商品需求，二是生产资料消费需求，即工农业生产者为了保证生产的不断进行而产生的商品需求。市场经济条件下，产品只有适应需求进入消费，才能成为现实产品，需求成为生产的导向与产业增长的动力，从而成为产业结构形成和发展的前提条件，需求的多样性也促进了农业产业结构的多样性。

3. 地理环境是农业产业结构形成和发展的基础条件

地理环境包括地形、地貌、气候、河流、土壤、植被等自然要素，它们相互联系、相互制约，形成一个有机整体。地理环境中资源的组成特点、时空分布及其功能在一定程度上制约和决定了各产业的内部结构和外部联系，决定了产业结构模式在地域上的差异性。

4. 劳动力是农业产业结构形成和发展的内在条件

产业结构发展的过程离不开劳动过程的三要素：劳动力、劳动对象和劳动资料。其中劳动力因素起主导作用，没有人的参与，没有劳动力素质的提高，就没有产业层次的提高。劳动力的数量和质量，对第二、第三产业的发展规模和结构有重要意义，劳动力的合理比例、劳动力利用率的提高对产业结构合理化有重要作用。

5. 资金是农业产业结构形成和发展的保障条件

产业结构的更新、完善和发展过程，实际上是各种生产要素重新组合的过程。有了一定数量的资金才能使各种生产要素增加活性，促进分工和专业化，形成新的生产力，改善产业结构。产业结构的发展规模和速度，很大程度上取决于资金的分配规律和增长速度。

6. 科学技术是农业产业结构形成和发展的动力条件

科学技术是生产力发展的源泉和动力。科学技术为提高各产业生产要素的功能和协作程度提供了依据和保证；科学技术进步加快了旧产业部门的改造和新产业部门的建立，促使产业新格局的实现。改革开放以来，中国的国民经济发展和科学技术的结合，有了很大进展，科学技术正越来越有效地转化为生产力。可以预见，科学技术作为独立的知识产业，对产业结构的介入程度越深越快，产业新格局实现得就越早。

除上述条件外，经济政策如金融政策、财政政策、价格政策、劳动政策等，对农业产业结构的形成和发展，也有着不可忽视的作用。

（四）农业产业结构发展的规律性

1. 农业产业结构演变

在农业产业结构变化过程中，一般会经历如下发展阶段。

（1）结构变革起步阶段

从传统产业结构向现代产业结构转变，表现为以粮食为主的农业结构转向粮食和多种经营相结合的结构。粮食比重下降，非粮食的多种产业比重上升，专业化生产开始形成，农产品商品化后和商品率上升，农民逐渐以市场为导向进行产业选择。

（2）结构改革发展阶段

农业产业结构形成了以粮食为基础、以专业化生产为主的产业结构，各国、各地区、各企业的农业产业结构已大不相同。农业产业内部的分工分业日益强化，农业已经基本商品化，市场调节着资源在各产业的配置。

（3）结构改革高级阶段

主要标志是农业市场化条件下高效益的农业产业结构已经形成，农业专业化生产已占主导地位，优质农产品的比重大幅度上升，特别是高科技农业产业化的比重日益上升，农业的功能得到拓展，现代农业的产业结构已确立。

农业产业结构的量变积累到一定程度，会发生质的变化，或叫产业结构升级。

2. 农业结构变动的趋势

根据世界农业发展经验，农业的基本结构变动的趋势是：种植业比重下降，但其生产力水平日益提高；畜牧业比重逐渐提高，在经济发达的国家和地区一般约占农业总产值的 1/2 以上，有的达到 2/3 以上，林业日益成为农业的重要部门，森林覆盖率在发达国家约占国土面积的 1/3 以上，但主要以生态功能为主；渔业越来越受到重视，成为食品的重要来源。

种植业结构变动的客观趋势是：在粮食生产水平不断提高、粮食产量稳定增加的前提下，经济作物、饲料作物比重稳步上升。我国近年的农业产业结构演变基本符合这一趋势。

农业各部门之间的相互关系存在两个规律：一是农业生产的专业化与一定程度的多种经营结合在一起；二是专业化与多种经营的发展速度在很大程度上取决于粮食发展水平。通过各地区、各生产单位充分发挥各自优势形成各具特色的农业生产专业化，进而实现全国范围的多种经营全面发展；同时，在一个地区或生产单位中，通过主导产业与辅助产业的合理搭配，实现一业为主的专业化与多种经营的结合。但是，一个国家或地区能否实现农业的专业化和多产业经营，一般来说要取决于其粮食的供给能力。

3. 农业产业结构变化的影响因素

一个国家、地区、农业产业结构的形成和变化受许多因素制约。影响农业产业结构形成的因素有：自然资源，包括气候、土壤、水源、地形地貌等；经济发展水平，特别是人们对农产品的需求，包括数量和质量要求；人口的变化，包括人口总量和城乡结构等的变动；粮食的供求状况，及其对农业布局的制约情况；交通、运输、加工、商业等因素；农业经营的体制；历史上已经形成的产业结构及其特点；农业科学技术的发展和应用情况。

以上各种因素会在不同程度上引起调整农业产业结构的要求，这些要求将通过市场供求状况、农产品价格变动等来反映，这就是农业产业结构调整的市场导向。但从长远来看，农业产业结构归根结底是由社会生产力发展水平所决定，是一定社会生产力发展水平的结果。

从宏观农业产业结构演变可以看出一些规律：

①农业宏观产业结构变化的动力是人的社会需求和生产力的发展，特别是科学技术的进步和劳动者素质的提高。

②农业宏观产业结构的变化方向是产业链变长、产业之间的联结更紧密，投入更大、更科学，并且智能投入越来越多。

③农业宏观产业结构决定农业所处的发展阶段，决定土地的人口承载力。

（五）农业产业结构调整

1. 农业产业结构调整的意义

农业产业结构的调整对于农业生产的发展和整个国民经济的发展都具有十分重要的意义。科学合理的农业产业结构调整有利于包括土地、资金、劳动力等在内的各类农业资源的合理利用；有利于农业内部各部门和项目之间的物质能量相互转化；有利于国民经济的发展对各种农产品的需求能按比例得到满足。

2. 农业产业结构调整的原则

由于各个国家、地区或企业所面临的自然、社会、经济、技术条件差异，市场供需状况不同，不可能构建一个适合于一切地区的农业生产结构模式。在进行农业生产结构调整时，应从整体上认识、评价农业生产结构的合理性。一般说来，农业产业结构调整应坚持"四统一"原则。

（1）专业生产与综合经营相统一

农业生产专业化是现代农业发展的基本趋势，农业生产结构应当适应这种趋势，逐步改变"小而全"的生产结构，重点发展最适合当地自然、经济、社会和技术条件的农业生产门类和项目，应充分发挥自身优势。然而农业自然条件具有多样性，农业生产周期长且具有季节性，由此决定了一个地区的农业生产结构不能过于单一，在重点安排专业化生产项目的同时，还要安排好适合当地其他生产项目，实行专业化生产与综合经营相统一，使农业生产资源在空间和时间上都得以合理配置。

（2）资源的利用率与利用效率相统一

对农业生产资源的利用，不仅要从实用价值的角度考虑其利用率，还要从价值的角度考虑其利用效率。因此，在对农业生产结构进行定量考察时，既要注意考察土地、劳动力、机械、资金等生产要素的利用率，使其得到充分的利用，避免生产要素的闲置和浪费；又要重点分析劳动生产力、单位面积产量、产品成本、资金利润率等价值指标，力求使农业生产资源的利用效率最大化。

（3）经济效益与生态效益相统一

合理的农业生产结构要求建立一个高效的农业生产系统，使一定的投入获得最大的产出；同时要求建立一个良好的农业生态系统，不断改善区域内的生态环境，提高农业生态系统对物质能量的转换率和转换效率。只有将农业经济效益与生态效益统一起来，才能保持农业生产结构的良性循环。

（4）局部利益与全局利益相统一

在调整和优化农业生产结构的过程中，往往会遇到局部利益与全局利益的某些矛盾。对此，应本着统筹兼顾的原则妥善解决，尽量实现二者利益的统一。片面强调一方利益、忽视或牺牲另一方利益的农业生产结构都是不可取的。

3. 农业产业结构调整的方向与重点

新中国成立以来，我国农业一直不断在调整、发展中优化产业结构。着力构建现代农业产业体系、生产体系、经营体系，实施藏粮于地、藏粮于技战略，推动粮经饲统筹、农林牧渔结合、种养加一体、一二三产业融合发展，让农业成为充满希望的朝阳产业，这拉开了我国以"加快农业现代化"为目标的新一轮农业产业结构调的序幕。

（1）农产品品种结构的调整

这是农业结构调整的重要一环，实践证明，粮、棉、油等大宗传统农产品在农业经济中占有重要地位，就大范围地域看，无论农业产业结构如何调整，大宗农产品都将保持相当比重的面积，只有做好大宗农产品品种结构的调整，实现良种化、优质化，才能在市场竞争中具有较强的经济优势。随着人民生活水平和膳食结构的变化，应构建适应市场需求的农产品品种结构。

①主要粮食作物品种结构调整

守住"谷物基本自给、口粮绝对安全"的底线，重点是保口粮、保谷物。口粮重点发展水稻和小麦生产，优化玉米结构，因地制宜发展食用大豆、薯类和杂粮杂豆。具体而言，水稻一是实行稳面积与提品质并举，即巩固北方粳稻产区，稳定南方双季稻生产，扩大优质稻种植面积，促进提质增效；二是杂交稻与常规稻并重，即发挥我国杂交水稻育种技术优势，加快选育高产优质高抗杂交稻新品种，稳定杂交稻面积，促进单产提高、品质提升。利用现代育种技术，加快常规稻品种提纯复壮，降低用种成本，发挥常规稻品质优势，提升种植效益。小麦一是实行稳定冬小麦、恢复春小麦，稳定黄淮海、长江中下游等主产区冬小麦，建立合理轮作体系，在东北冷凉地区、内蒙古河套地区、新疆天山北部地区等，适当恢复春小麦；二是抓两头、带中间，"抓两头"即大力发展市场紧缺的用于加工面包的优质强筋小麦和加工饼干蛋糕的优质弱筋小麦；"带中间"即带动用于加工馒头、面条的中筋或中强筋小麦品质提升。玉米一是实行调减籽粒玉米，巩固提升玉米优势区，适当调减非优势区，大力推广适合籽粒机收品种，推进全程机械化生产；二是扩大青贮玉米，根据以养带种、以种促养的要求，因地制宜发展青贮玉米，提供优质饲料来源，就地转化增值；三是适当发展鲜食玉米，适应居民消费升级的需要，扩大鲜食玉米种植为居民提供营养健康的膳食纤维和果蔬。大豆方面，一是实行粮豆轮作、恢复面积，在东北地区推广玉米大豆轮作模式，在黄淮海地区推广玉米大豆轮作、麦豆一年两熟或玉米大豆间套作，适当恢复大豆种植面积；二是改善品质、提高效益，根据我国居民的饮食习惯和大豆市场供求现状，东北地区扩大优质食用大豆面积，稳定油用大豆面积，黄淮海地区以优质高蛋白食用大豆为重点，适当恢复面积；三是实现国产大豆与国外高油大豆的错位竞争，满足国民对健康植物蛋白的消费需求。薯类杂粮方面，一是实行扩大面积、优化结构，适当调减"镰刀弯"地区玉米面积，改种耐旱耐瘠薄的薯类、杂粮杂豆，满足市场需求，保护生态环境；二是加工转化、提质增效，按照"营养指导消费、消费引导生产"的要求，开发薯类杂粮营养健康、药食同源的多功能性，广泛应用于主食产品开发、酿酒酿造、营养保健、精深加工等领域，推进规模种植和产销衔接，实现加工转化增值，带动农民增产增收。

②经济作物品种结构调整

棉花方面，一是稳定面积，在已有的西北内陆棉区、黄河流域棉区、长江流域棉区"三足独立"的格局下，提升新疆棉区，巩固沿海沿江沿黄环湖盐碱滩涂棉区；二是双提增效，着力提高单产、提升品质、增加效益，加快选育耐盐碱、抗性强、宜机收的高产棉花品种，集成配套棉花生产机械移栽收获等技术；三是解决棉花"三丝"等异性纤维与机收杂质、纤维长度和强度降低等品质问题，实现提质增效。粮料作物方面，一是以两油为主，重点发展油菜和花生生产，稳定长江流域油菜、花生面积和黄淮海花生面积，因地制宜扩大东北农牧交错区花生面积；二是多油并举，因地制宜发展耐旱耐盐碱耐瘠薄的油葵、芝麻、胡麻等小宗油料作物，积极发展高油玉米，在适宜地区示范推广油用牡丹等。增加新油源；三是充分利用棉籽、米糠等原料，开发食用植物油。糖料作物方面，一是稳定面积，完善甘蔗价格形成机制，集成配套以机械收割等为主的节本增效技术，调动农民种植甘蔗积极性，重点是稳定广西、云南等优势产区，适当调减不具备比较优势的甘蔗产区；二是双提双增，着力提高单产、提高含糖率，增加产量、增加效益，选育高产高糖抗逆及适宜机械收割的新品种，推广甘蔗脱毒健康种苗，集成配套轻简高效栽培技术模式，提高单产与效益。蔬菜方面，一是稳定面积，统筹蔬菜优势产区和大中城市"菜园子"生产，巩固提升北方设施蔬菜生产，稳定蔬菜种植面积；二是保质增效，重点是推广节水环保和绿色防控等技术，建立系统完整的从田间到餐桌产品质量追溯体系，确保蔬菜产品质量安全；三是提升设施农业的防护能力，推广肥水一体和小型作业机械，因地制宜推广智能监控和"互联网＋"等现代技术，实现节本增效、均衡供应；四是统筹南菜北运蔬菜基地和北方设施蔬菜生产，发展春提早、秋延后与越冬蔬菜生产；五是完善流通设施，加强产地冷链建设，着力解决蔬菜供应时空分布不均的矛盾，实现周年均衡供应。

③饲料作物品种结构调整

以饲草与畜牧养殖协调发展为目标调整饲料作物结构，发展生物产量高、蛋白质含量高、粗纤维含量低的苜蓿和青贮玉米，以养带种；根据养殖生产的布局和规模，因地制宜发展青贮玉米等优质饲草饲料，逐步建立粮经饲三元结构，在北方地区重点发展优质苜蓿、青贮玉米、饲用燕麦等饲草，南方地区重点发展黑麦草、三叶草、狼尾草、饲用油菜、饲用苎麻、饲用桑叶等。

④林产品品种结构调整

加快木本粮油产业发展，推进油茶、核桃等木本粮油高产稳产基地建设；发展林木种苗、花卉、竹藤、生物药材、木本调料等基地，推进布局区域化、栽培品种化、生产标准化、经营产业化；发展林下经济，增加生态资源和林地产出。

⑤畜禽品种结构调整

生猪生产保持稳定略增，猪肉保持基本自给，规模比重稳步提高，推行标准化屠宰和质量安全风险分级管理，实现养殖到屠宰全程可追溯；奶类、牛肉、羊肉、禽肉等草食畜产品产能和质量水平稳定增长，市场供应基本保障，推进品种改良和生产性能测定，发展规模化养殖，强化产品质量安全监管。加强奶源基地建设，提高国产乳品质量和品牌影响力。

⑥水产品品种结构调整

以保护资源和减量增收为重点，合理确定湖泊和水库等公共水域养殖规模，稳定池塘养殖，推进稻田综合种养和低洼盐碱地养殖；大力发展鲤科鱼类养殖，重视水产品质量安全与肉质、口感，通过提高品质降低对野生资源的捕捞压力；明确重点保护物种，重视水电工程、航道建设对水生生物资源的影响；区别对待中高端、大众化低端产品，延伸水产品可追溯体系，满足消费者对优质动物蛋白的需求。

（2）农业内部及各部门之间的结构调整

农业各部门之间的产业结构调整，主要是在保护合理利用农业资源的前提下，按照资源的适宜性，宜农则农、宜林则林、宜牧则牧、宜渔则渔。在农业供给侧结构性调整背景农业产业结构调整的关键是如何促进农、林、牧、渔各业转变发展方式，实现转型升级、提升产业效益。

①种植业结构调整

以"两保"（保口粮、保谷物）、"三稳"（稳定棉花、食用植物油、食糖自给水平）、"两协调"（蔬菜生产与需求协调发展、饲草生产与畜牧养殖协调发展）为目标构建粮经饲协调发展的三元结构。以关联产业升级转型为契机，推进农牧结合，发展农产品加工业，扩展农业多功能，实现一、二、三产业融合发展，提升种植业效益，根据资源禀赋及区域差异，发展适销对路的优质品种，优化区域布局，发挥比较优势，巩固提升优势区，适当调减非优势区；推进种植业科技创新和机制创新，提升科技水平、装备保障能力，培育新型农业经营主体和新型农业服务主体，发展适度规模经营，提升集约化水平和组织化程度；坚持生态保护，推进化肥农药减量增效，建立耕地轮作制度，实现用地养地结合，促进资源永续利用、生产生态协调发展；在保障国家粮食安全底线的前提下，保持部分短缺品种的适度进口，引导国内企业参与国际产能合作，提升我国农业国际竞争力和全球影响力。

②林业结构调整

深入实施以生态建设为主的林业发展战略，以维护森林生态安全为主攻方向，在森林覆盖率和蓄积量的约束性指标要求下，积极开展新一轮退耕还林还草项目，在符合条件的 25° 以上坡耕地、严重沙化耕地和重要水源地15°～25° 坡耕地，在农民自愿的前提下植树种草，按照适地适树的原则，发展木本粮油；开展石漠化治理项目，通过封山育林育草、人工造林和草地建设，建设和改造坡耕地，配套相应水利水保设施，控制人为因素产生新的石漠化现象；开展湿地保护项目，通过退耕还湿、湿地植被恢复、栖息地修复、生态补水等措施，对已垦湿地以及周边退化湿地进行治理；实施木本粮油建设工程和林业特色产业工程，发展林下经济；提供更多优质的生态产品，不断提高森林、湿地、荒漠、生物多样性等生态服务价值和公共服务能力，保障国家生态安全，增强减缓和适应气候变化能力。

③畜牧业结构调整

统筹考虑种养规模和资源环境承载力，推进以生猪和草食畜牧业为重点的畜牧业结构调整，形成规模化生产、集约化经营为主导的产业发展格局。突出以养代种、种养结合、草畜配套，在污染严重的生猪、奶牛、肉牛养殖密集区，按照干湿分离、雨污分流、种养结合建设一批畜禽粪污原地收集储存转运、固体粪便集中堆肥、污水高效生物处理等设施和有机肥加工厂，形成植物生产、动物转化、微生物还原的生态循环系统；根据资源禀赋和环境承载能力，发展绿色清洁养殖，推进屠宰废弃物综合利用和无害化处理，实现产品安全、环境友好；完善生猪产业扶持政策和价格形成机制，推进畜牧业产业链和价值链建设，降低畜禽产品

流通成本，发挥畜牧业"接二连三"作用，促进一、二、三产业融合发展；提升畜牧业生产能力和质量安全监管水平，充分利用"两种资源""两个市场"，调剂国内余缺，满足多元化市场需求。

④渔业产业结构调整

以"良种化、生态化、集约化、工程化"的"化"为目标，推进水产养殖业、捕捞业、加工业、增殖业、休闲渔业等产业发展；划定渔业水域生态保护红线，在淡水渔业区，推进水产养殖污染减排，对湖泊水库的规模化养殖配备环保网箱、养殖废水废物收集处理设施；在海洋渔业区，配置海洋渔业资源调查船，建设人工鱼礁、海藻场、海草床等基础设施，发展深水网箱养殖；在水源涵养区，推进水生态修复，建立生态保护与补偿机制，构建科学合理的生态安全格局；加强饲料、渔药管理与养殖池塘改造，实现船网工具与资源环境友好，实现水产健康养殖；降低捕捞强度，减少捕捞产量，规范有序发展远洋渔业，完善远洋捕捞加工、流通、补给等产业链，建设海外渔业综合服务基地。

（3）调整和优化农村产业结构

即调整农村第一、二、三产业之间的结构。从我国当前农村实际来看，存在农村产业之间互联互通性差、产加销融合程度低的问题，农业市场化发育程度处于初级阶段，农业的产前、产中、产后环节被人为地分割在城乡、工农的不同领域、地域；存在农产品加工业转型升级滞后、流通成本高的问题，当前我国农产品加工业与农业总产值比为2.2：1，远低于发达国家的（3～4）：1；存在国际竞争不断加剧，国内产业融合不充分的问题，大宗农产品普遍缺乏竞争力，进口压力不断增大，产品市场受到挤压。因此，应按"基在农业、利在农民、惠在农村"的要求，以市场需求为导向，推进全产业链与全价值链建设，构建农村一、二、三产业融合发展的结构。

①创新融合机制，激发产业融合发展动力

一是培育多元化产业融合主体，引导大学毕业生、新型职业农民、务工经商返乡人员及各类农业服务主体兴办家庭农场、农民合作社，发展农业生产、农产品加工、流通、销售，开展休闲农业、乡村旅游等经营活动；培育农业产业化龙头企业发展农产品加工流通、电子商务、社会化服务，带动农户和农民合作社发展适度规模经营；鼓励和支持工商资本投资现代农业，促进农商联盟等新型经营模式发展。二是发展多类型产业融合方式，鼓励家庭农场、农民合作社等主体向生产性服务业、农产品加工流通和休闲农业延伸；支持企业前延后伸建设标准化原料生产基地、发展精深加工、物流配送和市场营销体系；发展农村电子商务，推广"互联网＋"发展模式，借力互联网积极打造农产品、加工产品、农业休闲旅游商品及服务的网上营销平台。三是建立多形式利益联结机制，支持企业在平等互利的基础上，与农户、家庭农场、农民合作社签订购销合同、提供贷款担保、资助农户参加农业保险，打造联合品牌，实现利益共享；鼓励发展农民股份合作，探索不同区域农用地基准地价评估，为农户土地入股或流转提供依据；健全风险防范机制，规范工商资本租赁农地行为，建立土地流转、订单农业等风险保障金制度，加强土地流转、订单合同履约监督。

②发展农村第一产业，夯实产业融合发展基础

一是发展种养结合循环农业，推进农渔、农林复合经营，围绕适合精深加工、休闲采摘的特色农产品，形成产加销结合的产业结构；推进无公害农产品、绿色食品、有机

农产品和农产品地理标志产品等优质农产品生产，建立从农业到餐桌的农产品质量安全监管体系，提高标准化生产和监管水平。二是以农产品加工业为引领，培育、推广加工专用优良品种和技术，促进农产品加工专用原料生产，提高农产品加工专用原料生产能力。三是优化农业发展设施条件，推进高标准农山建设，加强农产品仓储物流设施建设，支持农村公共设施和人居环境改善，完善休闲农业和乡村旅游的配套设施建设。

③发展农产品加工业，增强产业融合发展带动力

一是支持农产品产地初加工，以粮食、果蔬、茶叶等主要及特色农产品的干燥、储藏、保鲜等初加工设施建设为重点，建设粮食烘储加工中心、果蔬茶加工中心等，推进初加工全链条水平提升。二是提升农产品精深加工整体水平，培育马铃薯、薯类、杂粮、预制菜肴等多元化主食产品产业集群，加强与健康、养生、养老、旅游等产业融合对接，开发功能性及特殊人群膳食相关产品。三是推动农产品及加工副产物综合利用，开展秸秆、稻壳、米糠、饼粕、果蔬皮渣、畜禽骨血等副产物梯次加工和全值高值利用，建立副产物综合利用技术体系，鼓励中小企业建立副产物收集、处理和运输的绿色通道，实现加工副产物的有效供应。

④发展农村第三产业，增强产业融合发展活力

一是发展各类专业流通服务，健全农产品产地营销体系，鼓励各类服务主体把服务网点延伸到农村社区，向全方位城乡社区服务拓展。二是积极发展电子商务等新业态新模式，推进大数据、物联网、云计算、移动互联网等新一代信息技术向农业生产、经营、加工、流通、服务领域的渗透和应用，完善农村物流、金融、仓储体系，鼓励和引导大型电商企业开展农产品电子商务业务，促进农业与互联网的深度融合。三是发展休闲农业和乡村旅游，推进农业与休闲旅游、教育文化、健康养生等深度融合，发展观光农业、体验农业、创意农业等新业态，完善大中城市周边、名胜景区周边、特色景观旅游名镇名村周边、依山傍水逐草自然生态区、少数民族地区、传统特色农区等的公共基础设施建设，因地制宜兴建特色农产品加工、民俗手工艺品制作和餐饮、住宿、购物、娱乐等配套服务设施，支持休闲农业产业融合。

二、农业生产布局

（一）业生产布局的概念

农业生产布局简称农业布局，亦称农业配置，指农业的地域分布，是农业内部分工在地域空间上的表现形式。其主要内容包括：农业生产地区间的分工、区内农业各部门的结合形式和比例关系及具体安排、各农业区域间的经济交流和相互关系。

农业生产地区间的分工是指按各地区的自然、经济资源的不同，确定其生产的专业化方向及其规模，如农产品商品生产基地的选择及安排。区内农业各部门的结合形式和比例关系是指区内的生产组合和空间分布，包括区内有限资源的合理配置、优势产业和拳头商品的开发等。各区域间的经济交流及其相互关系是指在地区分工和生产专业化基

础上的纵向及横向的交流与合作。

（二）合理的农业生产布局的意义

合理进行农业布局，有利于发挥各地优势，提高经济效益、生态效益和社会效益；有利于应用先进的技术和装备，提高农业生产区域化、专业化水平；有利于农业、工业、交通运输业和商业在美联设施的区域配置上密切配合，从而提高全社会生产力要素配置的合理性；有利于促进各地区经济的均衡发展，促进边疆和少数民族地区的经济繁荣，加强民族团结。

（三）农业生产布局的影响因素

农业是自然再生产和经济再生产相结合的物质生产部门，因而农业生产布局既受到光、热、水、土等自然要素的直接影响，又受到不同经济社会发展条件下市场、区位、技术、环境等因素的间接影响。

1. 资源因素

包括气候、土壤、植被、燃料、动力、森林和水力资源等，另外还包括地理位置。农业生产的自然再生产过程，也就是农产品生长、发育和繁殖的生理过程，都受到周围的自然环境，特别是光、热、水、土等条件的制约和影响。农产品对其生产的自然环境都有一定的要求，特定地域的农业自然条件对于特定作物和动物而言，有最适宜区、适宜区、较适宜区和不适宜区之分，这决定了农业生产必须遵循农业自然资源的生态适宜性进行布局。

2. 市场因素

市场需求规模、结构差异及其变化对农业产业布局具有决定性影响。各种农产品的需求结构不同，产业区域分布要求也不同。如粮食属于刚性产品，自给比例高、耐储运，布局带流通量大，因此粮食生产布局可远离消费中心。蔬菜商品率高，收入弹性大，其消费量与人民收入水平密切相关，产品的保鲜程度对价格影响大，因此布局应尽可能接近消费中心。经济作物商品率高，主要为轻工业提供原料，必须与轻工业发展品质要求相适应才能长远发展，布局应尽可能接近加工企业。

3. 区位因素

包括交通区位和贸易区位，主要通过降低运输成本、交易成本等影响农业产业布局。交通区位对农业生产的规模和布局有明显影响，运输成本高、交通不便利的地区会使具有适宜性的农业资源在经济上变得不可行，难以使资源优势转变为商品比较优势。因此，交通区位条件的改善或靠近交通干线和交通枢纽的地区，能有效发挥区域农业自然资源优势。贸易区位是外向型农村产业布局的关键因素，经济的一体化和区域化趋势，对农产品市场及其国际贸易影响很大。作为幅员辽阔的大陆国家，我国不同地区对外空间的区位条件各不相同，其中的沿海、沿边地区具有更为有利的农产品国际贸易区位优势。

4. 技术因素

对农业生产布局产生直接影响的技术包括农业生产、储运、加工、销售等技术。现代以生物技术为核心的生产技术创新，可以突破生产布局的时空约束，农作物品种改良，加速各种抗逆品种、优质专用品种的研制与推广，可提高产品的生态适宜性，显著改变产品的生产空间分布格局；农膜、新农具、新栽培技术的应用有利于抢农时，利用全年的农作物生长期，从而扩大产业布局的范围和规模。储运、加工、销售技术的创新，有利于改善鲜活农产品的区位条件、提高农产品附加值、开拓新市场，推动农业生产布局向广度与深度拓展。

5. 环境因素

农业产业布局的形成与生态环境和政策环境密切相关。随着水土流失、土地退化、农业面临污染等一系列生态环境问题的出现，人们日益关注生产农产品的产地环境质量状况，原产地环境因素在农业生产布局的形成和市场竞争中的作用将越来越显著；政策环境主要通过营造制度环境作用于农业生产布局，在农业生产布局中忽视或夸大政府因素都是不科学的。基于此，大多数国家的政府均是介入农产品国际竞争力研究，基于研究和比较不断修改和完善其政策和法律，进而通过创造有竞争力的经济环境影响农业生产布局的空间位置和规模，最终促进优势农产品区域竞争力的提高。

第三节　农业生产布局的调整与优化

一、中国农业生产布局体系

调整、优化农业产业布局，是今后一个时期我国农业供给侧结构性改革的重要任务之一。按照"谷物基本自给、口粮绝对安全"的要求，坚持因地制宜，宜农则农、宜牧则牧、宜林则林，逐步建立起农业生产力与资源环境承载力相匹配的农业生产新格局。据此，根据各地自然生态类型、发展基础、环境容量、结构调整潜力等因素，尤其在农业环境问题突出、资源环境压力增大的情况下，将全国农业生产布局体系划分为优化发展区、适度发展区和保护发展区。

（一）优化发展区

1. 区域特点

包括东北区、黄淮海区、长江中下游区和华南区，是我国大宗农产品主产区，农业生产条件好、潜力大。

2. 存在问题

存在水土资源过度消耗、环境污染、农业投入品过量使用、资源循环利用程度不高等问题。

3. 调整方向

在坚持生产优先、兼顾生态、种养结合，在确保粮食等主要农产品综合生产能力稳步提高的前提下，对水土资源匹配较好的区域，壮大区域特色产业，保护好农业资源和生态环境，实现生产稳定发展、资源永续利用、生态环境友好，加快实现农业现代化。

（二）适度发展区

1. 区域特点

包括西北及长城沿线区、西南区，地域辽阔，自然资源丰富，农业生产特色鲜明，是我国特色农产品主产区。

2. 存在问题

生态脆弱，水土配置错位，资源性和工程性缺水严重，资源环境承载力有限，农业基础设施相对薄弱。

3. 调整方向

坚持保护与发展并重，立足资源环境禀赋，发挥优势、扬长避短，限制资源消耗大的产业规模，适度挖掘潜力、集约节约、有序利用，提高资源利用率。

（三）保护发展区

1. 区域特点

包括青藏区和海洋渔业区，在生态保护与建设方面具有特殊重要的战略地位，其中青藏区是我国大江大河的发源地和重要的生态安全屏障，高原特色农业资源丰富，海洋渔业区发展较快，具备发展特色农产品、草地畜牧业和生态渔业的优势。

2. 存在问题

青藏区农业生产水平较低，农村经济发展相对滞后，生态脆弱；海洋渔业区存在渔业资源衰退、污染突出的问题。

3. 调整方向

坚持保护优先、限制开发，对生态脆弱的区域，重点划定生态保护红线，明确禁止类产业，适度发展生态产业和特色产业，让草原、海洋等资源得到休养生息，促进生态系统良性循环。

二、中国农业综合分区

在农业生产布局体系划分的基础上，根据三大区的农业自然资源条件、社会经济条件及农业生产特征的地域差异，结合农业生产存在的问题与未来发展需要，将三大农业区具体划为八大分区，提出了各区农业生产布局调整的方向和重点。现举例说明以下几个：

（一）东北区

本区包括辽宁、吉林、黑龙江三省及内蒙古东北部大兴安岭地区，三面为大小兴安岭和千山山脉所围，是我国纬度最高的地区。

1. 自然经济条件和农业生产概况

东北区从南到北地跨暖温带、中温带和寒温带 3 个气候带，雨量充沛，年降水量 500 ~ 700mm，无霜期 80 ~ 180d，初霜日在 9 月上、中旬，≥ 10℃积温 1300 ~ 3700℃，日照时数 2300 ~ 3000h，雨热同季，适宜农作物生长。松嫩平原、三江平原、辽河平原位于本区核心位置，耕地肥沃且集中连片，适宜农业机械耕作，是我国条件最好的熟制作物种植区和商品粮生产基地。

2. 发展方向

东北区是世界三大黑土带之一，应以保护黑土地、综合利用水资源、推进农牧结合为方向，建设资源永续利用、种养产业融合、生态系统良性循环的现代粮畜产品生产基地。

3. 布局重点

在典型黑土带，综合治理水土流失，实施保护性耕作，增施有机肥推行粮豆轮作，在黑龙江、内蒙古第四、第五积温带推行玉米大豆、小麦大豆、马铃薯、大豆轮作，在黑龙江南部、吉林和辽宁东部地区推行玉米大豆轮作。在农牧交错地带，积极推广农牧结合、粮草兼顾、生态循环的种养模式，推行"525 轮作"，大力发展优质高产奶业和肉牛产业。适度扩大生猪、奶牛、肉牛生产规模，推动适度规模化畜禽养殖，加大动物疫病区域化管理力度，推进"免疫无疫区"建设，提高粮油、畜禽产品深加工能力。在大中城市因地制宜发展日光温室大棚等设施蔬菜，提高冬春淡季蔬菜自给率。在大小兴安岭等地区，推行小麦油菜轮作，实现用地养地相结合，逐步建立合理的轮作体系，加大森林草原保护建设力度，发挥其生态安全屏障作用，保护和改善农田生态系统。

（二）黄淮海区

本区位于秦岭－淮河线以北、长城以南的广大区域，主要包括北京、天津，河北中南部，河南、山东，安徽、江苏北部。

1. 自然经济条件和农业生产概况

全区由西向东分三部分，北部和西部是丘陵、山地和盆地，广泛覆盖着黄土；中部是华北大平原，东部是山东丘陵地带。属温带大陆季风气候，农业生产条件较好，土地平整，光热资源丰富。年降水量 500 ~ 800mm，≥ 10℃积温 4000 ~ 4500℃，无霜期 175 ~ 220d，日照时数 2200 ~ 2800h，可以两年三熟到一年两熟，是我国冬小麦、玉米、花生和大豆的优势产区和传统棉区，是我国应季蔬菜和设施蔬菜的重要产区。

2. 发展方向

以治理地下水超采、控肥控药和废弃物资源化利用为方向，构建与资源环境承载力相适应、粮食和"菜篮于"产品稳定发展的现代农业生产体系。

3. 布局重点

在华北地下水严重超采区，因地制宜调整种植结构，适度调减地下水严重超采地区的小麦种植，改种耐旱耐盐碱的棉花和油葵等作物，扩种马铃薯、苜蓿等耐旱作物；大力发展水肥一体化等高效节水灌溉，实行灌溉定额制度，加强灌溉用水水质管理，推行农艺节水和深耕深松、保护性耕作。在淮河流域等面源污染较重地区，大力推广配方施肥、绿色防控技术，推行秸秆肥料化、饲料化利用；调整优化畜禽养殖布局，稳定生猪、肉禽和蛋禽生产规模，加强畜禽粪污处理设施建设，提高循环利用水平。在沿黄滩区因地制宜发展水产健康养殖。全面加强区域高标准农田建设，改造中低产田和盐碱地，配套完善农田林网。稳定生猪、奶牛、肉牛肉羊养殖规模，发展净水渔业，推动京津冀现代农牧业协同发展。

（三）长江中下游地区

本区位于淮河、伏牛山以南，福州、英德、梧州一线以北，鄂西山地、雪峰山一线以东，主要包括江西、浙江、上海、江苏、安徽中南部，湖北、湖南大部。

1. 自然经济条件和农业生产特点

属我国温带与热带的过渡地带，植物种类南北兼有。属亚热带季风气候，水热资源丰富，河网密布，水系发达，是我国传统的"鱼米之乡"年降水量 800～1600mm，无霜期 210～300d，≥10℃积温 4500～5600℃，日照时数 2000～2300h，耕作制度以一年两熟或三熟为主，大部分地区可以发展双季，实施一年三熟制。耕地以水田为主，占耕地总面积的 60% 左右。种植业以水稻、小麦、油菜、棉花等作物为主，是我国重要的粮、棉、油生产基地。

2. 发展方向

以治理农业面源污染和耕地重金属污染为方向，建立水稻、生猪、水产健康安全生产模式，确保农产品质量，巩固农产品主产区供给地位，改善农业农村环境。

3. 布局重点

稳步提升水稻综合生产能力，巩固长江流域"双低"（低芥酸、低硫甙）油菜生产，调减重金属污染区水稻种植面积，发展高效园艺产业；科学施用化肥农药，通过建设拦截坝、种植绿肥等措施，减少化肥、农药对农田和水域的污染。开发利用沿海沿江环湖盐碱滩涂资源种植棉花，开发冬闲田扩种黑麦草等饲草作物。推进畜禽养殖适度规模化，在人口密集区域适当减少生猪养殖规模，控制水网密集区生猪、奶牛养殖规模，适度开发草山草坡资源发展草食畜牧业，加快畜禽粪污资源化利用和无害化处理，推进农村垃圾和污水治理。加强渔业资源保护，大力发展滤食性、草食性净水鱼类和名优水产品生产，加大标准化池塘改造，推广水产健康养殖，积极开展增殖放流，发展稻田养鱼。严控工矿业污染排放，从源头上控制水体污染，确保农业用水水质。加强耕地重金属污染治理，增施有机肥，实施秸秆还田，施用钝化剂，建立缓冲带，优化种植结构，减轻重金属污染对农业生产的影响。

（四）华南区

本区位于福州、大埔、英德、百色、元江、盈江一线以南，南至南海诸岛，包括福建东南部、广东中部及南部、广西南部及云南南部。

1. 自然经济条件和农业生产特点

全区地处南亚热带及热带，是我国水热资源最丰富和唯一适宜发展热带作物的地区。属南亚热带湿润气候，年降水量 1300 ~ 2000mm，无霜期 235 ~ 340d，积温 6500 ~ 9300℃，日照时数 1500 ~ 2600h，终年无霜，可一年三熟，耕地以水田为主，地形复杂多样，河谷、平原、山间盆地、中低山交错分布，经济作物为花生、甘蔗及亚热带水果柑橘和热带水果香蕉、龙眼和荔枝等，是全国最大的甘蔗生产基地；其中珠江三角洲是全国著名的商品粮、甘蔗、蚕丝和淡水鱼生产基地。农、林和水产业在全国均占有重要地位，是我国三大林区和四大海区之一。

2. 发展方向

以减量施肥用药、红壤改良、水土流失治理为方向，发展生态农业、特色农业和高效农业，构建优质安全的热带亚热带农产品生产体系。

3. 布局重点

稳定水稻面积稳定糖料面积，利用冬季光温资源，开发冬闲田，扩大冬种马铃薯、玉米、蚕豌豆、绿肥和饲草作物等，加强南菜北运基地基础设施建设，实现错季上市、均衡供应。大力开展专业化统防统治和绿色防控，推进化肥农药减量施用，治理水土流失，加大红壤改良力度，建设生态绿色的热带水果、冬季瓜菜生产基地。恢复林草植被，发展水源涵养林、用材林和经济林，减少地表径流，防止土壤侵蚀；改良山地草场，加快发展地方特色畜禽养殖。发展现代水产养殖，加强天然渔业资源养护、水产原种保护和良种培育，扩大增殖放流规模，推广水产健康养殖。

（五）西北及长城沿线区

本区位于我国干旱、半干旱地带，主要包括新疆、宁夏、甘肃大部、山西、陕西中北部、内蒙古中西部、河北北部。

1. 自然经济条件和农业生产特点

属半湿润到半干旱或干旱气候，土地广袤，光热资源丰富，耕地充足，人口稀少，增产潜力较大。干旱少雨，水土流失和土壤沙化现象严重。年降水最小于 400mm，无霜期 100 ~ 250d，初霜日在 10 月底，≥ 10℃积温 2000 ~ 4500℃，日照时数 2600 ~ 3400h。农业生产方式包括雨养农业、灌溉农业和绿洲农业，是我国传统的春小麦、马铃薯、杂粮、春油菜、甜菜、向日葵、温带水果产区，是重要的优质棉花产区。

2. 发展方向

以水资源高效利用、草畜平衡为方向，突出生态屏障、特色产区、稳农增收三大功能，大力发展旱作节水农业、草食畜牧业、循环农业和生态农业，加强中低产田改造和盐碱地治理，实现生产、生活、生态互利共赢。

3. 布局重点

利用西北地区光热资源优势，加强玉米、蔬菜、脱毒马铃薯、苜蓿等制种基地建设，满足生产用种需要；推进棉花机械采收，稳定棉花种植面积，保证国内用棉需要。在雨养农业区，实施压夏扩秋，调减小麦种植面积，提高小麦单产，扩大玉米、马铃薯和牧草种植面积，推广地膜覆盖等旱作农业技术，建立农膜回收利用机制，逐步实现基本回收利用；修建防护林带，增强水源涵养功能。在绿洲农业区，发展高效节水灌溉，实施续建配套与节水改造，完善田间灌排渠系，增加节水灌溉面积，严格控制地下水开采；在农牧交错区，推进农林复合、农牧结合、农牧业发展与生态环境深度融合，通过坡耕地退耕还草、粮草轮作、种植结构调整、已垦草原恢复等形式，挖掘饲草料生产潜力，发展粮草兼顾型农业和草食畜牧业。在草原牧区，继续实施退牧还草工程，保护天然草原，实行划区轮牧、禁牧、舍饲圈养，控制草原鼠虫害，恢复草原生态。

（六）西南区

本区位于秦岭以南，地处我国长江、珠江等大江大河的上游生态屏障地区，主要包括广西、贵州、重庆、陕西南部、四川东部、云南大部、湖北、湖南西部。

1. 自然经济条件和农业生产特点

地处亚热带，湿度大、日照少，山地、丘陵、盆地交错分布，垂直气候特征明显，生态类型多样，冬季温和，生长季长，雨热同季，适宜多种作物生长，有利于生态农业、立体农业的发展。年降水量 800～1600mm，无霜期 210～340d，≥10℃积温 3500～6500℃，日照时数 1200～2600h，可实现稻麦两熟制，主要种植玉米、水稻、小麦、大豆、马铃薯、甘薯、油菜、甘蔗、烟叶等作物，是我国重要的粮食、油料、甘蔗、烟叶、茶叶、柑橘、生猪和蚕丝产区，也是重要的用材林和经济林基地，油桐、乌柏、生漆和药材等在全国占有重要地位。地面水资源丰富，潜在的可开采能力占全国总量的 68% 左右，有大量的湖泊及水库等水利设施，国内水力发电工程多在西南地区。

2. 发展方向

突出小流域综合治理、草地资源开发利用和解决工程性缺水，在生态保护中发展特色农业，实现生态效益和经济效益相统一。

3. 布局重点

保护平坝水田，发挥光温资源丰富、生产类型多样、种植模式灵活的优势，因地制宜推广轻简栽培及小型机具，稳定水稻面积，推广玉米/大豆、玉米/马铃薯、玉米/红薯间套作等生态型复合种植，合理利用耕地资源，提高土地产出率；发展高山夏秋冷凉特色农作物生产，巩固云南天然橡胶和糖料蔗生产能力。稳定藏区青稞面积，扩种马铃薯和杂粮杂豆，推广油菜育苗移栽和机械直播等技术，扩大优质油菜生产。对坡度 25°以上的耕地实行退耕还林还草，鼓励人工种草，调减云贵高原非优势区玉米面积，改种优质饲草，发展生态草食畜牧业。加强林草植被的保护和建设，发展水土保持林、水源涵养林和经济林；通过修筑梯田、客土改良、建设集雨池，防止水土流失，推进石漠化综合治理，到 2020 年治理石漠化面积 40% 以上。合理开发利用水产资源，发展特色渔业。

（七）青藏区

本区位于我国最大的高原青藏高原地带，包括西藏，青海，甘肃的甘南自治州及天祝，四川西部，云南西北部。

1. 自然经济条件和农业生产特点

高寒是青藏区的主要自然特点，既有海拔 4000 ~ 6000m 的高大山岭，海拔 3000 ~ 5000m 的台地、湖盆和谷地，又有海拔低于 3000m 的东部、南部河谷地区，但不到全区总面积的 10%，由于地势高，大部分地区热量不足，东部和南部海拔 4000m 以下地区，有效积温仅 1000 ~ 2000℃，可种植耐寒喜凉作物。南部边缘河谷地区可种植玉米、水稻等喜温作物。光能资源丰富，是全国太阳辐射量最多的地区，日照时间长、气温日差大，作物光合作用强度大，易形成大穗、大粒和大块茎，有利于作物高产。区内天然草场面积广阔，约占全区土地总面积的 60%，东南部和东部有广阔的天然森林，木材蓄积量占全国的 23.3%，是我国主要的林牧区。西部南端、中南部和东北部是农牧交错区，适宜青稞、豌豆、小麦和油菜的生长，并以青稞为主，是高原家畜产品（耐寒的牦牛、藏绵羊和藏山羊）的主产区。东南部是以农业和林业为主的农牧交错区，是区内海拔最低、水热条件最好的地区，主要种植冬小麦、玉米，也有水稻生产。

2. 发展方向

突出三江源头自然保护区和三江并流区的生态保护，实现草原生态整体好转，构建稳固的国家生态安全屏障。

3. 布局重点

保护基本口粮田，稳定青稞等高原特色粮油作物种植面积，确保区域口粮安全，适度发展马铃薯、油菜、设施蔬菜等产品生产。严守生态保护红线，继续实施退牧还草工程和草原生态保护补助奖励机制，保护天然草场，推行舍饲半舍饲养殖，以草定畜，实现草畜平衡，有效治理鼠虫害、毒草，遏制草原退化趋势。适度发展牦牛、绒山羊、藏系绵羊为主的高原生态畜牧业，加强动物防疫体系建设，保护高原特有鱼类。

（八）海洋渔业区

本区主要包括濒临渤海、黄海、东海、南海等我国管辖海域。

1. 自然经济条件和农业生产特点

气候跨越温带、亚热带和热带，海岸类型多样，大于 $10km^2$ 的海湾 160 多个，大中河口 10 多个，自然深水岸线 400 多 km。按功能分区为农渔业区、港口航运区、工业与城镇用海区、矿产与能源区、旅游休闲娱乐区、海洋保护区、特殊利用区、保留区等。

2. 发展方向

严格控制海洋渔业捕捞强度，限制海洋捕捞机动渔船数量和功率，加强禁渔期监管。

3. 布局重点

稳定海水养殖面积，改善近海水域生态质量，控制近海养殖规模，拓展外海养殖空间。积极发展海洋牧场，扩大立体养殖、深水网箱养殖规模，建设海洋渔业优势产业带，大力开展水生生物资源增殖和环境修复，保护海洋渔业生态。

三、中国特色农产品区域布局

（一）特色粮油

我国特色粮油产品种类繁多，品质优良，市场需求增长空间大。特色粮油大部分属于抗旱作物，是我国半干旱地区的主要粮食作物，不但可以食用，而且可广泛应用于化工和医药等领域，具有很高的营养保健功能和综合利用价值，在国际市场上具有明显的品质优势与价格优势，是我国重要的出口农产品，出口量约占世界出口量的10%。但是，目前我国特色粮油产品生产存在种植粗放、品种混杂、退化严重、加工开发不足、出口市场秩序混乱等突出问题。

1. 区域布局

分区域重点发展多种特色粮油。

芸豆：河北、山西、内蒙古、吉林、黑龙江、山东、重庆、四川、云南、陕西、甘肃、新疆等地的部分县市。

绿豆：河北、山西、内蒙古、辽宁、吉林、黑龙江、江苏、安徽、山东、河南、湖北、广西、重庆、四川、陕西等地的部分县市。

红小豆：北京、天津、河北、山西、内蒙古、辽宁、吉林、黑龙江、江苏、山东、湖北、四川、贵州、云南、陕西、甘肃等地的部分县市。

蚕豆：河北、江苏、安徽、湖北、广西、重庆、四川、贵州、云南、陕西、青海、宁夏等地的部分县市。

豌豆：河北、山西、江苏、山东、湖北、广东、重庆、四川、贵州、云南、甘肃、青海、宁夏等地的部分县市。

燕麦：河北、山西、内蒙古、吉林、四川、贵州、云南、甘肃、宁夏等地的部分县市。

青稞：四川、云南、西藏、甘肃、青海等地的部分县市。

谷子：河北、山西、内蒙古、东北三省、山东、河南、陕西、甘肃等地部分县市。

糜子：河北、山西、内蒙古、东北三省、陕西、甘肃、宁夏等地的部分县市。

高粱：河北、山西、内蒙古、东北三省、山东、湖北、重庆、四川、贵州、陕西、甘肃、新疆等地部分县市。

啤酒大麦：内蒙古、黑龙江、江苏、安徽、河南、云南、新源等地部分县市。

啤酒花：甘肃、新疆等地的部分县、市。

芝麻：吉林、江苏、安徽、福建、江西、河南、湖北、陕西等地部分县、市。胡麻：河北、山西、内蒙古、陕西、甘肃、宁夏地的部分县、市。向日葵：山西、内蒙古、东北三省、新疆等地部分县市，内蒙古巴彦淖尔市。木本油料：浙江、武陵山区、云南大部。

2. 主攻方向

加强良种繁育与优良品种鉴选，加快优质专用品种推广应用步伐；加强出口基地、加工原料基地建设，推广保优节本高产栽培技术，推进生产技术与产品的标准化；积极扶持龙头企业，推进产业化经营，开发优质特色粮油系列产品，培育一批名牌产品；加强特色粮油产品质量安全管理，建立健全特色粮油相关的质量、技术和环境标准及全程质量安全控制体系。

3. 发展目标

提高加工转化率，加强即食性食品研发，创造新的消费热点，增加市场占有份额，扩大出口规模。

（二）特色蔬菜

当前我国蔬菜生产整体上供大于求，存在结构性、季节性、地域性过剩现象，国内外市场竞争日趋激烈。然而，随着人们生活水平的提高和营养保健意识的增强，对蔬菜中的特色菜的需求逐步增加。特色蔬菜因其特有的品质、营养价值及功效，具有广阔的市场空间。

1. 区域布局

分区域重点发展多种特色蔬菜：

莲藕：江苏北部、浙江省、山东微山、江汉平原、广西中部。

魔芋：秦巴武陵区、云贵川区。

芋头：浙闽区、山东、桂东北区、云南弥渡。

竹笋：东南区、湖北省、西南区、陕南区。

黄花菜：湘黔区、甘陕区。

山药：黄淮海区、云贵区。

黑木耳：东北区、浙闽区、秦巴伏牛山区、长江中上游地区、广西。

银耳：福建省、秦巴山区、黔西北区。

辣椒：东北区、黄淮海区、西南区、湖南省、西北区、海南区。

花椒：西南区、藏东南、陕甘青区。

大料：桂西南区、桂东南区、滇东南区。

2. 主攻方向

加强特色蔬菜良种繁育和推广，发展优质特色蔬菜；强化特色蔬菜产后处理，积极发展深加工，突出特色蔬菜的功能性开发，延长产业链，提高附加值；加快特色蔬菜质量标准体系建设，规范行业标准，提升产品市场竞争力，培育名牌产品。

3. 发展目标

扶持建设一批特菜种植基地，以加工企业为龙头带动产业发展，实现高档蔬菜标准化生产，开发系列特色蔬菜产品，做精做强特菜名牌产品，提高特色蔬菜在国内外市场上的消费空间。

（三）特色果品

特色果品属于劳动和技术密集型农产品，市场竞争优势显著，国内外需求增量大，有着较大的发展空间。近年来我国特色果品快速发展，栽培面积、生产量和人均消费量都不断增加，出口大幅度增长，部分产品供不应求，已形成了一些特色果品产业化生产基地，且有加快发展的良好基础。但同时存在品种退化、品质下降、品种及熟期不合理、上市过于集中、市场压力过大、产业化程度低等问题。

1. 区域布局

分区域重点发展多种特色果品。

葡萄：华北区、东北区、华东区、中南区、西南区、西北区。

特色梨：塔里木盆地北缘（库尔勒香梨）、山东莱阳（莱阳在梨）、冀中和停西北（鸭梨）、冀中（雪花梨）、中苏皖黄淮平原（购山林梨、丰水）、河南南部（中梨1号、黄冠）、吉林延边（苹果梨）、辽宁沿海（南果梨、锦丰梨）、甘肃河西走廊（苹果梨）、京郊（京白梨）、浙江中部（翠冠）、云南中南部（翠冠、满天红）。

特色桃：北京产区（平谷）、辽南产区（大连）、河北产区（乐亭、顺平）、山东产区（青岛、威海、蒙阴、肥城）、陕甘高原产区（咸阳、秦安）、苏浙沪区（徐州、无锡、奉化、奉贤）、豫北产区（安阳、新乡）、鄂西北产区（枣阳、孝感）、成都产区（龙泉驿）、皖北产区（伽山）、滇黔产区（昆明顶阳）、桂北产区（桂林）、东南产区（南平、河源）。

樱桃：辽宁大连、河北秦皇岛、泰沂西部、陕甘中部。

枇杷：浙闽粤区、湘桂区、四川省、江苏吴中、安徽歙县。

特色柚：闽粤区、桂东北湘南区、浙江中南部、湖北宣恩。

特色枣：冀鲁平原、黄土高原、甘新区、辽西北区、闽南区。特色枣：冀北山区（仁用杏）、辽西地区（仁用杏）。

特色核桃：云南中西部、晋冀区、青藏东南、南疆地区，浙皖天目山区（山核桃）、辽东南。

龙眼：即桂南部、闽东沿海、海南、滇南干热河谷、四川泸州。

荔枝：粤桂南部、闽南、海南、滇南干热河谷、四川泸州。

香蕉：雷州半岛、粤西桂南、桂西南滇南滇西南、珠三角粤东闽南。

橄榄：闽粤沿海。

菠萝：桂西南、闽粤南部，海南东部、滇南和干热河谷。

芒果：粤桂南部、海南西部、滇南、川滇干热河谷、闽南。

番木瓜：粤桂南部、滇东南、闽南。

槟榔：海南。

2．主攻方向

培育优良新品种，增加品种数量，发展早、晚熟品种，提高均衡上市能力；开展技术示范和技术培训，提高产品品质和商品一致性，加强采后处理和保鲜技术研发，开发新加工产品、开拓新市场；加强对引进品种和种苗的检疫性病虫害检疫管理工作，强化对重点病虫害的防患；健全特色果品品质、安全标准和监督、管理机制，加强特色果品产地认证。

3．发展目标

培育多个具有我国独特品质、有市场竞争力的特色果品品种；优化特色果品结构，加强果品采收技术研发；推进标准化生产，形成生产、加工、营销一体化的产业链，培育特色果品著名品牌，扩大国际市场份额。

（四）特色饮料

茶叶、咖啡是风靡世界的无酒精特色饮料。我国茶文化历史悠久，茶种资源丰富，有一批地方特色明显的名茶。但茶叶原产地保护力度不够，茶农缺乏必要的技术指导，产品质量安全生产技术和保证体系不健全等问题突出。我国云南和海南是世界高档咖啡豆适宜种植区，近年咖啡加工技术不断进步，咖啡国内消费需求和出口稳步增长。主要问题是咖啡园建设质量不高，品种混杂，生产技术和管理跟不上，精深加工和规模化程度不高，出口企业无序竞争，直接影响国际市场竞争力。

1．区域布局

分区域重点发展5种特色饮料。

红茶：皖南、滇西、粤桂部分县、福建部分县、市。

乌龙茶：闽西北、闽南、粤东。

洱茶：滇西南。

绿茶：浙江、安徽、江西、湖南、湖北、四川、贵州、重庆、陕西、河南、江苏、福建等地的部分县、市。

咖啡：云南西南部、广东雷州半岛、海南西北部。

2．主攻方向

茶叶方面，改良茶树品种，稳步推进良种化进程；改善茶叶种植环境，加强茶树病虫害监控；全面推广茶叶标准化生产，加强初制茶厂改造与加工环境整治，确保茶叶优质安全；整合品牌，形成产业聚集。咖啡方面，推广优良品种，提高单产；建立优质咖啡种植园和精品咖啡脱壳加工厂；研发咖啡深加工新产品，建立咖啡交易中心，做强品牌。

3. 发展目标

加大资源原产地保护和新产品研发力度，扶持一批加工型龙头企业，改善加工工艺；整合品牌，规范市场；中西部优势区创建一批特色饮料地域性品牌，提高区域产品的认知度。

（五）特色花卉

花卉消费正在由集团消费和节假日消费向家居日常消费发展，市场前景广阔。20世纪90年代以后，世界花卉贸易额每年以10%的速度递增。世界花卉生产格局正在由发达国家向资源较丰富、气候适宜、劳动力和土地成本低的发展中国家转移，这为我国花卉业的发展提供了良好的机遇。我国花卉产业已具雏形，具备进一步发展的基础。目前存在的主要问题是，种质资源保护不够，缺乏专利品种，品种结构不合理，生产方式落后，花卉市场建设滞后。

1. 区域布局

分区域重点发展4类特色花卉。

鲜切花：云南中部、浙江东北部。

种球花卉：福建漳州（水仙）；青海东部（郁金香、百合）；滇西北和滇东北、甘肃中部（百合）；辽宁凌源（百合、唐菖蒲）。

盆栽花卉：福建沿海、浙江中北部、广东珠江三角洲、江苏如皋、辽宁海城、天津东丽。园林花卉：湖北、河南。

2. 主攻方向

研发新品种和申请专利，建立和完善鲜切花行业标准；引进国外先进种球繁育、产后加工保鲜、质量及病毒检测等技术，以及温室成套设备和采后处理生产工艺线等；加强鲜切花的保鲜、盆栽花卉的栽培与繁殖等关键技术研发；加强市场体系建设，建立发达的花卉供销网络。

3. 发展目标

努力培育一批具有自主知识产权的特色花卉新品种，优化品种结构；建立技术推广和培训体系，实现产业升级，初步形成科研与生产互动互惠的研发机制；建设规范的花卉拍卖市场。

（六）地道的中药材

随着大众健康意识的快速提升和国际社会对中国传统中药的认同和接受，我国中药材产业的发展赢得了良好的发展空间，中药材产品市场需求不断增长。中药材市场竞争力强，发展潜力大，在国际贸易中的份额逐年上升。目前存在的主要问题是，道地药材品种退化严重。种植组织化、产业化程度和科技含量较低。市场监管不力，伪劣药材产品充斥市场。中药材品种繁多，不同品种的需求量差异明显，市场价格年际波动很大。

1．区域布局

分区域重点发展 25 种中药材。

三七：桂西南和滇东南。

川贝母：川西、藏东、甘肃南部。

怀药：河南焦作。

天麻：西南、秦巴山区、武陵山区、皖西。

杜仲：秦巴山区、武陵山区、大娄山区。

枸杞：宁蒙河套地区、新疆精河、青海省。

黄芪：内蒙古东部、辽宁东部、吉林长白山、黑龙江北部、川西北、山东半岛、陕西中部、甘肃南部、青海东部。

人参：长白山。

丹参：天津蓟州区、四川中江和青川、湖北孝感、甘肃南部。

林蛙：长白山及大小兴安岭。

鹿茸：辽宁北部、吉林中南部、黑龙江中南部。

当归：滇西北、甘肃南部。

罗汉果：桂东北。

北五味子：东北区。

浙贝母：浙江中部。

川芎：四川成都。

金银花：河南新乡、山东平邑、四川巴中、广西忻城。

白术：贵州松桃县、河北安国市、河南、浙江。

藏药：藏区。

甘草：黑龙江西南部。

黄芩：河北、山东。

桔梗：冀鲁豫地区、鄂东北。

细辛：辽宁。

龙胆草：辽宁、黑龙江。

山茱萸：豫西、浙西北。

2．主攻方向

推动中药材产品原产地认证工作，加强野生道地药材资源保护；规范中药材栽培和产地加工技术，保证中药材质量；降低农药残留和重金属对环境和药材的污染，保证中药材安全；加快对中药材病虫害发生发展规律及防治技术的研究。

3．发展目标

建设一批优质道地中药材生产基地；大幅度提高优势区中药材标准化、产业化和组织化水平；建立中药材原产地种源基地保护区。

第四章 农业经营预测与决策

第一节 农业经营预测

一、经营预测的概念与作用

(一)预测的含义

预测是根据事实和经验，经过逻辑推理、判断或演算来寻求事物的客观发展规律，据以估计、推测未来事物的发展趋势及其结果。简单地说，预测就是预计和推测。预测在调查研究基础上的科学分析，简称为预测分析。预测分析所用的科学方法和现代手段，称为预测技术，也称之为预测方法。企业面对的市场瞬息万变，企业的外部环境、内部条件十分复杂，怎样在如此复杂的环境中生存、发展，需要企业的管理者借助各种必要的手段，从影响企业生产经营变化的各有关因素中，找到一定的内在联系和规律性，从而对企业赖以生存的内、外环境及其变化进行科学的预测，为领导者提供有力的决策依据，以便趋利避害，争取达到良好的效果。

预测具有以下特点：

第一，广泛性。工商企业经营预测涉及政治、经济、生产能力、科学技术发展水平、价格、工资收入、社会风尚以及国外影响等，联系非常广泛。从内容上看包括生产、销售、成本、利润、资金、市场供求、消费倾向等预测，这就要求管理者要了解掌握各方面的资料，不能只局限于一个企业的角度进行研究分析。

第二，趋势性。主要是指某一事物或现象在某一时期的主要倾向和发展趋势。如果不注意分析这些趋势，预测也就失去了应有的作用。要通过一系列企业经营活动中的业务资料、统计资料、会计报表和有关部门的信息进行分析，找出主要趋势，才能提高预测的准确程度。

第三，客观性。预测应建立在科学基础上，要从实际出发，实事求是。根据大量的资料分析，由表及里、去伪存真。切忌主观臆断、妄自判断，不能把一些道听途说的或马路新闻作为预测依据。必须依靠科学的数据、真实的情况作为预测的根据，运用马克思辩证唯物主义方法分析客观实际。不能单纯凭长官意志和指示作为预测的根据，更不能把偶然的现象或一时失常的现象作为正常现象处理。在一片大好形势下，管理者容易盲目乐观；在困难形势下，又会悲观失望。预测时，要注意防止这两种容易失真的情绪，注意客观性，才能减少不可靠性。

第四，时间性。有市场就有竞争，竞争是商品经济固有的规律性。因此，预测必须要有强烈的时间观念，对各种信息、资料要及时掌握、及时分析、及时提出预测结果的各种方案，以便及时地做出决策。否则，就会坐失良机。雨后送伞，已是时过境迁，失去了实际意义或降低了预测的价值。

（二）经营的含义

经营，是指在一定的社会制度下，商品生产者为了一定的经营目标，根据外部环境和内部条件，以市场为对象，以技术的开发、商品的生产和交换为手段，通过有效的管理使自己的生产技术、经济活动与外界的自然、社会经济环境达成动态平衡，为满足社会需要谋求最大的经济效益而进行的一系列有组织的经济活动。

（三）经营预测的概念

经营预测，是预测技术在经营中的具体应用。它是以过去和现在的统计资料和调查资料为依据，运用科学的方法对影响经营活动的各种不确定因素及其经营总体影响结果所进行的预料、估计和判断。简单地说，经营预测就是根据内外部经营环境、经营信息对未来经营状况所做的推测和预料。

（四）经营预测的作用

企业经营预测是以经营决策为核心的，而经营决策又以经营预测为前提，因此，搞好企业经营管理，必须首先搞好经营预测。其作用主要表现在以下三个方面：

第一，经营预测是经营决策的重要前提和基础。企业经营的成败、各项管理职能的发挥，在很大程度上取决于决策是否及时、准确。管理的关键在于决策，而决策的成败在于预测。正确的决策必须以科学而准确的预测为前提和基础，没有科学的预测，决策就难以避免失误，就不能进行科学的决策，这势必会造成重大的经济损失。

第二，经营预测是制订经营计划的依据。从时间顺序来看，经营预测在经营决策之前，而经营计划在经营决策之后，经营计划是决策方案在未来时间和空间上所做的安排和部署。从计划与预测的直接联系来看，计划中很多数据都来自预测，计划的准确性也往往建立在科学预测的基础上。没有科学的预测，就不会有切实可行的经营计划。

第三，经营预测是改善企业经营管理的重要手段。在商品经济条件下，企业的经营与发展同市场息息相关。企业间的竞争是产品竞争，实质是生产技术的竞争。通过科学的预测，确定发展什么产品、采用什么技术、使用什么原材料，确定怎样才有利于降低产品生产成本，获得超额利润，提高经营管理的效益等问题。

二、经营预测的种类

依据不同的标准，农业企业经营预测可分为以下几类：

按经营预测的时间长短划分，可以分为长期预测、中期预测和短期预测。长期预测一般是指对 3 年或 5 年以上的经营过程所做的预测；中期预测一般是对 1 年以上 3 年以内的经营过程所做的预测；短期预测则是指对 1 年以内的经营活动所做的预测，如以旬、月、季为单位的预测。不同的经营过程具有不同的时间周期，因此需要有不同的预测期限。

按经营预测的方法不同，可以分为定性预测和定量预测。定性预测又称为经验判断预测，它是凭借预测者的经验和综合分析判断能力，根据预测对象的性质、特点、过去和现在的情况，运用逻辑推理法，推断预测对象的未来发展趋势。该方法简便易行，但带有较大的主观性，准确性差，受预测者分析、判断能力的影响大。它较适用于缺乏历史统计资料的数据和情况，或用于新产品销售量的预测。定量预测是预测者根据占有的系统可靠的资料和数据，在定性分析的基础上，借助数学模型、图表和计算机等手段，进行定量分析，进而对预测对象的未来发展趋势做出预测。它适用于有较完整的历史统计资料和数据的情况。

按经营预测的具体对象和内容划分，可以分为科学技术预测、市场预测、社会经济条件预测，等等。

三、经营预测的原则

经营预测要求对未来做出合乎规律的推断和设计。要搞好经营预测，必须遵循如下原则：

（一）实事求是原则

预测应该科学地反映客观事物变化的规律，为此必须深入调查或进行实验，取得第一手资料，然后选择相应的预测方法，认真细致地运算，得出预测结果，如果取得的结果不是切实可靠，不以求实的精神去推算，不用科学的方法对比分析，那就是瞎估乱算。如果用这种错误的预测去决策，定计划，必然贻误大事，造成严重的损失。因此，在整个预测过程中，要自始至终地坚持实事求是的科学态度，如实地预测和反映被预测对象的情况，力求使预测结果真实有据。

（二）连贯性原则

所谓连贯性，是指社会经济现象的变化具有一定的规律，而这种规律在未来事物发展中仍不断延续。换言之，事物的未来发展与其过去和现在的发展是一脉相承的。任何事物的发展变化都是一个渐进的过程，即现在是过去的发展，未来是现在的延续。因此在经营预测过程中，必须以连贯的历史发展资料为依据，分析研究今天企业状况与过去企业状况的异同，分析变化的影响因素和各因素的影响程度以及它们之间的数量关系，从中找出预测对象发展变化的规律，就能预测未来企业变化发展的趋势和方向，做出定性和定量的分析。

（三）相关性原则

是指事物之间或事物所构成的要素之间存在相互促进、相互影响或制约的关系。任何一个部门和企业的发展，都要有其他部门和企业的协调配合，同时也制约着其他部门和企业的发展，这种关系表现为一定量的比例关系。因此，经营预测必须遵循相关性原则，根据经营事物的具体情况，努力寻找该经营事物与其构成因素之间或其他事物之间的因果关系，以预测该事物的未来情况。

经营预测是对企业发展前景的一种探索性研究工作，其预测过程是一个严密的逻辑推理过程，因此它有一套科学的研究步骤。要搞好经营预测，必须明确先做什么、后做什么，形成一个前后稳定有序的程序。

四、经营预测的程序

经营预测是对企业发展前景的一种探索性研究工作，其预测过程是一个严密的逻辑推理过程，因此它有一套科学的研究步骤。要搞好经营预测，必须明确先做什么、后做什么，形成一个前后稳定有序的程序。

（一）确定预测目的和时间

在预测之前要有明确的预测目的，以便有的放矢地搜集必要的经济信息，同时还要确定明确的预测时间，包括起止时间和每个阶段的时间及所要达到的目标。

（二）搜集和整理信息资料

根据预测目的，广泛搜集所需资料，包括历史资料和现实资料。为了保证资料的准确性和有用性，还要对资料进行必要的加工和整理，对不完整的和不适用的进行调整和剔除。

（三）选择适当的预测模型和预测方法

对经审核和整理的数据资料，就可以根据其发展趋势选择合适的预测模型和合理的预测方法。一般来说，经营预测模型有两类：一是时间关系模型，用于研究预测对象的发展趋势及其过程，如时间序列预测法；二是相关关系模型，表示预测对象与影响因素的关系的模型，用于研究预测对象受相关因素影响的变化过程及其数量的表现，如回归预测法。

预测方法很多，包括定性和定量两大类，一般定性分析主要采用在调查研究的基础上进行逻辑推理，在定性分析的基础上进行定量研究，则需要借助数学模型和统计方法。预测方法要根据预测的特点、预测对象的情况、预测要求的精确度、资料的占有状况来进行选择，以达到费用省、时效性强、准确度高的目的。

预测模型不可能与现实情况完全一致，往往会产生一定的误差。误差越大，预测的可靠性就越小，就失去了预测应有的作用。为此，就需要对预测结果进行验证，并且要分析产生误差的原因，并改进预测方法和修正所采用的数学模型，使预测结果尽量接近实际。

五、经营预测的方法

预测的方法是达到预测目的的手段。这些方法按其性质的不同，可以分为定性预测和定量预测两大类。定性预测法主要预测经营活动未来发展的趋势和方向，对数量的预测精度要求不高；而定量预测法则主要预测经营活动未来发展的量的水平，对发展趋势和方向的反映不够直观。因此在实际工作中，应注意定性预测和定址预测的结合。

（一）定性预测方法

定性预测是依靠人们的知识、经验和综合分析能力，对未来的发展状况做出推断，所以又称经验判断法，该方法直观简单、费用低，但掌握起来并不容易，需要有丰富的经验。在数据资料较少或不准确的情况下，采用该方法较好。

1. 专家意见法

专家意见法又称德尔菲法。这种方法是采用背对背的通信方式征询专家小组成员的预测意见，经过几轮征询，使专家小组的预测意见趋于集中，最后得出符合市场未来发展趋势的预测结论。德尔全法又名专家意见法或专家函询调查法，是依据系统的程序，采用匿名发表意见的方式，即团队成员之间不得互相讨论、不发生横向联系，只能与调查人员发生关系，以反复地填写问卷，以集结问卷填写人的共识及搜集各方意见，可用来构造团队沟通流程，应对复杂任务难题的管理技术。用专家意见法预测，一般要经过三到四轮才能够得到比较集中的结果。其基本程序如下：

（1）开放式的首轮调研

由组织者发给专家的第一轮调查表是开放式的，不带任何限制，只提出预测问题，请专家围绕预测问题提出预测事件。因为如果限制太多，就会漏掉一些重要事件。组织者汇总整理专家调查表，归并同类事件，排除次要事件，用准确术语提出一个预测事件一览表，并作为第二步的调查表发给专家。

（2）评价式的第二轮调研

专家对第二步调查表所列的每个事件做出评价。例如，说明事件发生的时间、争论问题和事件或迟或早发生的理由。

组织者统计处理第二步专家意见，整理出第三张调查表。第三张调查表包括事件、事件发生的中位数和上下四分点，以及事件发生时间在四分点外侧的理由。

（3）重审式的第三轮调研

发放第三张调查表，请专家重审争论。

对上下四分点外的对立意见做一个评价。

给出自己新的评价（尤其是在上下四分点外的专家，应重述自己的理由）。

如果修正自己的观点，也应叙述改变理由。

组织者回收专家们的新评论和新争论，与第二步类似地统计中位数和上下四分点。

总结专家观点，形成第四张调查表，其重点在争论双方的意见。

（4）复核式的第四轮调研

发放第四张调查表，专家再次评价和权衡，做出新的预测。是否要求做出新的论证与评价，取决于组织者的要求。

回收第四张调查表，计算每个事件的中位数和上下四分点，归纳总结各种意见的理由以及争论点。

值得注意的是，并不是所有被预测的事件都要经过四步。有的事件可能在第二步就达到统一，而不必在第三步中出现；有的事件可能在第四步结束后，专家对各事件的预测也不一定都是达到统一。不统一也可以用中位数与上下四分点来做结论。事实上，总会有许多事件的预测结果是不统一的。

专家意见法的特点：

第一，匿名性。因为采用这种方法时所有专家组成员不直接见面，只是通过函件交流，这样就可以消除权威的影响。这是该方法的主要特征。匿名是德尔菲法的极其重要的特点，从事预测的专家彼此互不知道其他有哪些人参加预测，专家是在完全匿名的情况下交流思想的。后来改进的德尔菲法允许专家开会进行专题讨论。

第二，反馈性。该方法需要经过 3 ~ 4 轮的信息反馈，在每次反馈中使调查组和专家组都可以进行深入研究，使得最终结果基本能够反映专家的基本想法和对信息的认识，所以结果较轮反馈才能完成预测。

第三，趋同性。专家意见法不是简单地收集专家意见，而是通过多次征询意见使专家的意见一轮比一轮更趋向一致，最后得到了一个可靠的预测结果。但这种方法也有其缺陷，就是耗时，费用也高。

2. 主观概率法

主观概率不同于客观概率，它是预测对某一事件发展趋势可能性做出的主观判断。主观概率法就是先由预测专家对预测事件发生的概率做出主观的估计，然后计算它们的平均值，以此作为对事件预测的结论。

（二）定量预测方法

定量预测方法是在得到若干统计资料后，在假定这些资料所描述的趋势对未来适用的基础上，运用各种数学模型预测未来的一种方法。定量分析模型主要有时间序列模型和因果关系模型。

1. 时间预测模型

就是把历史统计资料按年或按月排列成一个统计数列，根据其发展趋势，向前外延进行预测。这种方法适用于市场比较稳定、价格弹性较小的产品，特别是短期预测更为适用。

（1）简单移动平均法

此种方法是从时间序列中依次计算连续 n 期（通常 n 为 3～7）的平均值，作为 $n+1$ 期的预测值。随着时间的推移，计算平均值：用的数值是逐期向后移的。计算公式如下：

$$n+1 \text{期的预测值} = \frac{\text{第1值}+\text{第2值}+\cdots+\text{第}n\text{期数值}}{N(\text{期数})}$$

简单移动平均预测值的滞后误差是显而易见的，也是不可克服的，因为它同等看待历史资料对未来预测值的影响。实际上历史资料对未来形势的影响是不相同的，近期资料的影响一般均大于远期资料的影响，所以这种方法的应用有很大的局限性。

（2）加权移动平均法

人们在实际中发现，距预测期近的数据对预测值影响较大，距预测期远的数据则影响较小，这样可以根据距离预测期的远近，给 n 期内的数据以不同的权值，求得加权平均值作为预期结果。各权数的确定，可用 n 为最近的权数，依次减 1 为以前各期权数。

2. 因果关系模型

因果关系预测法，是根据相关性原则，利用客观事物之间的因果关系，并用一定的函数方程描述其相关变化规律，对预测对象进行预测的方法。因果关系预测法较常用的方法为一元线性回归法。一元线性回归预测法，就是研究一个因变量和一个自变量之间的相互关系，即从一个自变量（影响因素）去预测因变量（预测值）的方法，其基本公式为：

$$y = a + bx$$

式中：x 为自变量；y 为因变量；a，b 为回归系数。当 b 为负值时，两个变量按相反方向变动；当。为正值时，两个变量按同一方向变动。

进行一元线性回归分析预测，关键是寻求合理的回归系数 a 和 b 确定回归方程，然后根据预计的 x 值求出 y 的预测值。采用最小二乘法原理求出回归方程中的 a 和 b 两个参数：

$$a = \frac{\sum y_i - b \sum x_i}{n}$$

$$b = \frac{n \sum x_i y_i - \sum x_i \sum y_i}{n \sum x^2 - \left(n \sum x_i \right)^2}$$

算出 a、b 的值后，即可求出一元线性回归方程。但所求出来的回归模型能否用于预测，还必须首先进行相关系数检验。相关系数是表明两变址之间相关程度和方向的分析指标，通常用 R 表示，其取值范围为 $-1 \leqslant R$ 时，R 值接近 ± 1 时，称为强相关；R 值接近 0 时，称为弱相关。$R = 0$，说明两变量无线性相关；$R > 0$，称为正相关；$R > 0$，称为负相关。计算公式为：

$$R = \frac{n \sum x_i y_i - \sum x_i y_i}{\sqrt{\left[n \sum x_i^2 - \left(\sum x_i \right)^2 \right]} \sqrt{\left[n \sum y_i^2 - \left(\sum y_i \right)^2 \right]}}$$

第二节　农业经营决策

一、经营决策的概念

决策是人类活动中一项普遍而且重要的行为，在生活和工作中，它几乎无处不在。一个人大至奋斗目标的确定、人生道路的选择，小至从事某项工作、完成一件事情，都离不开决策。决策的定义目前尚未统一，比较趋于一致的看法有两类：一类认为决策就是管理；另一类认为决策就是抉择或决定。我们认为，从决策所涉及的许多实质问题来理解，决策应当是对未来实践的方向、目标、原则和采用的方法进行选择并做出相应的抉择或决定。决策对我们一生都是十分重要的，可以这样说，每个人几乎总是不断地面临着如何做出决策，只不过有时这种行为是自觉的、主动的，而有时却是不自觉的、被动的。

对农业企业而言，同样面临类似的选择，无论是大到企业发展战略的选择，还是小至产品价格的确定，无不包含着企业管理者的决策行为。现代企业普遍具有组织复杂、分工细密、联系广泛的特点，这就使得决策在企业经营管理过程中具有十分重要的作用。例如，在一个工业企业中，企业自身发展目标的选择，产品市场的开拓，企业应当采取的营销策略等均需要做出决策。与此相联系的，如产品的设计制造、原材料的来源和供应、产品质量的管理和保障、资金的筹集和运用、劳动管理、员工素质和生产技能的提高、产品售后服务系统的运行、企业形象的确立等，都面临决策。因此，能否进行科学的决策，就成为企业能否成功发展的关键和前提。最早把决策概念引入到现代企业管理理论中的是 20 世纪 30 年代的美国学者巴拉德和斯特恩等人。随着社会经济和科学技术的发展，决策已成为一门专门科学，掌握好决策的理论，并在企业管理中正确运用，已经成为经营管理人员的必备素质。

经营决策是指企业决策者在外部形势分析的基础上，依据企业内部条件情况，对企业总体发展战略和生产、服务、积累、投资、销售、分配等各种经营活动的经营目标、方针与策略所做出的抉择和决定。总的来说，经营决策的目的，就是要使企业未来的发展更符合决策者的意愿和要求。企业的经营规模可大可小，性质、类型各不相同，所面对的外部环境与内部条件也彼此存在差异，但总离不开求生存、谋发展这一目标。因此，管理者随时需要根据企业发展环境的变化做出各种决策，以保证企业发展总体目标的实现。可见，经营决策在企业发展过程中处于十分重要的地位和作用。

二、经营决策的特征

任何决策都必须经历下列环节：从发现问题入手，提出并确定发展目标，依据内外部条件，收集信息，进行归纳、分析、整理，并测算出各方案可能实现的条件结果，运用特定的技术方法或手段，筛选出最佳方案或形成一个综合方案，并将该方案付诸实施以实现既定的发展目标。最后一步工作就是决策，属于决策行动。在此之前的一系列工作，均属于决策分析工作。值得注意的是，决策行动不同于决策分析。决策行动是由领导者或者事件的责任人做出的，他们必须对决策所引起的后果负责。而决策分析则不同，它是由具体的工作人员分析，只提供决策的依据、决策的方法及这些决策方案实施后的效果，而不管这个方案是否实施。因而，从事决策分析的人员，只有建议权，没有决定权。农业经营决策也是如此。农业经营决策与一般的决策存在共同之处，但由于农业企业本身固有的特征，因而，农业经营决策也必然具有其自身特征。

第一，企业是通过生产产品或提供服务来实现其经济效益和社会效益的。因此，经营决策所要确定的目标，就必须着重于企业所生产的产品或提供的服务。能否准确确定目标决定着企业能否生存和发展，这是企业经营决策的关键。如果一个企业生产的产品或所提供的服务不为顾客或用户所欢迎，这就说明企业经营决策中所确定的目标错了，应该重新加以选择或修正。否则其他相关的决策将会毫无意义，甚至影响到企业自身能否生存。其理由如下：

在社会主义制度下，企业所提供的产品或服务应能够满足人民群众日益增长的物质文明和精神文明建设的需要。无论企业提供的是产品还是服务，都应该符合有利于提高人民的生活水平、生活质量和文明素质这个根本目标，这一点，任何企业无论何时都不能有丝毫动摇。因为只有这样做，才能自觉地把企业纳入中国特色社会主义的轨道。

企业的决策应以经济效益为中心。办企业，不管是生产产品还是提供服务，都要注重它所产生的经济效益，并且着力谋求最佳的经济效益。因为只有这样做，企业才能得以生存并进而谋求不断发展壮大。而要保证企业取得最佳的经济效益，关键在于企业的产品和服务的质量。因此，可以说产品或服务的质量是企业的生命，是实现所确定目标的根本所在。提供的产品或服务质量越好，企业的经济效益就会越好。企业决策者在选择企业的目标时，除了重视产品或服务的种类以外，还要十分重视产品及服务的内在质量，并使之贯穿于整个决策过程的始终。

企业在选择和确定目标时，还应该充分注重市场。因为企业的产品和服务，一定要通过市场这一载体才有可能成为商品，才能产生效益，所以，市场应该是企业经营决策中考虑的主要因素。企业的决策者在决策之前，必须进行详尽的市场调研，在生产和经营中，应随时关注市场情况的变化，并使企业所提供的产品或服务适应市场需求的变化。只有这样，才能使产品或服务能顺利进入市场，逐步占领市场。此外，还要注重不断培育和拓展新市场，使企业能在激烈的市场竞争中立于不败之地。

第二，经营决策要符合企业的实际。从确定企业的目标开始，到提出和选择实现目标的方案，以至于定目标的方法和途径，始终不能离开企业的实际。如果面对的是一个刚创办的企业，在进行决策的时候，就必须从企业的实际情况出发，做一番认真的分析和评估。譬如，企业创办之后，生产什么产品或提供什么服务；在创办初期规模要多大，今后每个阶段以及最终目标将达到何等规模；投资的数量应是多少，资金应如何筹集和使用；员工人数各个阶段应为多少，对不同岗位员工素质有怎样的要求，各部门、各层次的人员应如何合理配置；所提供的产品或服务的质量及价格将定在哪个档次，标准如何，投入和产出比例应为多少；将会面临怎样的市场竞争，如何使自己的产品或服务在竞争中站稳脚跟，进而开拓发展；如何能可靠地获得生产和服务所需的原料、技术和信息，以保证生产或服务的正常运转和健康发展，等等。以上列举的各个方面，在企业创办之前，决策者应该详细考虑、全面分析、适当预测，做到心中有数、成竹在胸。

第三，经营决策要注重对企业生存和发展环境的研究。任何企业都离不开一定的环境，环境对企业而言，既包含着机遇，也包含着风险。企业经营决策一定要重视环境这一因素，并对它进行详尽的分析，以便企业能适应环境，主动参与改善环境，并进而做到能动地运用环境因素趋利避害，使自身赢得生存的空间和求得发展的主动权。与企业生产和经营有关的环境因素包含生产环境、社会环境、自然环境、经济环境等，而且从当今企业的发展来看，在进行决策时，不仅要考虑国内环境，还应注重对国际环境的了解和研究，要把国际环境作为决策时予以考虑的一个重要因素。就生产型企业来说，企业的决策，如企业的选址、产品种类的确定、原材料的来源和供应的保障、原料和产品的运输、能源的供应无不与生产环境和自然环境的因素密切相关；无论是生产型企业还是服务型企业，要生存，要发展，都要充分考虑企业所处的社会环境和经济环境。哪些产品和服务是社会所需要的，这种需要随着社会环境和经济环境的发展变化将会有哪些变化，跟随这种变化企业将有哪些应变措施，将为社会提供哪些新的产品和服务，社会环境和经济环境的变化和改善将会给企业提出哪些挑战或提供哪些机遇，企业的决策者都必须认真研究，力求预先做出评价和估计，才能真正做到心中有数。这些对做出科学有效的决策是十分重要的。

三、经营决策的影响因素

在经营决策过程中，组织的决策受到以下因素的影响：

（一）环境因素

环境对组织决策的影响是不言而喻的，这种影响是双重的。

1. 环境的特点影响者组织的活动选择

就农业企业而言，市场稳定，今天的决策主要是昨天决策的延续，而市场急剧变化，则须对经营方向和内容经常进行调整；位于垄断市场上的企业，通常将经营重点致力于内部生产条件的改善、生产规模的扩大以及生产成本的降低，而处在竞争市场上的企业，则须密切注视竞争对手的动向，不断推出新产品，努力改善营销宣传，建立健全的销售网络。

2. 对环境的习惯反应模式影响着组织的活动选择

即使在相同的环境背景下，不同的组织也可能做出不同的反应。而这种调整组织与环境之间关系的模式一旦形成，就会趋向固定，限制着人们对行动方案的选择。

（二）决策者对风险的态度

风险是指失败的可能性。由于决策是人们确定未来活动的方向、内容和目标的行动，而人们对未来的认识能力有限，目前预测的未来状况与未来的实际状况不可能完全相符，因此在决策指导下进行的活动，既有成功的可能，也有失败的风险。任何决策都必须冒一定程度的风险。

组织及其决策者对待风险的不同态度会影响决策方案的选择。愿意承担风险的组织，通常会在被迫对环境做出反应以前就已采取进攻性的行动，而不愿承担风险的组织，通常只对环境做出被动的反应。愿冒风险的组织经常进行新的探索，而不愿承担风险的组织，其活动则要受到过去决策的严重限制。

（三）组织文化

组织文化制约着组织及其成员的行为以及行为方式。在决策层次上，组织文化通过影响人们对改变的态度而发生作用，任何决策的制订，都是对过去在某种程度上的否定。

任何决策的实施，都会给组织带来某种程度的变化，组织成员对这种可能产生的变化会怀有抵御或欢迎两种截然不同的态度。在偏向保守、怀旧、维持的组织中，人们总是根据过去的标准来判断现在的决策，总是担心在变化中会失去什么，从而对将要发生的变化产生怀疑、害怕和抵御的心理与行为；相反，在具有开拓、创新气氛的组织中，人们总是以发展的眼光来分析决策的合理性，总是希望在可能产生的变化中得到什么，因此渴望变化、欢迎变化、支持变化。显然，欢迎变化的组织文化有利于新决策的实施，而抵御变化的组织文化则可能给任何新决策的实施带来灾难性的影响。在后一种情况下，为了有效实施新的决策，必须首先通过大量工作改变组织成员的态度，建立一种有利于变化的组织文化。因此，决策方案的选择不能不考虑到为改变现有组织文化而必须付出的时间和费用的代价。

（四）时间因素

时间敏感决策是指那些必须迅速而尽量准确的决策，战争中军事指挥官的决策多属于此类。这种决策对速度的要求远胜于质量。相反，知识敏感决策对时间的要求不是非常严格。这类决策的执行效果主要取决于质量，而非速度。制订这类决策时，要求人们充分利用知识，做出尽可能正确的选择。组织关于活动方向与内容的决策，这类决策着重于运用机会，而不是避开威胁，着重于未来，而不是现在，所以选择方案时，在时间上相对宽裕，并不一定要求必须在某一日期以前完成。但是，也可能出现这样的情况，外部环境突然发生了难以预料和控制的重大变化，对组织造成了重大威胁。这时，组织如不迅速做出反应，进行重要改变，则可能引起生存危机。这种时间压力可能限制人们能够考虑的方案数量，也可能使人们得不到足够的评价方案所需的信息，同时还会诱使人们偏重消极因素，忽视积极因素，仓促地做出决策。

四、经营决策的分类

经营决策依照不同的要求，可以有不同的分类。

（一）宏观决策、中观决策和微观决策

依照经营决策涵盖面的大小和决策所涉及的时间长短不同，可分为宏观决策、中观决策和微观决策。

这些决策之间的区分，主要是指每项决策所涉及的内容与农业企业整体关系的密切程度的大小。如果决策本身是关乎整个农业企业的生存、发展一类的带根本性的问题，既关系到当前，又关系到今后一段较长时期内的农业企业命运，这便是宏观决策；如果是关系到农业企业某一特定时期的生产、服务、经营的发展、调整，以便为农业企业的整体或长期发展目标服务的决策，则是中观决策；微观决策是指某些为农业企业的宏观决策、中观决策服务的，在农业企业内部某一局部、某一环节、某一短暂时期内做出的决策。微观决策往往是战术性的、在某一较小范围内的，同时又往往是十分具体的决策行为。这几种决策之间，存在着相互联系又相互制约的关系，但应该明确的是，涵盖面较小的决策，永远是为涵盖面较大的决策服务的。

（二）战略决策和战术决策

从决策所起的作用大小看，农业企业经营决策可分为战略决策和战术决策。

战略决策指的是农业企业中关系到总体的、全局的、长远的和根本问题的决策。一个农业企业，它的发展方向是否正确、路子是否宽广、前景是否乐观，从根本上说，是

由其战略决策是否正确决定的。如果农业企业的战略决策错误或出了偏差，就会危及企业的生存和发展。因此，可以说战略决策正确与否，是企业生死攸关的大事。在战略决策中，又包含着企业的总体战略决策和分战略决策两类。总体战略决策覆盖整个农业企业以及与农业企业相关的每个方面。但是，总体战略决策又是由各个分战略决策构成的，每个分战略决策的拟就，要根据农业企业总体战略决策的需要，为实现总体战略决策的要求和目标服务。至于农业企业的分战略决策，指的是与农业企业生产、服务、运作、竞争、发展相关的各个方面的战略决策，如生产战略决策、经营战略决策、投资战略决策、科技进步战略决策、市场竞争战略决策、人才培养战略决策，等等。在制定企业的总体战略决策和分战略决策时，有一条原则应该予以充分重视，那就是要善于发现、把握、培植农业企业的优势，抓住先机。唯有如此，在进行战略决策时才能高瞻远瞩、开阔视野、充满信心，才能使企业在变化、发展的环境中立于不败之地。同时，也要正视企业自身存在的薄弱环节和困难，在总体战略决策中，尤其是在各方面的分战略决策中，拿出力量和办法解决问题，以使企业的某些劣势尽快地转变为优势。

战术决策，指的是农业企业经营决策中针对某一具体对象的具体决策。这种决策，多见于日常的生产、服务、管理的过程中，是为了解决企业运作中某些具体问题而做出的。它具有涉及面较窄，影响只限于某个局部或只关系到某一段较短时间内的特点。就决策者的职责范围而言，战略决策，尤其是总战略决策，是由企业的高级管理层、主要的领导者和决策者负责做出的；分战略决策和战术决策则往往是由企业的中层管理者、部门负责人根据需要做出的。当然，即使是战术性的决策，也不能违背战略决策的要求和目标，应该为战略决策的实现而服务。

（三）个人决策和团体决策

以做出决策这一行动的参与人数多寡来分，企业经营决策可以分为个人决策和团体决策。

个人决策，就是凭借决策者个人的主观能力进行的决策。它受到个人的智慧、阅历、经验和对决策对象的了解程度的限制，也受到个人性格特征和心理特点的影响，局限性很大成功的把握也较小。在现代企业经营决策中，已经较少采用这种方法。

团体决策，就是借助团体的力量来进行决策。团体的力量取决于领导人的主观能力，以及领导者与被领导者之间在智力结构、工作素质、工作作风和态度方面的配合情况。随着社会的发展和科技的进步，影响决策的因素不断增多，决策涉及面广，影响时间长，因而决策失败造成的后果影响更为深远。因此，现代企业经营决策的发展趋势，越来越趋向于依靠团体的力量和严格科学的决策程序来进行。

（四）单目标决策和多目标决策

以农业企业经营决策的目标来分，农业企业经营决策可以分为单目标决策和多目标决策。

在农业企业经营决策过程中，有时要实现某一项确定的目标而进行的决策，这就是单目标决策。这类决策所要实现的目标，有些是时效性较强的，例如，为了适应市场竞争的需要，在生产、产品改良、产品销售价格、产品售后服务等方面为某一项目标的实现而做出的决策；但是，有些单目标决策也可能是关系农业企业整体的，而且这一目标贯穿农业企业的生产、经营、服务、管理的始终。这类决策目标的确定和实现有利于确定和体现农业企业的特色，从而保证农业企业的生存和发展。可见，单目标决策很重要，切不可因为目标比较单一就忽视了它或在决策过程中掉以轻心。多目标决策则是与单目标决策相对而言的，它的特点是决策要实现的目标在两个以上；多目标中各目标之间往往是互相关联、相互支撑的；多目标之间，有先后实现之分，但却无此轻彼重之别；无论多目标的具体数量是多少，它们的实现是为整个农业企业的全局、企业发展的战略目标服务的。要科学、顺利地做出并完成多目标决策，决策者就一定要了解多目标决策的特点，在了解企业、市场、企业所面临的挑战和机遇的前提下综合调度、全面思考。企业在做多目标决策时，应着眼全局，多角度、多层次考虑问题，切忌只顾眼前、图一时之快，或者顾此失彼，造成多目标相互之间牵扯，产生不了合力。

（五）确定型决策、非确定型决策、风险型决策

按照决策问题所处条件与所产生的后果不同，经营决策可分为确定型决策、非确定型决策和风险型决策。

确定型决策，又称肯定型决策，是指每一种可供选择的方案所需要的条件和未来状态完全已知，对每一种方案实施后果也能计算确定，可以在比较中做出肯定择优的选择。

非确定性决策，又称不肯定型决策，是指各方案所出现的结果不确定，而且不能预计其出现的概率，因此只能靠决策者的经验和主观判断而做出的决策。

风险型决策，这种决策各方案的条件大部分是已知的，出现的结果却不能确定，但这种不确定的结果出现的概率又是可以预先估计的。由于决策的最后结果受概率的影响，而且这种概率是事先预测的，实际情况的出现不一定完全和概率相符合，所以这种决策带有一定风险性，故称之为风险型决策。

五、经营决策的内容

经营决策的内容十分广泛，概括起来主要有以下六个方面：

（一）生产决策

生产决策主要是确定企业生产方针、发展方向、生产结构、生产规模、资源的合理配置与技术措施的选择等。

（二）营销决策

营销决策是指企业识别、分析、选择和发现市场营销机会，以实现企业经营目标的一系列活动过程。主要包括市场调研、预测，产品市场定时定位决策，产销量、分配路线和销售方式决策，销售促进技术和市场营销组合决策，价格决策，竞争战略，售后服

务和其他销售业务决策等。

（三）财务方面的决策

主要包括资金筹集决策，即如何为农业企业筹备所需资金的决策；投资决策，要把能动用的资金投向何种生产经营活动的决策；对投入生产经营过程中的资金如何使用的管理决策等。

（四）研究开发决策

主要包括市场开发、产品开发决策，新技术、新工艺开发决策，人力资源开发，智力开发决策等。

（五）组织人事方面的决策

主要包括农业企业组织机构设置、权责分工、组织人员配备及干部任用考核、任免和培训等方面的决策。

（六）其他方面的决策

包括员工聘任的决策，激励机制和思想教育、职工福利事业的发展决策以及环境保护的决策等。

六、经营决策的原则

按照农业企业经营决策的基本要求和具体要求，在进行经营决策时应遵守的原则，包括以下几个方面：

（一）信息原则

信息是企业进行决策的前提和基础。决策过程实际上就是收集信息、分析信息、利用信息，根据信息进行评价、判断并做出选择的过程。因此，要保证决策的正确、成功，就一定要掌握和运用好信息原则。随着科学技术的进步，信息量不断增加，信息交流、传播的范围越来越广，但信息交流的手段越来越先进，因而交流、传播所需的时间越来越短，同时，正确的信息所产生的效益也越来越高。因此，企业在收集信息时应该讲求"快"和"多"也就是说收集信息的速度要快，注重信息的时效性；数量要多，凡是与本企业的生存、发展有关的信息，都要收集。对信息进行分析、评价、判断、选择时，则应讲求"细"和"准""细"，就是要认真仔细，一条有用的信息，有时看起来微不足道，但若仔细分析，并正确运用于企业经营决策，则可能对整个决策产生始料未及的巨大作用，也可能会带来很好的效益。运用信息要做到"准"，一种可行的方法就是"比较"，通过比较，可以从众多的信息中鉴别出真假、权衡出利弊、筛选出优劣，还有利于信息的取长补短。决策者在利用信息时要仔细思考、善于判断，这是准确运用信息的关键。当然，还可以利用现代的科学手段，如信息网络、信息库等作为辅助手段，以提高效率和增强可靠性。

（二）预测原则

对农业企业来说，决策实际上就是在现有条件的基础上对未来的发展进行判断和安排。因此，农业企业的任何决策都包含着对未来的预测。农业企业的产品或服务，其生产、经营、质量、市场、价格、管理等都可能产生变化。而农业企业中某一种因素的变化，又必然影响或牵动其他因素和条件，最终影响整个农业企业。因此，决策时对农业企业的内部、外部的种种因素和条件做出预测，就显得非常重要。决策过程中掌握和应用预测原则，目的是预测农业企业的未来。充分和正确的预测能使农业企业把握机遇、减少失误、获得发展，也能使农业企业预见变化，预先拟订对策以适应变化，避免在发生不利于农业企业的变化时束手无策、陷于被动。

（三）满意原则

农业企业经营决策的目的，就是要使未来的发展更符合决策者的意愿和要求。就是说，决策的结果是要让决策者满意。"满意"，通俗地说，就是通过决策，使农业企业选择最佳的发展目标和实现这一目标的最佳方案。崇尚完美，"心想事成"，这是人类所普遍向往和追求的，但在现实生活中，这种向往和追求却往往是难以达到的。基于这个道理，农业企业经营决策中的满意原则，应该具有相对性，即从农业企业实际和客观环境的条件出发，通过卓有成效的努力，去实现企业所确定的目标。所谓"最佳""尽可能完美"，都是在不断变化的条件下相对而言的。人类的生产活动、社会活动、科学技术的进步、人类对提高生活文明程度的要求等，都处于不断的变化和发展之中。因此，对"满意度"标准的要求也是不断变化、不断提高的。实际上，世界上没有十全十美的事情，企业的决策目标、决策方案当然也是如此。因此，遵循普遍的客观规律，选定切合企业实际的最佳目标和实现目标尽可能完美的实施方案，就应该是符合决策的满意原则从这个角度来理解和把握这一原则，既有利于企业经营决策目标的实现，也有利于推动企业的进步和发展，使企业在实现既定的决策目标之后，能更有把握地去开创新局面，登上新台阶，去制订并实现新的更宏伟的目标。如果追求不切实际的十全十美的决策目标，耗费大量的时间、精力和财力，则当决策目标无法实现时，不但造成人、财、物的浪费，还会影响信心和士气，为农业企业今后的发展带来内部和外部的不必要的伤害，得不偿失。

（四）系统原则

运用系统原理、方法对农业企业做出决策，这就是系统原则。无论是生产性的还是服务性的农业企业，其内部构成及与外部的种种联系，本身就是一个完整的系统，因而日常的运作和管理也是作为一个系统来进行的。我们经常提到的"产、供、销""科、工、贸""农、工、商"，就是把几个不同的环节或几种不同的产业连在一起，实际上就是反映了农业企业内部或农业企业集团内部的系统。对于企业，如果不用系统理论作为指导的原则，内部管理就会顾此失彼、出现混乱，正常的生产和经营活动就会无法进行，企业就会运作失序、毫无效率，甚至还会导致企业垮台。一个企业与外部的种种联系，也是一个完整的整体。很难想象，企业离开外部联系这个系统还能够立足、生存和发展。正因为如此，企业在进行决策时，也应该把握和运用"系统原则"不仅要把企业内部和企业外部的条件和联系作为完整的系统来考虑，而且要把确定决策目标、实现目标方案的选择以及采用的方法、途径视为一个系统加以考虑。这样，既有利于企业本身的内部协调，也有利于企业内部与企业外部的相互沟通、协调和彼此促进，有利于企业确定最优的决策目标和方案，避免造成损失和出现失误。

七、经营决策的程序

经营决策是一个系统工程，它是由几个不同阶段构成的。概括起来，农业企业经营决策有以下几个阶段。

（一）决策准备阶段

决策准备阶段，指的是决策前为进行决策而做准备工作的阶段。具体地说，在这一阶段中，应该完成以下两项工作：

1. 决策前的调查

这是决策准备工作的基础。因为农业企业经营决策的根本目的在于求得农业企业的生存和发展，而任何使农业企业获得生存和发展的决策必定要从农业企业的实际情况出发，所以这项工作就是必不可少的基础性工作。调查工作，应从企业本身及企业内部开始，通过调查，找出企业自身的优势、长处和强项所在，同时，也找出企业存在的弱点、劣势和困难所在。也就是说，通过调查，决策者在进行决策之前，对企业有一个客观的了解和认识。在这里，坚持实事求是的态度是重要的，有了这种态度，调查工作才能扎实、有效，调查获得的情况和数据才能如实、可信。也只有坚持实事求是的态度，决策者才能在看到本身优势时找出差距和问题，尤其将企业与国内外同行之间进行比较而显露出来的差距和问题作为调查的重要内容，对外部环境中有利于企业生存、发展的因素和不利因素、制约因素，应通过调查做到心中有数，这对进行科学、正确的决策亦是不可缺少的。

2. 研究和思考

这是农业企业经营决策准备工作的第二步。通过调查得来的各种情况、材料、数据，必须经过研究和思考，并进行归纳、分析和综合，才能得到正确的结论。对企业来说，通过调查、研究和思考而得出的结论也就是企业面临的机遇和挑战所在，研究和思考的过程是在重视客观因素的基础上进行的主观活动。在决策过程中，决策者的愿望、决心和意志是一种主观活动的体现，而要使这种主观活动正确、合乎科学，就要求决策者在对调查获得的各种信息进行研究和思考时，注重研究和思考的深度和广度，注意各类信息、各类因素之间的差别和联系，以及它们之间可能出现的彼此互动、消长、相互制约及转化，从中寻找、发现带有规律性的东西，从而不断地提高认识水平，激发创新意识，以利于做出正确的决策。

（二）决策阶段

决策阶段是决策过程进入集中操作的阶段。这个阶段的特点是每个步骤应该要求明确，具备可操作性，而且各个步骤之间必须环环相扣，使之形成一个整体。

无论是农业企业的哪一类决策，一般而言，均有如下步骤：

1. 确定决策目标

它是企业经营决策阶段的第一步。提出、选择、确定决策目标是关系到决策过程和企业生存、发展的重要一步。这一步骤，可以说是上述整个决策准备阶段的一个结果，同时又是进入决策阶段的起点。确定决策目标，操作时可从下述几个方面进行：

首先，充分运用决策准备阶段的成果，从中寻找、提出、选择、确定决策目标的依据；其次，农业企业主要决策者在起主导作用的同时，要善于利用决策层的集体智慧，使决策目标成为决策层群体的共识；再次，组织专家进行论证，充分尊重并听取有关专家在论证中对决策目标的支持、反对、补充、修改的意见，尤其是专家所提供的分析、数据和预测的意见；最后，由决策层和企业的主要决策者再经过深入的思考和慎重的选择，正式确定企业的决策目标。

在确定决策目标时，无论是单目标决策还是多目标决策，都应事前提出不止一个的决策目标，以供比较和筛选。这样做既是一种合乎科学的、慎重的做法，也是决策者多视角观察问题、多层次思考问题的需要，对选准决策目标，乃至保证决策目标的最终实现，有着重要的作用。

2. 选择决策实施方案

决策目标确定之后，选择决策实施方案就成了必不可少的一步。俗话说，一把钥匙开一把锁。如果把农业企业的决策目标当作一把锁，那么决策实施方案就是打开这把锁的钥匙。更确切地说，决策实施方案是面向实现决策目标的途径和桥梁。可见，选择实施方案是否得当，对能否实现决策目标是至关重要的。

选择决策实施方案，可具体从以下几方面入手：

首先，可以经过决策层、管理层和企业员工的共同努力，在企业内部提出若干备选的决策实施方案，也可以用约请专家或招标的方法，从企业外征集若干备选的决策实施方案，然后将上述两类备选方案集中起来，作为进行选择的基础，并对各个备选的决策方案进行分析和比较。这种分析应注意的是要冷静、全面，注重根据。在分析时可运用以往积累的经验进行分析，也可以通过精密的计算进行量化分析，并对各个备选方案做比较。这种比较，可以是不同备选方案的整体比较，也可以是不同方案中各部分的比较。通过比较，辨别优劣，择优采用，最后确定一个较理想的方案作为决策实施方案。这个确定下来的决策实施方案，可以是备选方案中的某一个，也可以是以备选方案中的某一个为基础，再做删改、补充、修改、删除其中某些不可行之处，并将其他备选方案中可行的、有创见的部分补充进去，形成一个更为完备的实施方案；还可以把各个备选方案中的长处集中起来，经过综合整理，成为一个全新的实施方案。在选择、确定实施方案过程中，要十分重视对方案的全面评估和详细论证，这是保证方案可靠必不可少的手段和环节，切不可以因为无关紧要而不予重视。

（三）决策方案实施阶段

这个阶段，是行动阶段，即把决策实施方案有计划、分阶段加以落实，以实现决策目标。这个阶段的要求是目的明确、彼此协调、讲求效益、做出实绩。所谓目的明确，就是要在企业内部的决策层、管理层及各个部门，以及全体员工中，通过适当的渠道和方式，让每个人都了解决策方案实施的意义、作用、具体的要求，及所应承担的任务，使企业上下明确干什么、为什么干和怎么干。这既是明确目的的过程，也是在企业内部上下动员的过程。彼此协调，在决策方案实施过程中是十分重要的，因为不论从方案本身还是从企业整体看，做什么事都需要相关部门的配合，也总会有主次之分和先后之别，要有计划、有步骤地使方案得以落实，要使企业运行处于良好状态，要战胜困难和风险，就必须注重彼此协调。否则，若在实施决策方案中出现只顾眼前、不顾长远、只顾局部、不顾整体、只顾自己、不顾他人的行为，则必将危及决策方案有效、全面地实施，且最终也必将危及企业本身。讲求效益，就是在落实决策方案时，始终把讲求效益放在重要的位置上。因为若不讲求效益，则决策方案的实施就会毫无意义。效益，当然包括经济效益和社会效益两个方面，而且，应在注重社会效益的前提下，力求获得尽可能大的经济效益。因此，它的每项决策、每项决策的具体实施，也当然应该是务实的。诸如企业生产、服务规模的扩大，新产品的研制和新科技的应用，产品市场和服务市场的拓展，企业内部经营管理的改进，企业全员素质的提高，等等，每一项新决策的落实，都应该树立务实的态度，有扎实的行动。唯有如此，才有可能做出实绩，才能达到或者超过预期的目标。在落实决策措施时，千万不可只讲不做，或追求表面上热热闹闹而无实际效果的形式主义，更不能弄虚作假、自欺欺人。须知，要让决策措施落实，实现决策目标，靠的是实干。除此，绝无其他捷径可寻。

（四）决策方案实施的后续阶段

这个阶段，是决策实施阶段的延伸，它包括决策实施的跟踪、反馈、监控、修正等方面。在决策方案实施过程中，情况如何，是否顺利，遇到了哪些困难、矛盾和问，企业内部和外部环境有了什么变化，结合企业经营决策方案的实施带来什么新的机遇或挑战，企业本身将有什么相应措施，等等，都取决于决策实施的跟踪、反馈、监控和修正。任何企业，它所面临的内部和外部环境，都是处在不断发展、变化之中的。因此，决策方案的实施也不可能一锤定音、一成不变，所以应该在环境的发展变化中适应变化、追求发展，而且跟踪要连续，反馈要及时，监控要得力，修正要适当。

如果决策实施的后续阶段运作不正常，很可能使决策方案实施过程中的困难、矛盾和问题得不到妥善的解决，造成损失或者贻误了时机，失去了机遇，结果是决策方案实施不了，决策目标落空，给企业的生存和发展带来不应有的损失。这里要强调的是，在实施过程中对决策方案修正时，应适时得当。如果企业内外环境变化了，决策实施中的跟踪、反馈、监控得到的情况已经充分说明了这一点，就应适时果断地对方案做修正，这是企业经营决策的科学性、时效性的体现。但是，所进行的修正又应该是得当的。决策者对决策方案应该有信心，不要因为内外情况稍有变化就信心动摇，匆忙地对决策方案做根本性的改变。即使只对方案做部分的、局部的改变，也要反复权衡，慎重行事。

八、经营决策的方法

随着决策理论的发展，人们创造了许多有效的经营决策方法，归纳起来可分为两大类，即定性决策方法和定量决策方法。

（一）定性决策方法

定性决策方法是指人们利用已有的知识、经验和分析判断能力，完成决策活动全过程的方法。定性决策方法运用简便灵活，省时省力，又有利于群众参与决策，保证决策的顺利执行，但主观性较强，分析论证不够严密。常见的定性决策方法包括以下几种：

1. 方案前提分析法

方案前提分析法的特点是不分析决策方案的内容，只分析决策方案的前提能否成立。如果前提能够成立，则可说明目标和途径正确。

2. 头脑风暴法与反头脑风暴法

头脑风暴法又称畅谈会法。这种方法的做法是邀集专家，针对一定范围的问题；用座谈的方式，请大家敞开思想、畅所欲言地谈出自己的见解，采用此种方式时也立下一些规矩，如鼓励每一个人独立思考，开阔思路，不要重复别人的意见；意见、建议、见解越多越好，不受限制，也不怕不同意见的冲突；对别人的意见不要反驳、不要批评，也不要急于下结论，可以补充和发展相同的意见。这种做法，可以集思广益，求得创新，对决策的广度、深度很有帮助。反头脑风暴法则与以上做法相反，同意；肯定的意见一概不提，而专门找矛盾，挑毛病，群起而攻之。这种方法，则可以激发思维，有利于减少决策失误或做好失误的防范，从另一个角度增强决策的科学性，提高决策的成功率。以上两种方法，各有特点，又具互补性，若运用得当，对保证决策的正确性、科学性作用甚大。

3. 创造工程方法

这种方法追求的目的是针对某一问题提出创新性的方法或方案。创造工程法把创新过程看作是一种有秩序、有步骤的工程。它把创新过程分为三个阶段和十多个步骤：第一阶段，确定问题，包括主动搜索，发现问题，认识环境，取得资料，确定问题等步骤；第二阶段，创新思想阶段，通过主动多发性想象、自发聚合等步骤形成创造性设想；第三阶段，提出设想和付诸实施，把设想形成方案，并接受实践检验。

（二）定量决策方法

定量决策法，又称为硬技术方法，是建立在数学公式计算基础上的一种决策方法，是运用统计学、电子计算机等科学技术，把决策的变量（影响因素）与目标，用数学关系表示出来，求出方案的损益值，然后选择出满意的方案。

为了保证影响组织未来生存和发展的管理决策尽可能正确，必须利用科学的方法。决策方法可以分为两类：一类是关于组织活动方向和内容的决策方法；一类是在既定方向下从事一定活动的不同方案选择的方法。由于管理决策方法主要是在研究农业企业经营决策的过程中不断发展起来的，因此下面主要介绍企业在决策中常见的几种方法：

1. 确定活动方向的分析方法

这类方法可以帮助企业根据自身和市场的特点，选择企业或某个部门的活动方向，主要有经营单位组合分析法、政策指导矩阵等方法。

（1）经营单位组合分析法

大部分公司都有两个以上的经营单位，每个经营单位都有相互区别的产品市场，公司应该为每个经营单位分别确定经营方向。

这种分析方法主张，在确定各个经营单位的活动方向时，应考虑到企业（或该经营单位）在市场上的相对竞争地位和业务增长情况。相对竞争地位往往反映为企业的市场占有率，它决定了企业获取现金的能力和速度，因为较高的市场占有率可以带来较高的销售量和销售利润，从而能使企业得到较多的现金流量。

（2）政策指导矩阵

这种方法用矩阵形式，根据市场前景和相对竞争地位来确定企业不同经营单位的现状和特征。市场前景由盈利能力、市场增长率、市场质量和法规限制等因素决定，分为吸引力强、中等和无吸引力三种；相对竞争能力受到企业在市场的地位、生产能力、产品研究和开发等因素的影响，分为强、中、弱三类。

2. 选择活动方案的评价方法

确定了活动方向和目标以后，还应对可以朝着同一方向迈进的不同活动方案进行选择。选择是以比较为前提的，比较不同方案的一个重要标准是它们能够带来的经济效果。由于任何方案都须在未来实施，而人们对未来的认识程度不尽相同，因此方案在未来实施的经济效果的确定程度、人们评价这些经济效果的方法也不相同。根据这个标准，可以把决策方法分为确定型、风险型、非确定型决策方法三大类。

（1）确定型决策方法

确定型决策，又称程序化决策或定型化决策，这种方法是指影响决策的因素、条件和发展前景比较清晰明确，并且容易做出判断，根据决策目标可以选择最佳方案。运用这种方法评价不同方案的经济效果时，人们对未来的认识比较充分，了解未来市场可能呈现某种状况，能够比较准确地估计未来的市场需求情况，从而可以比较有把握地计算各方案在未来的经济效益，并据此做出选择。这种方法的特点是：每当一个新问题发生时，不必做新的决策，而只需要按原规定的程序去办即可。未来确定条件的评价方法也很多，比如单纯选优法、量本利分析决策法、内部投资回收率法、价值分析法，等等。

（2）风险型决策方法

风险型决策方法主要用于人们对未来有一定程度认识，但又不能肯定的情况。这时，实施方案在未来可能会遇到好几种不同的情况（自然状态）。每种自然状态均有出现的可能，人们目前无法确知，但是可以根据以前的资料来推断各种自然状态出现的概率。在这些条件下，人们计算的各方案在未来的经济效果只能是考虑到各自然状态出现的概率的期望收益，与未来的实际收益不会完全相等，因而据此制订的经营决策具有一定风险。

风险型决策是指决策者对未来的决策过程中可能出现的自然状态不是确切知道，只是知道各种自然状态出现的概率。

（3）非确定型决策方法

非确定型决策，是指决策者所要解决的问题有若干方案可供选择，但自然状态未知，状态概率也无法确定情况下的决策。如果人们只知道未来可能呈现出多种自然状态，但对其出现的概率，人们全然不知，那么在比较不同方案的经济效果时，就只能根据主观选择的一些原则来进行。由于信息不完全，所以带有很大的主观随意性。理想的选择常常取决于决策者的个人素质、态度和经验，有多种标准。

第五章 农业自然资源与管理

第一节　农业自然资源概述

一、农业自然资源的概念

农业自然资源是指存在于自然界之中，在一定的生产力水平和经济条件下，能够被人类利用于农业生产的各种物质、能量和环境条件的总称。农业自然资源由四个方面的内容构成：

（一）气候资源

即太阳辐射、降水、温度等气候因子的数量及其特定组合。其中，太阳辐射是农业自然再生产的主要能源，植物体的干物质有 90% ~ 95% 需要利用太阳能通过光合作用合成。水既是合成有机物的原料，也是一切生命活动所必需的条件；而陆地上的水主要来自自然降水。温度是动植物生长发育的重要条件，在水分、肥料和光照都满足的情况下，在一定适温范围内，许多植物的生长速率与环境温度成正比。因此，气候资源在相当大的程度上决定农业生产的布局、结构以及产量的高低和品质的优劣。农业气候资源通常采用具有一定农业意义的气象（气候）要素值来表示。

（二）水资源

即可供农业生产和人类生活开发利用的含较低可溶性盐类而不含有毒物质的水分来源，通常指可以逐年得到更新的那部分淡水资源量。水资源是一种动态资源，包括地表水、土壤水和地下水，而以大气降水为基本补给来源。地表水指河川、湖泊、沟渠中积聚或流动的水，一般以常年的径流量或径流深度表示；土壤水指耕层土壤土粒的吸湿水和土壤毛管水；地下水指以各种形式存在于地壳岩石或土壤空隙中可供开发利用的水。水资源对农业生产具有两面性：它既是农业生产的重要条件，又是洪、涝、盐、渍等农业灾害的根源。

（三）土地资源

一般指能供养生物的陆地表层，包括内陆水域，但不包括海域。土地中除非农业用地外，还有一部分是难于利用或基本不能利用的沙质荒漠、戈壁、沙漠化土地、永久积雪和冰川、石骨裸露山地、沼泽等。随着科学技术和经济的发展，有些难以利用的土地正在变得可以逐步用于农业生产。

农业土地资源按其用途和利用状况，可以概分为：

①耕地，指耕种农作物的土地，包括水田、水浇地、旱地和菜地等。

②园地，指连片种植、集约经营的多年生作物用地，如果园、桑园、茶园、橡胶园等。

③林地，指生长林木的土地，包括森林或有林地、灌木林地、疏林地和疏林草地等。

④草地，指生长草类可供放牧或刈割饲养牲畜的土地，不包括草田轮作的耕地。凡已经利用的草地（也称草场），按其不同的经营利用方式，可分为天然草地、改良草地、人工草地等。

⑤内陆水域，指可供水产养殖、捕捞的河流、湖泊、水库、坑塘等淡水水面以及苇地等。

⑥沿海滩涂，又称海涂或滩涂，是海边潮涨潮落的地方，位于大潮高低潮位之间，海岸地貌学上称为潮间带，是沿海可供水产养殖、围海造田、喜盐植物生长等的特殊自然资源。

（四）生物资源

即可作为农业生产经营对象的野生动物、植物和微生物的种类及群落类型，从广义上来说，人工培养的植物、动物和农业微生物品种、类型，也包括在生物资源的范畴之内。生物资源除用作育种原始材料的种质资源外，主要包括：

①森林资源，指天然或人工营造的林木种类及蓄积量。

②草地资源，指草地植被的群落类型及其生产力。

③水产资源，指水域中蕴藏的各种经济动植物的种类及数量。

④野生生物资源，指具有经济价值可供捕、捞或采、挖的兽类、鸟类、药用植物、食用菌类等。

⑤珍稀生物资源，指具有科学、文化价值的珍稀动植物。

⑥天敌资源，指有利于防治农业有害生物的益虫、益鸟、蛙、益兽和有益微生物等。

农业自然资源是人类赖以生存和发展的物质基础，根据农业自然资源的状况、特点和开发潜力，加以合理地开发利用，对发展农业生产具有重要战略意义，也有利于保护人类生存环境和发展国民经济。

二、农业自然资源的特征

农业自然资源作为农业生产必不可少的要素条件，与其他工农业生产要素相比，有其自身独有的一些特征。

（一）整体性

各种农业自然资源彼此之间相互联系、相互制约，形成统一的整体。如在一定的水、热条件下，形成一定的土壤和植被以及与此相适应的动植物和微生物群落。一种农业自然资源的变化，会引起其他自然资源甚至资源组合的相应变化，如原始森林一旦被破坏，就会引起气候变化、水土流失和生物群落的变化，成为另一类型的生态系统。

（二）可更新性

与各种矿产资源、化石能源随着人类的开发利用而逐渐减少的情况不同，农业自然资源一般具有可更新和可循环的特点，如土壤肥力的周期性恢复、生物体的不断死亡与繁衍、水资源的循环补给、气候条件的季节性变化等。这种更新和循环的过程会因为人类活动的干预和影响而加速，从而打破原来的生态平衡。这种干预和影响如果是合理的，就有可能在新的条件下，使农业自然资源继续保持周而复始、不断更新的良好状态，建立新的生态平衡；反之，则会形成恶性循环，破坏生态平衡。尤其是农业自然资源虽然绝大部分属于可更新的，但都相对比较稀缺，如果需求和消耗大于农业自然资源的更新再生能力时，就会出现供需的不平衡，导致农业自然资源的更新再生能力衰退，甚至逐渐枯竭。因此，应该珍惜和保护各种农业自然资源，提高综合利用率和产出效率，保持和提升农业自然资源的更新再生能力。

（三）可培育性

各种农业自然资源都是自然形成的，无法通过人类的生产活动来创造。人类虽然不能创造农业自然资源，却可以采取各种条件和技术措施，对农业自然资源进行培育和改良，在一定程度上改变农业自然资源的形态和性质。如通过施肥增加土壤肥力、兴建水利设施、培育优良的生物品种等，进一步发挥农业自然资源的生产潜力。

（四）有限性

地球上土地的面积、水资源的数量、到达地面的太阳辐射量等，在一定空间、一定时间内都有一定的数量限制。与此同时，人类利用农业自然资源的能力以及各种资源被利用的范围和途径，还受科学技术水平的制约。因此，在一定时期内可供开发利用的农业自然资源的规模、范围、层次、种类总是有限的。但随着科学技术的进步，人类对农业自然资源利用的深度和广度会不断扩大和延伸，同时保持农业自然资源的循环更新，使有限的资源能发挥其生产潜力。

（五）不可替代性

农业自然资源在农业生产中具有不可替代的作用，离开了土地、水资源、各种生物资源和一定的气候条件，农业生产无法进行下去。虽然随着科学技术的不断进步，一些农业自然资源可以由人工合成品来代替，但几乎所有替代品的原材料仍来源于各种农业自然资源或其衍生物，在本质上仍然属于农业自然资源；而且到目前为止，很多农业自然资源仍无法由人工产品来替代。在可预见的一段时期内，农业自然资源仍将是农业生产中不可或缺、无可替代的物质基础。

三、农业自然资源的分类

农业自然资源种类繁多，根据不同的分类标准，可以将农业自然资源进行以下的分类：

（一）从环境科学角度

农业自然资源可分为原生性资源和次生性资源。

原生性农业自然资源包括水资源和阳光、空气等气候资源，它们随着地球的形成和运动而生成并存在，属于非耗竭性资源。次生性农业自然资源是在地球演化过程中的特定阶段形成，其数量与质量都有限定性，具有一定的空间分布，属于可耗竭性资源，主要包括动物、植物、微生物等生物资源。土地资源具有原生性资源的特征，又在地球演化过程中发生变化，同时其肥力等又具有耗竭性，因此也具有次生性资源的特征。

（二）从经济学角度

农业自然资源可分为有偿使用资源和无偿使用资源。

有偿使用资源是指在农业自然资源的使用过程中要付出一定的劳动或其他代价的资源，如土地资源的开垦、水利设施的兴建、动植物的饲养种植等。无偿使用资源是指无须付出任何代价就可以直接利用的资源，如阳光、空气、温度等气候资源。

（三）按可利用时间的长短

农业自然资源可分为可耗竭资源和不可耗竭资源。

可耗竭资源是指随着人类的开发利用，其数量或质量会逐渐减少或下降的农业自然资源，如淡水、土壤、动物、植物、微生物等。这类可耗竭资源如果合理利用，保持其更新再生能力，也可以持续循环利用。不可耗竭资源是指那些用之不竭的资源，如阳光、空气、海水等。这类不可耗竭资源如果利用不当，也有可能导致其质量下降，影响继续利用，如空气、海水的污染等。

（四）从用途角度来看

农业自然资源可分为生产性资源和服务性资源。

生产性资源是指用于生产过程，在农业生产中发挥作用的农业自然资源，如用于种植或放牧的土地、农业灌溉用水、供收获的植物、供食用或役用的动物等。服务性资源是指用于服务性产业的自然资源，如供观赏的动植物、用于生活服务土地、水、阳光等。

（五）从利用状况来看

农业自然资源可分为潜在资源和现实资源。

潜在资源是指尚未开发利用的农业自然资源，如荒山、荒地、荒漠，尚未被发现和利用的动植物、未被利用的水资源和气候资源等。现实资源是指已经被开发利用并正在发挥效用的农业自然资源，如正在被开垦耕种的土地和已被利用的水资源、已经被发现和正在利用的动植物等。

第二节　农业自然资源的开发利用

一、农业自然资源开发利用的内涵与原则

（一）农业自然资源开发利用的含义

农业自然资源的开发利用是指对各种农业自然资源进行合理开发、利用、保护、治理和管理，以达到最大综合利用效果的行为活动。农业自然资源是形成农产品和农业生产力的基本组成部分，也是发展农业生产、创造社会财富的要素和源泉。因此，充分合理地开发和利用农业自然资源，是保护人类生存环境、改善人类生活条件的需要，也是农业扩大再生产最重要的途径，是一个综合性和基础性的农业投入和经营的过程，是一个涉及面非常广泛的系统工程。

（二）农业自然资源开发利用的内容

1. 土地资源的开发利用

土地资源对农业生产有着极其重要的特殊意义，现有大多数农业生产是以土地肥力为基础的，因而土地资源是农业自然资源最重要的组成部分，对土地资源的合理开发利用是农业自然资源开发利用的核心。对土地资源的开发利用包括耕地开发利用和非耕地的开发利用两个方面。

2. 气候资源的开发利用

气候资源的开发利用包括对光、热、水、气等四大自然要素为主的气候资源的合理利用。当前的农业生产仍离不开对气候条件的依赖，特别是在农业投入低下、土地等其

他资源相对短缺的条件下，更应该充分利用太阳能、培育优良新品种、改革耕作制度、提高种植业对光能的利用效率，加强对气候资源的充分合理利用。

3. 水资源的开发利用

水资源主要包括地表水和地下水等淡水资源，是农业生产中的重要因素，尤其是各种生物资源生存生长的必备条件。对水资源进行合理的开发利用，关键是要开源节流、协调需水量与供水量，估算不同时期、不同区域的需水量、缺水量和缺水程度，安排好灌排规划及组织实施。

4. 生物资源的开发利用

生物资源包括森林、草原、野生动植物和各种物种资源等，是大多数农产品的直接来源，也是农业生产的主要手段和目标。对生物资源的开发利用，应该在合理利用现存储量的同时，要注意加强保护，使生物资源能够较快地增殖、繁衍，以保证增加储量，实现永续利用。

（三）农业自然资源开发利用的原则

在农业自然资源的开发利用过程中应遵循以下原则：

1. 经济效益、社会效益和生态效益相结合的原则

农业自然资源被开发利用的过程，也是整个经济系统、社会系统和生态系统相结合的过程。因此在开发利用农业自然资源的过程中，既要注重比较直观的经济效益，更要考虑社会效益和生态效益，协调三者之间的关系，从而做到当前利益与长远利益相结合，局部利益和整体利益相结合。

2. 合理开发、充分利用与保护相结合的原则

合理开发、充分利用农业自然资源是为了发展农业生产，保护农业自然资源是为了更好地利用和永续利用，两者之间并没有根本的对立。人类对自然界中的各种资源开发利用的过程中，必须遵循客观规律，各种农业自然资源的开发利用都有一个量的问题，超过一定的量度就会破坏自然资源利用与再生增殖及补给之间的平衡关系，进而破坏生态平衡，造成环境恶化。如对森林的乱砍滥伐、草原超载放牧、水面过度捕捞等，都会使农业自然资源遭到破坏，资源量锐减，出现资源短缺乃至枯竭，导致生态平衡的失调，引起自然灾害增加，农业生产系统产出量下降。因此，在开发利用农业自然资源的同时，要注重对农业自然资源的保护，用养结合。

3. 合理投入和适度、节约利用的原则

对农业自然资源的合理投入和适度、节约利用，是生态平衡及生态系统进化的客观要求。整个农业自然资源是一个大的生态系统，各种资源本身及其相互之间都有一定的结构，保持着物质循环和能量转换的生态平衡。要保持农业自然资源的合理结构，就要使各种资源的构成及其比例适当，确定资源投入和输出的最适量及资源更新临界点的数量界限，保证自然资源生态系统的平衡和良性进化。

4. 多目标开发、综合利用的原则

这是由农业自然资源自身的特性所决定的，也是现代农业生产中开发利用自然资源的必然途径。现代化农业生产水平的高度发达，使得农业自然资源的多目标开发、综合利用在技术上具有可行性。为此要进行全面、合理的规划，从国民经济总体利益出发，依法有计划、有组织地进行多目标开发与综合利用，坚决杜绝滥采、滥捕、滥伐，以期获得最大的经济效益、社会效益和生态效益。

二、农业自然资源的开发利用现状

我国的农业自然资源在世界上的地位具有明显的二重性，即在农业自然资源的总量上是资源大国，在人均上是资源小国。人均资源占有量少是我国农业自然资源的一大劣势，特别是关系国计民生的人均耕地量过少和淡水资源量供应不足，成为制约我国经济发展的两个资源限制因素。

我国农业自然资源的总体特征可以概括为以下几个方面：一是资源总量大，人均占有量少；二是优质资源比重较小，劣质资源比重较大；三是资源种类齐全，组成结构良好；四是各种资源的空间分布不均，水资源南多北少，生物资源丰度由东南到西北逐渐降低。我国农业自然资源的这种总体特征，必然会影响到对农业自然资源的开发利用。作为传统的农业大国，我国对农业自然资源的开发利用取得了很大成就，也存在着很多问题。

（一）我国土地资源的特点及开发利用中存在的问题

1. 我国土地资源的特点

（1）我国土地类型复杂多样，山地多、平地少，耕地资源有限

我国的地形自然条件复杂，包括了地带性和非地带性的种种变化，导致了错综复杂的土地资源地域差异。其中，山地、丘陵、高原的面积占全国土地面积的69%，我国在世界上领土比较大的国家中，山地在总土地面积中所占比重是最大的国家。山地的落差起伏大、坡度陡、土层薄，耕地少而分散，开发利用不便，而且气温低、作物生长周期短，利用不当极易引起水土流失和环境破坏，在土地资源的利用上受到很大限制。耕地在我国土地资源中所占比重较小，目前我国实际耕地面积约为18.27亿亩，仅占国土总面积的12.71%。

（2）我国的土地资源分布不平衡，土地生产力的区域差异显著

我国土地资源的水、热、肥等因素组合和土地生产能力在各地区之间有很大差异，总体上可以将全国土地分为三大自然区域，即东部季风区、西北干旱区和青藏高寒区。东部季风区是我国主要农业区，土地自然生产力高，集中了全国93%的耕地，也是畜牧业比重较大的区域。在这一区域中，土地生产力的区域差异也比较大，其中秦岭—淮河以南暖湿地区集中了全国93%的水田，水热条件优越、土壤肥沃，土地生产力较高；85%的旱田分布在秦岭—淮河以北，这些地方光照充足、热量多，但雨水较为稀缺，

限制了农业土地生产力。西北干旱区和青藏高寒区合计占全国总面积的 52%，而耕地只占全国的 7%，天然草场面积较大，但受干旱或低温限制，土地生产力低下，载畜量和畜产品产量均不高。

（3）我国土地资源质量不高，难利用土地面积偏大，耕地后备资源不足

我国土地资源总体质量不高，其中有相当部分是难于开发利用的，其中包括沙漠 0.6 亿 hm^2，戈壁 0.56 亿 hm^2，海拔 3000m 以上的高寒地区约 2.48 亿 hm^2，合计约占全国土地面积的 36.3%，再加上城镇工矿和交通用地约占国土面积的 7%，剩余可供农业生产开发利用的土地资源非常有限。

2. 我国土地资源开发利用中存在的问题

（1）城乡建设占用耕地较多，土地资源浪费现象严重

随着我国经济和社会的发展、人口的急剧增加，住房、交通、工业设施和其他建设占用大量耕地，目前全国每年有近 50 万 hm^2 耕地被三项建设（国家建设、城镇建设和农民建房）占用，这些耕地有相当一部分是优质农田，严重影响了农业生产的发展。

（2）土地开发利用过度，生态环境恶化，土壤质量下降

我国人均土地资源量少，为满足农业生产需要，对土地进行掠夺式经营，造成土地生态环境的恶化。一方面，土地的过度开发，导致水土流失现象严重。我国是世界上水土流失最严重的国家之一，水土流失面积约占陆地国土面积的 1/5，造成了对土地资源的严重破坏，土壤肥力及含水量降低，旱涝灾害加剧。另一方面，土壤理化性质变坏，地力下降。由于我国耕地的复种指数高，化肥、农膜、农药用量高，农家肥、绿肥用量减少，导致土地有机质含量显著下降；加之在耕作过程中忽视对土地和生态环境的保护，导致土地退化现象严重，土壤质量下降。

（3）土地污染现象日益加剧

随着我国工业化水平的提高，特别是乡镇工业的发展，导致"废水、废气、固体废弃物"等工业"三废"排放量日益增多，加上农业生产过程中化学肥料、化学杀虫剂、化学除草剂、农膜等的大量使用，导致我国土壤中有毒物质的含量剧增，造成了严重的土壤污染。这一方面破坏了土壤结构，造成土地肥力下降、生产力降低，有的地区甚至被迫弃耕，使耕地面积不断减少。

（二）我国气候资源的特点及开发利用中存在的问题

1. 我国农业气候资源的特点

（1）气候资源南北、东西差异大

我国幅员辽阔，国土面积的地理跨度较大。其中，南北相距约 5500km，巨大的纬度差异使我国农业资源从南到北质量变差、数量减少；东西相距约 5000km，东部为沿海、西部为内陆，且地势西高东低，导致水分和热量资源由东向西减少，光资源从东到西增加。

（2）区域气候资源多样化

我国的地势地形复杂多样，且不同地区之间海拔高度差异较大，导致各地气候差别

很大，农业气候资源区域多样化特征很明显。

（3）气候季节性变化显著

季节性变化大是农业气候资源的主要特点，在我国尤为明显。我国主要的农业生产区域多属于亚热带季风或温带季风气候，气候条件受季风进退的影响非常明显，导致我国的农业气候资源具有明显的季节性，且年内变化幅度很大。

2. 我国气候资源开发利用中存在的问题

①农业中除种植业外的其他部门，如林、牧、渔等行业对气候资源的利用很不充分，表现出农业内部对气候资源利用的不平衡性。在种植业内部，对农业气候资源的分析和研究，也主要强调对光、热资源的开发利用，而对其他气候资源因素有所忽视，表明对农业气候资源的开发利用不够全面。

②在气候资源开发利用过程中，许多地区未遵循气候规律合理布局农业生产，农业生产措施方面违背气候规律的现象比较普遍。一些地区在土地利用和农业发展规划上，未能科学地分析当地农业气候资源的特征，充分发挥本地区农业气候资源的优势。

③在农业气候资源的综合开发方面，比较注重经济效益和社会效益，对维护和改善农业气候资源重视不够，特别是对于农业气候资源的综合开发对生态系统平衡的影响以及这种影响是否会导致气候环境恶化、气候资源衰退等问题缺乏科学的分析和认真的研究，对气候影响生态环境的问题也不够重视。

④防御气候灾害方面的工作比较薄弱，防御气候灾害的能力还比较低，而且在防御气候灾害方面比较重视工程措施，对生物措施和农艺措施抗灾保产方面的作用及研究重视不够，对于用改善生态的方法来防御和化解气候灾害方面还缺乏系统的研究和长期的规划。

三、农业自然资源的开发利用管理

农业自然资源的开发利用管理，就是要采用经济、法律、行政及技术手段，对人们开发利用农业自然资源的行为进行指导、调整、控制与监督。

（一）合理开发利用农业自然资源的意义

1. 合理开发和利用农业自然资源是农业现代化的必由之路

农业自然资源是农产品的主要来源和农业生产力的重要组成部分，也是提高农业产量和增加社会财富的重要因素。在社会发展时期，受生产力发展水平的影响，农业自然资源的开发和利用也受到相应的制约。在社会生产力较低时，人们对农业自然资源是被动有限地利用，不可能做到合理地开发利用；随着社会生产力的提高，特别是随着现代科学技术的应用，人们已经能够在很大程度上合理地开发利用农业自然资源来发展农业生产，不断提高农业的集约化经营水平和综合生产能力。我国目前面临着农业自然资源供给有限和需求增长的矛盾，应充分挖掘和合理开发利用农业自然资源，提高农业劳动生产效率，创造较高的农业生产水平，是解决这一矛盾的主要手段，也是实现我国农业现代化的必由之路。

2. 合理开发和利用农业自然资源

当前世界各国都不同程度地存在着人均资源日益减少、相对稀缺的问题，我国的这一矛盾更为突出。除了继续控制人口的增长之外，合理地开发利用农业自然资源，提高农业自然资源的单位产出效率，使有限的农业自然资源得到最大的利用，是解决这一矛盾最有效的途径。在这方面，一些发达国家积累了丰富经验，如日本、以色列等国家在人均自然资源贫乏的条件下，充分利用现代科技，创造了高产高效农业的典范。我国应该学习和借鉴这些经验，充分合理地利用我国的农业自然资源，使上述矛盾得以缓解。

3. 合理开发和利用农业自然资源是保护资源、改善生态环境的客观要求

农业自然资源的开发利用不合理，会导致资源的浪费和衰退。同时，工业"三废"的大量排放和农业生产过程中化肥农药的过量使用，以及对农业自然资源的掠夺式开发利用等，还会使生态环境受到严重的污染和破坏，既影响了农作物的生长和农业生产的发展，也危及人类和动物的健康。目前，我国以及世界很多国家和地区，自然资源的过度开发和生态环境的恶化都已十分严重，已经危及到了人类的健康和生存。因此，在农业自然资源的开发利用过程中，不能只看眼前的、局部的利益，而应该做长远的、全面的考虑，把发展农业生产和保护资源、维护生态环境结合起来。只有对农业自然资源加以合理地开发利用，形成农业生产和环境保护的良性循环，才能实现这一目标。

（二）农业自然资源开发利用管理的目标

1. 总体目标

农业自然资源的开发利用管理，总体目标是保障国家的持续发展，这一总体目标也规定了农业自然资源开发利用管理的近期目标和长远目标。其中，近期目标是通过合理开发和有效利用各种农业自然资源，满足我国当前的经济和社会发展对农产品的物质需求。长远目标则是在开发和利用农业自然资源的同时，保护农业自然资源生态系统，或者在一定程度上改善这一系统，以保证对农业自然资源的持续利用。

2. 环境目标

自然资源的开发利用是影响环境质量的根本原因，而农业自然资源所包括的土地、气候、水和生物资源是人类赖以生存的自然资源的基本组成要素，因此加强对农业自然资源开发利用的管理，如控制土地资源开发所造成的土地污染、水资源开发中的水环境控制等，就是农业自然资源开发利用管理的环境目标。

3. 防灾、减灾目标

这里的灾害是指对农业生产活动造成严重损失的水灾、旱灾、雪灾等自然灾害。在农业自然资源开发利用过程中，通过加强对自然灾害的预测、监测和防治等方面的管理，可以使自然灾害造成的损失减少到最低程度，对于人类开发利用农业自然资源所可能诱发的灾害，应当在农业自然资源开发利用的项目评价中予以明确，并提出

有效的防治措施。

4. 组织目标

国家对农业自然资源开发利用的管理是通过各层次的资源管理行政组织实现的，国家级农业资源管理机构的自身建设和对下级管理机构的有效管理是实现农业自然资源开发利用管理目标的组织保证。同时，保证资源管理职能有效实施的资源管理执法组织的建设和健全也是农业自然资源管理组织目标的重要内容。另外，农业自然资源开发利用管理的组织目标还包括各类农业自然资源管理机构之间的有效协调。

（三）农业自然资源开发利用管理的政策措施

1. 建立合理高效的农业生态系统结构

农业生态系统结构的合理与否直接影响着农业自然资源的利用效率，土地资源、气候资源、水资源以及生物资源能否得到合理的开发利用与农业生态系统结构密切相关。因此，加强农业自然资源开发利用管理的首要任务是要建立起有利于农业自然资源合理配置与高效利用，有利于促进农、林、牧、渔良性循环与协调发展，有利于改善农业生态平衡，有利于提高农业经济效益、社会效益和生态效益的农业生态系统结构。

2. 优化农业自然资源的开发利用方式

我国从 20 世纪 70 年代起，为加强农业自然资源的保护、促进其合理开发利用，制定了一系列的法律法规，对加强农业自然资源的保护和开发利用管理发挥了积极作用。但是，由于我国长期奉行数量扩张型工业化战略和按行政方式无偿或低价配置农业自然资源的经济体制，导致我国农业自然资源供给短缺和过度消耗并存的局面十分严峻。因此，优化农业自然资源的开发利用方式，推行循环利用农业自然资源的技术路线和集约型发展方式，改变目前粗放型的农业自然资源开发利用方式，是加强农业自然资源管理、提高资源利用效率的根本途径。具体而言，就是要把节地、节水、节能列为重大国策，制定有利于节约资源的产业政策，刺激经济由资源密集型结构向知识密集型结构转变，逐渐消除变相鼓励资源消耗的经济政策，把资源利用效率作为制定计划、投资决策的重要准则和指标，对关系国计民生的农业自然资源建立特殊的保护制度等。

3. 建立完善农业自然资源的产权制度

农业自然资源是重要的生产要素，树立农业自然资源的资产观念，建立和完善资产管理制度，强化和明确农业自然资源所有权，实现农业自然资源的有偿占有和使用，是改善农业自然资源开发利用和实现可持续发展的保证。在建立和完善农业自然资源产权制度的过程中，要逐步调整行政性农业自然资源配置体系，理顺农业自然资源及其产品价格，培育市场体系，消除农业自然资源开发利用过度的经济根源，有效抑制乃至消除滥用和浪费资源的不良现象。

4. 建立农业自然资源核算制度，制定农业自然资源开发利用规划

农业自然资源核算是指对农业自然资源的存量、流量以及农业自然资源的财富价值

进行科学的计量，将其纳入国民经济核算体系，以正确地计量国民总财富、经济总产值及其增长情况以及农业自然资源的消长对经济发展的影响。通过对农业自然资源进行核算，并根据全国农业自然资源的总量及其在时间和空间上的分布以及各地区的科学技术水平、资源利用的能力和效率，制定合理有效的农业自然资源开发利用规划，实现各地区资源禀赋和开发利用的优势互补、协同发展，获得全局的最大效益。

5. 发展农业自然资源产业，补偿农业自然资源消耗

我国在农业自然资源开发利用方面，普遍存在积累投入过低、补偿不足的问题，导致农业自然资源增殖缓慢、供给不足。为了增加农业自然资源的供给，必须发展从事农业自然资源再生产的行业，逐步建立正常的农业自然资源生产增殖和更新积累的经济补偿机制，并把农业自然资源再生产纳入国民经济发展规划。

第三节　土地资源概述

土地资源是人类生活和从事生产、建设必需的场所和重要的生产资料，也是人类赖以生存的最宝贵、最基本的自然资源。尤其是对于农业生产来说，土地资源是基本的生产资料，一个国家利用土地资源的广度和深度，标志着这个国家农业生产的规模和水平。

一、土地资源的概念

（一）土地的概念

土地，最直接的解释是地球表面的陆地部分。经济学意义上的土地是指由土壤、地貌、岩石、植被、水文、气候等组成的自然综合体。土地的形成与发展主要取决于自然力的作用，同时也受人类活动的影响。

（二）农业土地资源的概念

农业土地资源是指农、林、牧、渔业已经开发利用和尚未开发利用的土地的数量和质量的总称，凡是现在和可预见的将来能够被人们所利用、并在一定生产技术条件下能够产生一定经济价值的土地就是农业土地资源。农业土地资源是农业自然资源的重要组成部分，具体包括耕地资源、林地资源、草场资源、沼泽、水面及滩涂资源等。

（三）土地和农业土地资源的关系

广义上的土地的概念认为，土地是一个综合的自然地理概念，其中也包含了人类的劳动成果。农业土地资源则是在一定科学技术条件下和一定时间内可以为人类所利用，用以创造财富、产生经济价值的那部分土地。因此，严格意义上讲，土地和土地资源是两个概念，土地资源是土地的一部分。但是，从长远和发展的观点来看，一点利用价值

都没有的土地几乎是不存在的，现在还无法利用的土地，只是因为目前科学技术条件的限制，暂时不能进行利用，从这个意义上讲，所有的土地最终都可以开发利用，土地资源等于土地。因此，土地和土地资源这两个概念相比较而言，土地资源从经济和技术范畴考虑得更多一些。

二、土地资源的特性

（一）土地的自然特性

1. 土地面积的有限性

土地是自然历史发展的产物，对于一个国家或地区而言，土地面积的数量是一定的。人们不能随意创造和增加土地面积，而只能在现有土地面积的基础上，把没有开发利用的土地开发利用起来以及将已经开发利用的土地进一步加以改良或者进行更加合理的规划，不断提高土地的生产效率和开发利用效果。由于土地面积的有限性，要求人们在农业生产中，要珍惜土地资源，保护和利用好现有耕地，合理开发利用荒地，防止土地荒芜，避免土地使用中的浪费；要防止土地污染和过度开发利用，避免出现土壤退化、沙化、功能弱化的现象；要合理使用土地，坚持土地资源的用养结合，发展生态农业，培植地力，使宝贵的土地资源可以永续利用。

2. 土地位置的固定性

土地位置的固定性是指它占有特定的空间位置，不像其他生产资料可以根据需要而移动其存在的位置。土地自形成以来就以其自然特征在一定的区域分布下来，这种分布无法根据人类的意愿而进行移动，从而显示出土地位置的固定性。处于不同位置的土地，受气候、地形、地质条件等自然因素的影响，在土地的自然性状方面会产生巨大差异。由于土地位置的固定性，决定了人类一旦选定居住地，就只能根据现有土地的特征和当地的自然条件组织生产活动。因此，在农业生产中，必须从土地自然条件的实际出发，根据需要和可能对土地加以合理开发和科学规划，因地制宜地合理利用土地，提高土地资源的利用效率。

3. 土地质量的差异性

土地固定地存在于地球的某一位置上不同地域，总是与特定的自然环境条件和社会经济条件相联系。由于土地所处地理位置、自然环境条件及社会经济条件的差异，不仅使土地构成的诸要素如土壤、气候、水文、地貌、植被、岩石等的自然性状不同，而且受人类活动的影响也不同，从而使土地的结构和功能各异，最终表现为土地质量的差异性。

4. 土地功能的永久性

土地作为人类的活动场所和生产资料，在利用过程中不会像其他生产资料那样被磨损、消耗，只要利用合理得当，其生产力能够得到保持甚至得以不断提高，可以无限次地参加生产过程，年复一年地永续使用，即土地的功能具有永久性的特征，土地利用过程中的这一特性与其他生产资料完全不同。但是，土地功能保持永久性的前提是使用得当，这就要求在农业生产过程中，对土地的利用要遵循自然法则，保持土地功能的稳定与提高，以使土地永续利用。

（二）土地的经济特性

1. 土地供给的稀缺性

土地的这一特性有两层含义：一方面，供给人们从事各种活动的土地面积是有限的；另一方面，特定地区、不同用途的土地面积也是有限的，往往不能完全满足人们对各类用地的需求。由于土地供给的稀缺性所引起的土地供不应求的现象，造成了地租、地价的昂贵，迫使人们节约和保护土地、集约化利用土地，努力提高土地的有效利用率和单位面积生产力。

2. 土地用途的多样性

土地具有多种用途，除了作为农业生产用地之外，土地还既可作为工业用地，又可作为居住用地、商业用地等。由于土地的这一特性，对一块土地的利用，经常会同时产生两个以上用途，或者会从一种用途转换到另一种用途，形成土地利用方式的竞争。这种竞争能够使土地趋于最佳用途和最大经济效益，并使土地价格达到最高。土地用途的多样性要求人们在利用土地时，应该遵循土地的最有效利用原则，使土地的用途和规模、利用方法等均达到最佳。

3. 土地的垄断性

土地的垄断性也有两个层面的含义：一是土地的占有具有垄断性，即一块土地只能有一个所有者，不能同时有多个所有者；二是土地的使用具有垄断性，即在一段时间内，一块土地只能用于一种用途，不能同时用于多种用途，土地的这一特性要求对土地的产权进行明确，使土地的所有者对土地享有排他性的占有权和使用权，避免因为土地产权不明晰而产生各种矛盾纠纷，导致土地得不到合理有效的利用，甚至出现闲置浪费。

4. 土地利用方式变更的困难性

人类对土地资源的利用形式多种多样，这些不同的土地利用形式之间很难相互转换，有的甚至是不可逆转的，如城镇工矿用地一经利用很难重新改作农业用地。即使都是农业用地，如种植不同农作物的耕地，也往往受自然条件、经济条件、技术条件、社会风俗习惯及农作物本身的因素的限制而不易进行调整。因此，对土地的利用必须慎重，应该在调查研究的基础上，做好土地利用总体规划，不要随意确定土地用途。

5. 土地报酬递减的可能性

在一定的科技水平下，在一定的面积的土地上，增加农业生产要素的投入，其报酬（收益）一般会逐渐提高。但这种提高在技术上和经济上都有一个合理的界限，当要素投入超过这个界限，追加的要素投入所得的报酬就会趋于减少，在技术上达不到增产的目的，在经济上也不能获得良好的效益，出现土地的边际报酬递减现象。这种现象的出现是相对的、有条件的，它适用于一定生产力发展水平和科学技术条件不变的情况。为了避免土地报酬递减、获得最佳的经济效益，应该注意农业生产投资的适合度以及各种生产要素投入的适宜比例，选择集约化经营的农业生产发展方向。

三、土地资源在农业生产中的重要性

土地是陆地上一切生物和非生物资源的载体，也是包括人类在内的一切生物生活和生存的基地和场所。同时，土地又是农业生产必不可少的劳动资料和物质条件，在农业生产中发挥着至关重要的作用。

（一）农业生产需要占用大量土地

农业生产实质上是把太阳能转化成化学能，把无机物转化成有机物的过程。一方面，农业生产过程中植物作物的生长需要大量吸收和利用太阳能，而太阳能被吸收利用的多少，除了与吸收利用太阳能的植物本身的性能有关之外，更主要的是取决于接受阳光的面积。另一方面，动物类农产品的生产也需要以土地为载体，在大面积的土地上进行畜群放牧、水产养殖等。因此，农业生产必须在广阔的土地上进行，占用大量的土地，否则就不可能生产出足够数量的、满足人类需求的各种农产品。

（二）土地质量对农业生产影响很大

农业生产中的第一性生产——植物生产，对土地具有特殊的依赖性。土地是各种植物农作物吸收养分的重要源泉，不断供给和调节农作物生长发育所需要的养分、水分、空气和热量等要素。人类的劳动作用于土地，虽然可以改善土壤中水、肥、气、热的状况，但不能直接向农作物输入物质和能量，而是要以土地为载体和媒介才能传导给农作物。此外，农业生产中的第二性生产——动物生产，其本身也是建立在植物生产基础之上的，植物生产的效率直接决定着动物生产的结果。因此，土地的质量和农产品的产量、质量有着密切的关系，对农业生产有着至关重要的影响。

（三）土地对农业生态环境具有净化功能

从农业生态环境的角度来看，土地既是各种污染物的载体，也能够通过物理、化学、生化等作用，对各种污染物进行净化、代谢。在农业生产过程中，各种有机、无机污染物会通过各种途径进入土壤——植物系统，这些污染物如果长期积累、得不到净化，会严重破坏生态环境，危及人类和动植物的生存。而土壤本身是一个很好的净化器，对各种污染物会产生过滤、稀释等物理效应，同时伴随着土壤中微生物和植物生命活动产生的化学、生化反应，对各种污染物形成净化、代谢作用。但土壤的这种净化能力是有限的，同时还可能衍生出新的次生污染物再向环境输出，从而影响整个农业生态环境的质量，或者通过食物链危害动物和人类健康。因此，需要正确评价和利用土壤有限的净化能力，保护农业生态平衡，才能更好地促进农业生产发展，造福于人类。

第四节　农业土地资源的利用与管理

　　土地资源所具有的经济特征及其在农业生产中的重要作用，决定了土地利用不仅仅是一个技术问题，而且是一个重大的社会经济问题，是农业经济管理的重要课题。为了合理有效地开发利用土地资源，保护土地资源，不断提高土地生产力，必须探讨土地利用的客观规律，加强对土地资源的利用管理。

一、农业土地资源管理的概念和基本原则

　　农业土地资源管理是指在一定的环境条件下，综合运用行政、经济、法律、技术方法，为提高土地资源开发利用的生态效益、经济效益和社会效益，维护在社会中占统治地位的土地所有制，调整土地关系，规划和监督土地利用，而进行的计划、组织、协调和控制等一系列综合性活动。

　　要加强对农业土地资源的管理，实现对土地资源的合理开发利用，必须尊重客观规律，遵循下面的这些基本原则：

（一）因地制宜的原则

　　这是合理开发利用土地的基本原则，指从各地区的光、热、水、土、生物、劳动力、资金等生产资料的具体条件、农业生产发展的特点和现有基础的实际出发，根据市场和国民经济需要等具体情况，科学合理地安排农业生产布局和农产品的品种结构，以获得最大的经济效益和保持良好的生态环境。我国的土地资源类型多样，地域分布不平衡，各地区的资源条件以及社会、经济、技术条件差别很大，生产力发展水平也有较大差距。因此，对土地资源的利用管理要从各地区实际情况出发，合理地组织农业生产经营活动。具体而言，就是要选择适合各地域土地特点的农业生产项目、耕作制度、组织方式和农业技术手段等，进行科学的管理和经营，充分利用自然条件和资源，扬长避短、发挥优势，最大限度地发挥土地资源的生产潜力，提高土地资源的利用率和生产率，从而实现对土地资源的最优化利用。这既是自然规律和经济规律的客观要求，也是实现农业生产和国民经济又快又好发展的有效手段。

（二）经济有效的原则

　　土地资源的开发利用是一种经济活动，经济活动的内在要求就是要取得最大化的经济效益。在农业生产经营过程中，土地资源的使用具有多样性，因而土地资源的利用效益也具有多样性。在同一区域内，一定面积的土地上可以有多种农业生产方案，每一种生产方案由于生产成本的不同和产品种类、数量、质量以及价格的不同，所取得的经济

效益也各不相同。因此，在农业生产经营活动中，要根据各地区的具体情况，选择合理的农业生产项目和生产方案，以期取得最大的经济效益和最佳的土地利用效果。同时，还要随着时间的推移、各种条件的变化对农业生产方案做出适时的调整，不断保持土地资源利用效果的最优化和经济效益的最大化。为此，要从综合效益的角度出发，发掘土地资源的潜力，科学安排土地的利用方式，提高农业土地生产率，以便在经济上取得实效。

（三）生态效益的原则

这是由人类的长远利益和农业可持续发展的客观要求所决定的。农业生产的对象主要是有生命的动植物，而动植物之所以能够在自然界中生存繁衍，是因为自然界为它们提供了生存发展所必需的能量物质和适宜的环境条件，这些自然条件的变化会引起物种的起源和灭绝。在农业生产中，由于人们往往只顾及眼前利益，为了更多地获取经济效益而破坏生态环境的情况十分常见，致使生态系统失去平衡，各种资源遭到破坏，给人类社会带来了巨大灾难，也使农业生产和经济发展受到严重制约。因此，在农业生产过程中，务必树立维护生态平衡的长远观点和全局观点。对土地资源的利用管理也应该坚持这一原则，力求做到经济效益、社会效益和生态效益的有机统一，使各类土地资源的利用在时间上和空间上与生态平衡的要求相一致，以保障土地资源的可持续利用。

（四）节约用地的原则

这是土地作为一种稀有资源对人们的生产活动提出的客观要求。土地资源是农业生产中不可替代的基本生产资料，也是一种特别珍贵的稀有资源。我国的土地资源总量虽然相对丰富，但人均土地资源占有量却很少，人多地少的矛盾十分突出。与此同时，我国土地资源利用粗放，新增非农用地规模过度扩张，加之我国人口还将继续增长，生活用地和经济建设占用农业土地资源的情况不可避免。此外，污染和环境恶化对土地的破坏以及用地结构不合理进一步加剧了土地供需的矛盾。因此，在当前和今后的很长时期内，都必须加强土地资源管理，严格控制对农业用地的占用，所有建设项目都要精打细算地节约用地，合理规划土地资源的使用，使土地资源发挥应有的功能作用。

（五）有偿使用的原则

土地资源是一种十分稀缺的农业自然资源，也是一种具有价值和使用价值的生产要素。在市场经济条件下，土地资源的利用也应该遵循价值规律，要对土地进行定价和有偿使用，通过"看不见的手"来实现土地资源的优化配置。只有对土地资源实行有偿使用，才能在经济上明确和体现土地的产权关系，促使用地单位珍惜和合理使用土地资源，确保因地制宜、经济有效、生态效益和节约用地等上述四项原则的贯彻落实。

二、提高农业土地利用率的基本途径

（一）保护和扩大农业用地，努力提高土地资源的利用率

土地资源利用率是反映土地利用程度的指标，指一个地区或一个农业单位已利用的土地面积占土地总面积的比例。在不影响水土保持、不破坏生态环境的前提下，应该尽量开发土地资源，提高土地资源的利用率。衡量农业土地资源利用率的主要指标有土地利用率、垦殖指数、复种指数等，其计算公式如下：土地利用率＝已开发利用的土地面积/国土总面积×100%　垦殖指数＝耕地面积/土地总面积×100%　复种指数＝总播种面积/耕地面积×100%

要提高农业土地资源的利用率，其途径主要有以下几条：

1. 开垦荒地，扩大耕地面积

在荒地开垦过程中要尊重客观规律，在注意农业生态平衡和讲求经济效益的同时，处理好垦荒与种好原有耕地的关系。

2. 保护土地，节约用地

保护土地是指要防止乱砍滥伐、毁林开荒、毁草种粮、过度放牧以及粗放式经营等原因造成的水土流失、风沙侵蚀、土地破坏，保持良好的土壤结构和理化性状，保证土壤肥力不断提高，维持农业生态系统的良性循环。

3. 扩大林地面积，提高森林覆盖率

森林具有调节气候、涵养水源、保持水土、防风固沙等效能，还能够减少空气污染、净化美化环境。另外，发展林业还可以为国家建设和人民生活提供大量的木材和林副产品，为农业生产提供燃料、肥料、饲料等。

4. 合理开发利用草地资源

草地资源包括草原、草坡和草山，利用各种草地发展畜牧业，能以较少的投入获得大量畜产品，是经济合理利用土地资源的有效方式。同时，合理开发利用草地资源、做好草地建设，还能够调节气候、保水固沙，建立良好的生态系统。

5. 合理开发利用水域资源

对于水域资源的利用，应该坚持捕捞和养殖相结合的原则，努力提高水域资源的利用率。

（二）实行土地集约化经营，不断提高农业土地资源的生产率

在农业生产发展过程中，对土地的利用有粗放型经营和集约化经营两种模式。其中，粗放型经营是指在技术水平较低的条件下，在一定面积的土地上投入较少的生产资料和活劳动，进行粗耕粗做、广种薄收，主要靠扩大土地耕作面积来增加农产品产量和农民收入的一种农业经营方式。集约化经营是指在一定面积的土地上投入较多的生产资料和活劳动，应用先进的农业技术装备和技术措施，进行精耕细作，主要靠提高土地生产率

来增加农产品产量和农民收入的一种农业经营方式。农业生产经营向集约化方向发展，是由土地面积的有限性和土壤肥力可以不断提高的特性决定的，也是农业生产发展的必然趋势。

衡量土地集约化经营水平的主要标志是农业土地生产率。农业土地生产率是指在一定时期内（通常为一年），单位面积的土地生产的农产品数量或产值。单位面积的土地上生产的农产品越多或产值越高，农业土地资源的生产率就越高。一般来说，农业土地生产率可以按耕地面积和播种面积分别来进行计算，即：

耕地面积生产率 = 农作物总产量（产值）/ 耕地面积 × 100%

播种面积生产率 = 农作物总产量（产值）/ 播种面积 × 100%

农业土地生产率主要受自然条件、农业科学技术水平、生产资料的数量和质量、劳动的数量和质量等因素的制约。要提高农业土地的生产率，必须不断改善农业生产条件，增加农业科技投入，实行精耕细作，保护和提高土壤肥力，把已经用于农业生产的土地资源利用好，即提高土地集约化经营的水平。

根据目前我国农业生产经营的现状来看，要提高土地的集约化经营水平，必须调整优化农业生产结构和农作物种植布局，发展适应性强、效益高的农业生产项目。为此，需要增加农业资金投入，提高农业技术装备水平，改善农业生产条件；实施科教兴农战略，广泛应用现代农业科学技术，提高农业生产的机械化、科学化水平；扩大耕地复种面积，提高复种指数；做好农业经营管理，提高农业的整体素质，使农业土地资源生产率的提高脱离传统生产方式的束缚，提升农业生产的发展模式。

在增加农业生产投入，提高土地集约化经营水平的过程中，要注意追加投资的适合度，尊重土地报酬递减规律。追加投资适合度是指在一定科学技术水平条件下，追加的投资和增加的产量、产值之间有一个合理限度。在技术条件不变的情况下，农业增加投资也是有限度的，超过了这个限度，增加的农业投资不但不会带来农产品产量的增加，反而可能导致产量、产值的减少。在一定面积的土地上，追加投资的最大限度应该是边际收益与边际成本相等的点。在达到这一点之前追加投资，会使土地继续增产增收，集约化水平提高；超过这个点之后继续追加投资，便会出现增产减收，甚至减产减收，土地经营的集约化水平下降。因此，当对单位面积土地投资的增加额与递减的土地报酬相等时，追加投资达到最大限度，土地产出最大化，在既定技术条件下的土地集约化经营达到最高水平。

（三）促进农业土地合理流转，提高农业土地资源的使用效率

农业土地作为一种生产要素，只有进行合理流转，才能实现合理配置和高效利用，才能真正体现土地资源作为生产要素的性质。随着我国农村改革的不断深入和农业的商品化、产业化，农村非农产业发展迅速，土地资源已经不再是农民唯一的谋生手段。农村劳动力的跨部门、跨行业、跨地区转移使原来按农村户籍人口平均分配和承包土地的

做法遇到了新的挑战。因此，我国现有的农业土地政策必须适应形势的变化，做出相应的调整，以使愿意从事其他非农产业的农民能够离开土地、顺利转移出去，使愿意继续耕种土地的农民能够发挥特长，获得更大面积的土地进行规模化生产经营，提高农业生产的现代化、产业化水平。

农村土地流转是一个比较复杂问题，目前理论界对其概念的理解和界定也不尽相同，一般认为：农村土地流转是指在农村土地所有权归属和农业用地性质不变的情况下，土地承包者将其土地承包经营权转移给其他农户或经营者的行为，其实质就是农村土地承包经营权的流转。农村土地流转是促进农业规模化和产业化经营、提高农业土地资源使用效率的重要渠道，要实现农村土地的合理流转，需要做好以下方面：

1. 提高对农村土地流转工作的认识，加强管理

农村土地流转是农村经济发展的必然结果，也是农村劳动力转移的客观要求。各级政府应该充分认识农村土地流转工作的重要性，做到在思想上重视、措施上可行、落实上到位，要以有利于农业生产要素合理流动、有利于促进农业结构调整、有利于增加农民收入为根本出发点，加强对农村土地流转工作的指导与管理，建立有效的管理体制和运行机制，维护农村土地流转的正常秩序和各利益方的合法权益。

2. 依法流转，规范秩序

要完善以实现土地承包经营权的财产权为主体的农村土地制度，建立"归属清晰、权责明确、保护严格、流转流畅"的现代土地产权制度，促进农户土地承包经营权与财产权的统一。

3. 积极培育农村土地流转市场

我国土地资源紧缺，要妥善解决土地经营的公平和效益问题，必须培育土地流转的市场机制，从制度上保障农业生产要素的优化组合，实现农业土地资源的优化配置和高效利用。因此，建立农村土地流转的市场化运作机制是农村土地制度改革的必然趋势，而建立健全中介服务组织是促进农村土地流转市场化的重要环节。中介服务组织主要负责农村土地流转的管理及中介，协调处理各利益方之间的关系，做好土地流转过程中的服务工作，在农村土地资源的供给主体和需求主体之间起到媒介和桥梁作用。

4. 建立保障机制，促进农村土地合理流转

在农村土地流转过程中，必然会有大量的农民离开土地，放弃传统的农业生产和生活模式，一旦不能找到新的工作机会，这些失地农民将没有收入来源，生活失去保障，成为农村土地流转进程中的不稳定因素。因此，要保证农村土地合理流转的顺利进行，必须建立健全可靠的农村社会保障机制，特别是失地农民的社会保障机制，积极探索农村医疗保障和最低生活保障机制，解决农民的后顾之忧，从根本上消除农民的"恋土"情结和对土地的依赖，促进农村土地的合理流转。

5. 加强科技培训，提高农民素质

在农业生产规模化、产业化的进程中，需要一大批了解市场经济规律、掌握农业科

学技术、擅长农业经营管理的农民科技人才，为土地合理流转之后的农业现代化经营提供技术和人才支持。为此，必须加强对农民的科技培训，提高农民的综合素质和科学素养，拓宽农民择业渠道，特别是使农民能够脱离土地、实现跨行业转移和身份转变，使农村剩余劳动力得到有效转移，为农村土地的合理流转铺平道路，不断提高土地资源的配置效率，增加农民的经济收入。

三、农业土地资源的保护和开发利用管理

农业土地资源的保护和利用管理是一项十分复杂的工作，涉及面广、层次复杂，管理起来问题多、困难大、任务重，必须要建立合理的农业土地资源管理体制和运行机制，使土地资源的保护和利用管理走上科学化、法制化的轨道，实施更加规范有效的管理。

（一）坚持土地用途管制制度，严格控制耕地的转用

对土地用途实施管制，是解决我国经济快速发展时期土地利用和耕地保护等问题的一条有效途径，其目的是要严格按照土地利用总体规划确定的用途来使用土地。在具体工作中，应坚持以下几点：

①依据土地利用总体规划制定年度耕地转用计划，并依据规划、计划进行土地的供给制约和需求引导。

②严格耕地转用审批。要依法提高耕地转用审批权限加大国家和省两级的审批管理力度，对不符合土地利用规划、计划的建设用地一律不予批准。

③对依法批准占用的耕地要严格执行"占一补一"的规定。即依法批准占用基本农田之后，必须进行同等数量的基本农田补偿。补偿和占用的耕地不仅要在数量上相等，而且要在质量上相当，以确保农业生产水平不会因为耕地的变化而受到影响。

（二）严格划定基本农田保护区

实行基本农田保护制度是保护我国稀缺的耕地资源的迫切需要。依据土地利用总体规划，铁路、公路等交通沿线，城市和村庄、城镇建设用地区周边的耕地，应当优先划入基本农田保护区，任何建设都不得占用。实际工作中需要加强的是保护工作力度，要真正将规定的基本农田实实在在地保护起来，而不仅仅是停留在政策宣传上。为此，必须反复重申、坚决贯彻合理开发利用土地资源和切实保护耕地的基本国策。

（三）以土地整理为重点，建立健全耕地补充制度

1. 必须坚持积极推进土地整理，适度开发土地后备资源的方针

我国后备土地资源的潜力在于土地整理，今后补充耕地的方式也要依靠土地整理。据估算，在目前的经济发展水平下，我国通过土地整理增加耕地的潜力在 666.7 万 hm^2 左右。开展土地整理，有利于增加耕地面积，提高耕地质量，同时也有利于改善农村生产和生活环境。

2. 国家必须建立耕地补充的资金保障

土地整理是对田、水、路、林、村进行的综合整治，需要投入大量资金。为此，一方面要按照规定征收新增建设用地的土地有偿使用费，并以此作为主要资金来源，建立土地开发整理补充耕地的专项基金，专款专用，长期坚持；另一方面，有必要制定共同的资金投入政策，将土地整理与农田水利、中低产田改造、农田林网建设、小城镇建设、村庄改造等有机结合起来，依靠各部门共同投入，产生综合效益。

（四）建立利益调控机制，控制耕地占用

控制新增建设用地、挖潜利用存量土地，是我国土地利用的根本方向。在市场经济条件下，除了运用行政、法律手段对土地资源的利用进行管理之外，还应该更多地利用经济手段，调控土地资源利用过程中的利益关系，形成占用耕地的自我约束机制。从当前来看，应该主要采取以下措施：

①在土地资源有偿使用的收入方面调控利益关系，控制增量，鼓励利用存量建设用地，一方面，凡是新增建设用地的有偿使用费应依法上交省级和中央财政，从动因与根本上抑制基层地方政府多征地、多卖地等行为；另一方面，利用存量建设用地的土地有偿使用费全部留给基层地方政府，鼓励各基层地方政府盘活利用存量的建设用地，在提高土地资源利用效率的同时增加财政收入。

②在有关土地税费方面进行调控，控制建设用地增量，挖掘存量。具体来说，应做到以下几点：一是落实《土地管理法》，提高征地成本；二是调整耕地占用税，提高用地成本；三是降低取得存量土地的费用，从而降低闲置土地的转移成本，鼓励土地流转；四是开设闲置土地税，限制闲置土地行为，促进闲置土地的盘活利用。

（五）明晰农村土地产权关系，建立农民自觉保护土地的自我约束机制

长期以来，我国在农业土地资源保护的综合管理措施方面不断加强，但广大农民群众维护自身的土地权益、依靠农村集体土地所有者保护农业土地资源的机制尚未形成。为了进一步做好对我国农业土地资源的保护工作，除了继续加强行政手段、法律手段和经济手段等方面的综合管理以外，还必须调动广大农民群众积极维护自身权益，形成农民自觉保护耕地的自我约束机制。对此，应当深入研究农村集体土地产权问题，围绕农村集体土地产权的管理，制定切实可行的法律规定，明晰相关的权利和义务，以使我国农业土地资源保护和利用管理走上依法管理、行政监督、农民自觉保护的轨道。

第六章 农业劳动力资源与管理

第一节 农业劳动力资源概述

农业劳动力资源是农业生产的主体，研究农业劳动力资源管理，要从其概念和特点出发，探索进行有效管理和合理利用的途径。

一、农业劳动力资源的内涵

（一）农业劳动力资源的概念

农业劳动力资源是指能够直接或间接参加和从事农业生产劳动的劳动力数量和质量的总和。我国规定，农村中男性 16～59 岁、女性 16～54 岁，具有正常的生产劳动能力的人为农业劳动力。但从我国农业生产的实际情况来看，许多从事农业生产劳动的农民已经超过了这个年龄范围，因此应该从农业生产的实际情况出发来界定其范围。农业劳动力资源包括数量和质量两个方面。

（二）农业劳动力资源的数量

农业劳动力资源的数量是指农村中已经达到劳动年龄和虽未达到或已经超过劳动年龄但仍实际参加农业生产劳动的人数。农业劳动力资源的数量主要由两个基本因素决定，即自然因素和社会因素。其中，自然因素由自然规律决定，包括农业人口的自然增长率、达到或超过劳动年龄的人数以及原有劳动力的自然减员，是引起劳动力资源数量变动的主要因素。社会因素主要包括经济社会发展程度、国家所采取的人口政策与措施、劳动力资源在各产业部分的分配比例以及农村福利政策和妇女的解放程度等。

（三）农业劳动力资源的质量

农业劳动力资源的质量是指劳动者的身体素质和智力水平，其中前者主要指劳动者的体力强弱，后者包括劳动者的科学文化水平、劳动技术水平、生产熟练程度等因素。农业劳动力资源的质量变化，主要受农村教育发展和智力开发、农村医疗卫生条件以及农业现代化水平等因素的影响，在传统农业生产条件下，农业劳动者身体素质是衡量农业劳动力资源质量的主要因素。随着农业生产力的发展，农业生产转向以机械操作为主，农业科技推广应用迅速发展，科技水平不断提高，农业劳动者智力水平逐渐成为衡量农业劳动力资源质量的重要指标。

二、农业劳动力资源的特征

劳动力资源是农业生产的重要资源之一，与土地资源、水资源等农业自然资源和农业生产资金相比，它具有以下特征：

（一）农业劳动力资源的可再生性

由于人类的繁衍、进化，劳动力资源在人类的新老生死交替中不断得到补充，使人类改造自然的活动不断延续下去。因此，从整体上看，农业劳动力资源是一种永续性资源，只要使用得当，可以不断地得到恢复和补充。这一特点决定了农业劳动力资源开发的连续性，一代人改造自然的过程直接影响着下一代人甚至几代人改造自然的过程和结果。这就要求在开发和利用劳动力资源的过程中，必须有长远的统筹安排，把提高农业劳动力资源的整体素质和发展农业生产力紧密结合在一起，保证农业再生产顺利进行。

（二）劳动力素质的差异性

劳动力素质的差异性主要表现为农业劳动者的健康状况、文化知识水平和劳动技术熟练程度等方面的内在差异，它是由社会经济条件和劳动者的主观能动性所决定的。农业劳动者素质水平的高低，不仅影响到农业生产工作完成的质量与效率，而且还会影响农业生产中某些复杂工种的执行能力。农业劳动者素质的提高，需要有发达的社会经济条件作为物质基础。

（三）农业劳动力资源的主体能动性

农业劳动力资源的主体能动性，是由人类本身的特性决定的。劳动者具有意识，并能够利用这种意识去影响客观世界，改变人类改造世界的进程，这种主体能动性是人类社会进化和发展的动力。同样，农业劳动力资源对推动农业生产力的发展起着决定性的作用，农业生产中其他资源的开发利用的状况，在很大程度上取决于农业劳动力资源的开发状况。因此，在开发利用农业劳动力资源的过程中，必须充分发挥劳动者的特长，使其主体能动性得到充分发挥。

（四）农业劳动力资源构成要素的两重性

农业劳动力资源作为农业生产的主体，一方面，作为农业生产中具有决定意义的要素，开发利用得当可以迸发出无限的创造力，通过农业劳动创造社会财富；另一方面，劳动者又是消费者，需要不断地消耗资源，消费社会财富。因此，如果农业劳动力资源得不到合理利用、不能与农业生产资料有效结合，不仅其创造力得不到发挥，而且会成为经济增长的负担，甚至会成为社会的不稳定因素，影响社会的安宁。

三、农业劳动力资源的供给与需求

我国农业劳动力资源数量规模大、增长速度快，同时耕地面积逐年减少，人多地少的矛盾十分尖锐。因此，研究农业劳动力资源的供给与需求的特点、影响因素等，对于有效解决农业劳动力供求矛盾具有重要意义。

（一）农业劳动力资源的供给

1.农业劳动力资源供给的含义

农业劳动力资源的供给是指在一定时期内，在一定的农业劳动报酬水平下，可能提供的农业劳动力数量。现阶段，我国农业劳动力资源的供给数量包括已经从事农生产的劳动力和可能从事农业生产的剩余劳动力。

2.农业劳动力资源供给的特征

（1）农业劳动力资源供给的无限性

农业劳动力资源供给的无限性是指与农业劳动力需求相比，农业劳动力的供给处于绝对过剩状态。由于我国经济发展水平比较落后，人口再生产失控，农业人口总量大，从而造成农业劳动力资源的供给持续上升，形成无限供给的趋势。这种趋势是我国社会主义初级阶段农业市场经济发展的一个基本特征。

（2）农业劳动力资源供给的伸缩性

农业劳动力资源供给的伸缩性是指农业劳动力的供给数量受农产品价格等因素影响呈现的增减变化。主要表现是，当某种农产品价格高时，从事该农产品生产的劳动力迅速增加；反之，当某种农产品价格低时，从事该农产品生产的劳动力迅速减少；由此导致农业劳动力资源的供给数量增减变化的幅度较大。这种伸缩性是农业劳动力资源供给的一个重要特征，它一方面自发调节了农业劳动力资源的分配，另一方面也导致农业生产的不稳定，造成农业劳动的浪费。

3.影响农业劳动力资源供给的因素

（1）人口自然增长率

人口的自然增长率是影响农业劳动力数量的重要因素，它直接影响了农业劳动力资源的供给。我国的人口自然增长率一直较高，加之人口基数大，人口的增长速度很快，城乡处于劳动年龄的人口就业问题十分严重，这是造成我国农业劳动力资源供大于求、相对过剩的重要原因。因此，有计划地控制人口规模，适度降低人口自然增长率仍是我国解决农业劳动力资源供求矛盾的关键。

（2）农业劳动报酬

在一定时期内，农业劳动力资源的供给数量是农业劳动报酬的递增函数，农业劳动报酬的高低直接影响着农业劳动力供给的数量，在我国实行家庭联产承包责任制之后，农业生产的分配形式发生了变化，农业劳动报酬主要体现为农民出售农产品的收入。因而，农产品的销售价格就成为影响农业劳动力供给的主要因素，当某种农产品销售价格高、生产者获利大，大量农业劳动力就会转入该生产领域，反之则会有很多农业劳动力退出该生产领域。我国农业劳动力资源规模数量规模较大，人均耕地面积较少，农业劳动力的绝对剩余和季节性剩余的数量较多，这些农业劳动力随时准备进入农业生产领域，同时，我国农业生产效益相对较低，农民迫切要求开拓生产领域，提高收入水平。因此，利用宏观价格杠杆，以提高农业劳动报酬为导向，能够使农业生产向合理高效方向转化，促进农业劳动力资源的合理利用。

（3）农民的价值观

农民的价值观对农业劳动力资源供给的影响，主要表现在农民对闲暇及收入的偏好，由于我国农业生产力水平较低，农民整体收入水平不高，因而大部分地区的农民把辛勤劳动、增加收入作为价值观主要内容。这是包括我国在内的发展中国家的共有现象，能够在很大程度上促进农民积极参加农业生产，增加农业劳动力资源供给。随着社会发展和经济水平的提高，农民的价值观也必然会随之发生变化，对农业劳动力资源的供给产生影响。因此，研究农民价值观的变化，对于合理利用农业劳动力资源也有一定意义。

除以上因素之外，随着我国进一步对外开放和融入世界经济，国际资源和国际市场的变化也会引起农业劳动力资源的供给和结构发生变化。

（二）农业劳动力资源的需求

1. 农业劳动力资源需求的含义

农业劳动力资源需求是指在一定时期内，在一定的农业劳动报酬水平下，农业生产需要的劳动力数量。它是在现有农业自然资源状况和生产力水平的条件下，为了保证经济发展和社会对农产品日益增长的需求，整个社会对农业劳动力资源数量和质量的整体需求。

2. 农业劳动力资源需求的特征

（1）农业劳动力资源需求的季节性

农业劳动力资源的需求受农业生产的季节性影响，需求数量呈明显的季节性变化，在农忙季节，农业劳动力需求数量很大，常常造成农业劳动力的不足；而农闲季节，对农业劳动力需求的数量较小，又常常会形成季节性的农业劳动力剩余。因此，研究农业劳动力资源需求的季节性，对于合理利用农业劳动力，保证农业生产的顺利进行，具有重要意义。

（2）农业劳动力资源需求数量的递减性

农业劳动力资源需求的递减性是指随着农业生产力的发展，农业劳动力需求数量会逐渐下降。造成这种现象的原因主要有两个：一方面，农业生产可利用的自然资源数量有一定限制，可容纳的农业劳动力数量有限；另一方面，农业是生产人类消费必需品的部门，对每一个消费者来说，这类消费必需品的需求数量是随着人们生活水平的提高而逐渐下降的。另外，我国农业生产力水平较低，农业生产主要依靠大量的劳动力投入，随着我国农业生产力水平的提高，农业生产将更多地需要资金和技术投入，对农业劳动力的需求也会逐渐减少。因此，农业劳动力需求总体上呈下降趋势，这是世界农业发展过程中的普遍趋势，也是农业生产发展的客观规律。

3. 影响农业劳动力资源需求的因素

（1）土地资源条件

土地资源是农业生产的主要自然资源，其数量直接影响农业生产对劳动力的容纳程度，是影响农业劳动力需求的主要因素。从农业生产发展的进程来看，随着农业生产力的提高，土地资源对农业劳动力的容纳数量逐渐下降。尤其是我国这样人多地少的国家，农业上可开发的土地资源数量有限，容纳和增加农业劳动力需求的潜力较小。同时应该看到，我国很多地区农业土地经营粗放，土地生产率较低，要改变这一状况，需要加强农业基本建设，实行精耕细作，合理增加单位面积土地的农业劳动力投入，提高土地资源的生产率，这样就会增加对农业劳动力资源的需求。

（2）农业耕作制度

我国农业生产的地域差异较大，各地区的耕作制度也各不相同，而不同的耕作制度直接影响着农业劳动力的需求水平。对此，需要建立合理的农业耕作制度，适当增加土地复种指数，实行轮作制，特别是合理安排果蔬、园艺等劳动密集型农产品的生产，增加对农业劳动力的需求。同时，建立合理的农业耕作制度客观上要求开展农业基础设施建设，增加长期性的农业劳动投入，这是增加农业劳动力需求、有效利用农业劳动力资源的重要途径。

（3）农业多种经营水平

广义上的农业生产包括传统的农业种植业和林、牧、副、渔等行业，除了农业种植业之外，农业中的其他各行业也对农业劳动力资源有很大的需求。因此，充分利用农业土地资源多样性的特点，合理开发山地、草原、水面等农业自然资源，实行多种经营，既可以提高农民收入、增加农业产出，同时还可以增加对大农业中林、牧、副、渔等各业的农业劳动力投入，这对于提高农业生产力，促进农业劳动力的内部消化、合理利用农业劳动力资源具有十分重要的意义。

（4）农业生产项目

广义的农业是一个农林牧副渔各业全面发展、农工商综合经营的宏大部门，要求农业及与农业有关的各种生产项目协调发展。农业生产项目多，可以拓宽农民就业门路，增加对农业劳动力的需求数量。从我国农业的发展趋势来看，在农村大力发展乡镇企业，开拓新的农业生产项目，促进农业劳动力的转移，是我国农业发展的必然方向，也是增加农业劳动力资源需求的重要途径。

（5）农业机械化水平

农业机械化水平和农业劳动力资源的需求之间成反比关系，一国（或地区）的农业机械化水平越高，对农业劳动力的需求数量越少。因此，实现农业机械化的过程，也是农业劳动力需求逐渐下降的过程。我国农业劳动力资源丰富，人均耕地资源比较少，不可避免地会与农业机械化产生一些矛盾。因此，在我国实现农业机械化的过程中，要结合农村实际情况和农业生产需要，因地制宜，不能急于求成。要把实现农业机械化的过程与农业劳动力转移紧密结合起来，合理利用农业劳动力资源，调动农民的生产积极性，促进农业生产的发展。

第二节　农业劳动力资源现状与利用

农业劳动力资源作为农业生产的主体，其利用是否合理，直接关系到农业经济的发展和农业现代化的进程。这里从研究农业劳动的特点出发，分析农业劳动力的利用原则和现状，探讨合理利用农业劳动力资源的有效途径。

一、农业劳动的特点

农业劳动是农业劳动力、生物资源和自然条件三个因素相结合的农业生产过程，农业生产的特点决定了农业劳动具有以下特点：

（一）农业劳动具有较强的季节性

农业劳动的主要对象是有生命的动植物，而它们有自身的生长发育规律并受自然条件的制约，导致其生产时间和农业劳动时间不一致，使得农业劳动具有明显的季节性。农忙时，需要大量的劳动力，突击进行农业劳动，以不误农事；农闲时，则农业劳动力大量闲置。因此，既要保证农忙季节对农业劳动力的需求，又要使农闲季节的农业劳动力有出路，才能达到合理利用农业劳动力的目的。

（二）农业劳动具有较大的分散性

由于农业生产的基本生产资料是土地，而土地需要在广阔的空间进行分布，因而农业劳动也是在广阔的地域中进行作业，劳动分散，人、畜、机械作业空间大。为此，农业劳动的组织要适合农业劳动分散性的特点，采取灵活多样的农业劳动协作形式，确定适宜的协作规模。

（三）农业劳动具有一定的连续性

一个完整的农业生产周期，是由许多间断的、但又相互联系的农业劳动过程组成的。每一个农业劳动的作业质量，不仅影响下一个农业劳动的作业质量，而且会影响农业生产的最终成果。因此，在组织农业劳动时，应该建立健全农业生产责任制，使劳动者既重视农业劳动的数量，又注意农业劳动的质量，关心农业劳动的最终成果。

（四）农业生产周期长，农业劳动效益具有不稳定性

农业劳动的主要对象（即各种动植物）的生产周期长，一般没有中间产品，要等到一个农业生产周期结束，才会有农业劳动成果。在这个过程中，农业生产不仅受人类生产活动的控制，而且还受到各种自然条件的影响。因此，农业劳动必须顺应自然条件和劳动对象的特点，在农业生产过程中灵活机动地做出决策，采取应变措施，保证农业劳动的效益水平。

（五）农业劳动的内容具有多样性

农业生产包括农、林、牧、副、渔等各业的生产，一般采取各不相同的作业方式和技术措施。即使同一生产部门，在不同生产阶段所采用的作业方式和技术措施也不相同，如种植业生产中的耕翻地、播种、施肥等，畜牧业的饲料配比、畜禽防疫等。因此，农业劳动的内容繁杂，形式多样，这就要求农业劳动者必须掌握多种技能，能够从事多种生产项目，进行多种农业劳动作业。

（六）农业劳动的艰苦性

农业劳动不同于工业劳动或服务业劳动，一般是在田间土地上进行作业，受自然环境影响较大，作业环境差，劳动条件艰苦，而且改善的难度较大。同时，农业劳动一般需要繁重的体力支出，劳动强度大。

充分认识上述农业劳动的特点，对于合理利用农业劳动力资源，提高农业劳动生产率，具有重要意义。

二、我国农业劳动力资源的利用现状

（一）农业劳动力数量大

虽然目前我国农村地区人口自然增长率呈下降趋势，且农村人口在全国总人口当中的比重也有所下降，但由于人口基数大，农村人口增长速度仍非常快，加之耕地面积又在逐渐减少，致使每个农业劳动力占有耕地的数量持续下降。同时，农村实行联产承包责任制之后，农业劳动效率提高，无效劳动减少，进一步增加了农业劳动力的过剩。

（二）农业劳动者素质低

通过发展教育事业，使农民的文化知识水平有了很大提高，但文盲和半文盲仍占相当大的比重，青壮年农民受过中等以上教育的人数很少，掌握现代农业科学技术的人才

十分缺乏。农业劳动者素质低，既不适应农业现代化发展的需要，也不利于农业剩余劳动力向非农部门转移。

（三）农业劳动力地区分布不平衡

我国各地区的人口分布密度差异悬殊，农业劳动力资源的分布也是如此。

针对我国农业劳动力的利用现状、要充分合理地利用农业劳动力资源，必须控制农业劳动力的数量，提高质量，优化农业劳动力资源的配置。

三、合理利用农业劳动力资源的原则

（一）因地制宜原则

我国地域辽阔，各地区农业生产的自然条件和经济条件差别很大，因而在组织农业劳动、进行农业生产管理时，应该允许多种多样的农业劳动组织形式同时存在，不能只采用一种模式，搞整齐划一的"一刀切"。因此，各地区、各农业生产单位都要根据因地制宜的原则，确定符合本地区农业生产实际情况的农业劳动组织形式和管理制度。农业劳动组织形式和管理制度确定之后，要保持相对稳定，防止频繁变动，同时要随着农业生产力的不断发展以及客观条件的不断变化，进行适当合理的调整和完善，以促进农业生产的发展。

（二）经济效益原则

农业劳动力作为农业生产力的主导能动要素，在物质资料的生产中，还要坚持经济效益的原则。为此，必须科学地组织农业生产劳动，实行严格的生产责任制度，做好劳动定额和劳动计酬，努力提高农业劳动的工效；要根据农业生产的实际需要，有计划地分配和合理使用农业劳动力资源；要采取一切有效措施，努力节约劳动时间，提高劳动效率；对于剩余的农业劳动力要千方百计地寻求向农业的深度和广度拓展的途径。

（三）物质利益原则

在农业劳动力资源的利用过程中，要正确处理国家、集体、个人三者之间的物质利益关系。既要反对为了个人利益损害集体利益和国家利益，又要反对忽视农民个人利益的错误做法。具体而言，就是要认真贯彻按劳分配原则和物质奖励制度，要根据劳动者提供的劳动量分配个人消费品，根据劳动者提供的超额劳动进行物质奖励。与此同时，还应该加强对农业劳动者的思想教育工作，提高农业劳动者的思想觉悟，鼓励农业劳动者为国家利益和集体利益多做贡献研究和探讨对农业劳动力资源合理利用的原则，目的在于提高农业劳动力的利用水平和效率。

四、农民就业与农业剩余劳动力转移

（一）农民就业的概念

传统的农民就业仅仅是指农业劳动者在其承包的责任田上从事农业生产经营活动，通过辛勤劳动、合法经营取得农业劳动成果，这一概念是从农业劳动者是否参加农业生产经营活动来界定农民就业。由于我国广大农村地区富余劳动力数量众多，人均土地资源稀缺，农民隐性失业问题十分严重，所以一个完整的、科学的关于农民就业的概念应该排除隐性失业问题的影响，着重从农业劳动绩效、农民劳动满意度的角度来考察和衡量农民就业情况。

因此，科学的、严谨的农民就业的定义应该是指社会能够为农业劳动者提供充足的工作岗位，所有愿意就业的农业劳动力都能找到工作，并使他们与其他生产要素相互结合，通过辛勤劳动、合法经营获得基本生产、生活资料和必要的劳动满足，进而达到自我实现目的的过程。

（二）农业剩余劳动力及其形成原因

农业剩余劳动力是指在一定的物质技术条件下，农业劳动力的供给量大于生产一定数量的农产品所需要的农业劳动力的数量，即农业劳动力供给超过需求的那一部分，这部分农业劳动力投入农业生产的边际产量为零。农业剩余劳动力是一个相对的概念，可以从绝对剩余和相对剩余两个方面加以界定。绝对剩余是指在一定区域、一定时期、一定生产力水平下，农业劳动力的边际效益为零时，农业生产中供大于求的那部分农业劳动力资源。相对剩余是指在一定区域、一定时期、一定生产力水平下，农业劳动力的劳动生产率达到全国平均劳动生产率时，农业生产中供大于求的那部分农业劳动力资源。

我国农业剩余劳动力产生的原因很多，总结来看主要有以下几条：一是农村人口和农业劳动力规模大，增长速度快；二是人均耕地面积逐年减少，农业生产对农业劳动力的总需求逐渐减少；三是农业生产技术条件改善，农业劳动生产率和集约化水平提高，对农业劳动力的平均需求水平降低；四是长期以来农业产业结构单一，对农业劳动力的综合容纳能力不高；五是城镇化水平相对较低，非农产业发展缓慢对农业劳动力的吸纳能力有限。随着农业生产和社会经济的发展，我国已产生规模巨大的农业剩余劳动力，如果不能进行合理的安置，不仅会造成农业劳动力资源的极大浪费而且还会影响农业现代化的发展进程。

（三）农业剩余劳动力转移

农业剩余劳动力的存在，意味着经济上的浪费和社会福利的损失，不仅影响了传统农业向现代农业的转变，还在一定程度上制约着整个国民经济的发展，为此，必须制定务实、有效的政策措施，促进农业劳动力的充分就业，提高农业劳动力资源的利用效率。要实现这一目标，在农业生产资源特别是土地资源有限的条件下，应该着力于发展非农产业，创造更多的就业机会，实现对农业剩余劳动力的转移。为保证农业剩余劳动力转移工作的有力、有序、有效进行，应采取以下措施：

1. 发展劳动密集型农产品的生产，扩大农业生产自身的就业量

我国属于劳动力资源异常丰富、耕地资源稀缺的国家，大力发展林果业、水产养殖业、畜牧业、高档蔬菜种植并对其进行深加工，适当降低粮食生产并积极参与国际分工，是转移农业剩余劳动力的有效途径和理性选择。当然，粮食生产对我国而言有着特殊的重要性，因而调整农业生产结构必须以保障国家的粮食安全为前提，要不断改善农业生产的基础条件，凭借技术进步来提高粮食单产和总产量。基于我国国情和市场导向的农业生产结构调整，不仅不会威胁我国的粮食安全，而且能够为农业剩余劳动力的合理安排和有效转移提供更为广阔的空间。

2. 加强对农民的教育培训，培养新型农民和现代产业工人

农业劳动力的综合素质偏低，不仅会影响到农业劳动生产率的提高，还会限制农业劳动力的非农化转移及身份转变，并在一定程度上加剧了农业劳动力供需失衡的矛盾。因此，要实现农业剩余劳动力在非农产业的稳定就业，就必须加强对农民的教育培训，提高农民的职业技能和对非农就业岗位的适应能力，将留在农村继续务农的农业劳动力培养成"有文化、懂技术、善经营"的新型农民，将转移到城镇和非农产业的农业剩余劳动力培养成高素质的现代产业工人，这是促进农业劳动力合理利用和农业剩余劳动力有序转移的治本之策。

3. 加快农村小城镇建设，形成有利于农业剩余劳动力就业的块状经济

我国现有的农村乡镇企业 80% 分布在零散的自然村，布局的分散使其丧失了应有的聚集效应和扩散功能，其对农业剩余劳动力的吸纳能力受到限制，就业容量不断下降。如果能使目前分布比较分散的农村乡镇企业向小城镇适度集中，通过关联产业的带动和聚集效应，可以使现有农村乡镇企业和小城镇的就业容量扩大 30% ～ 50%，大大增加对农业剩余劳动力的吸纳能力。因此，加快农村小城镇建设，依托这些小城镇吸收社会资金，引导农村乡镇企业不断聚集，形成块状经济和产业集群，并进行产权制度、户籍制度、投资制度、社会保障制度等方面的配套改革，就可以为农业剩余劳动力的转移创造更多的就业岗位。

4. 发展城乡服务业，提高第三产业对农业剩余劳动力的吸纳能力

我国经济发展迅速，经济总量显著增加，但同时产业结构不平衡的矛盾也日益突出。目前我国的产业结构中，在第一产业占国民经济的比重逐渐降低的情况下，第二产业所占比重过大，第三产业比重相对较小，尤其是服务业的发展水平和在国民经济中所占的比重远低于发达国家和地区，限制了其对农业剩余劳动力的吸纳能力。

第三节 农业劳动力资源开发与利用

我国是一个农业大国，也是一个人口大国，合理开发和利用农业劳动力资源，提高我国农业生产的效率和质量，对于我国经济和社会发展有极其重要的意义。为此，需要对农业劳动力资源的利用进行评价，据以加强对农业劳动力资源的开发和利用管理。

一、农业劳动力资源的利用评价

为了充分合理地利用农业劳动力资源，首先需要对农业劳动力资源的利用状况和使用效率进行评价，其评价标准主要是农业劳动力利用率和农业劳动生产率两个指标。

（一）农业劳动力利用率

1. 农业劳动力利用率的概念

农业劳动力利用率是反映农业劳动力资源利用程度的指标，一般是指一定时间内（通常为 1 年），有劳动能力的农业劳动者参加农业生产劳动的程度。

农业劳动力利用率是衡量农业生产水平和经济效益的重要标准，在一定的农业劳动力资源和农业劳动生产率条件下，农业劳动力利用率越高，就可以生产出越多的农产品。衡量农业劳动力利用率的具体指标包括：实际参加农业生产的农业劳动力数量与农业劳动力总量的比率；在一定时间内，平均每个农业劳动力实际参加农业生产劳动的天数与应该参加农业生产劳动的天数之间的比率；每天纯劳动时间占每天标准劳动时间的比重。

在农业劳动生产率不变的条件下，提高农业劳动力的利用率，意味着在农业生产中投入了更多的劳动量。在我国目前农业生产的资金投入相对不足、物质技术装备条件比较落后的情况下，增加劳动量的投入，提高农业劳动力的利用率，对于促进农业生产的发展具有十分重要的意义，也是合理利用农业劳动力资源的重要途径和客观要求。

2. 影响农业劳动力利用率的因素

在农业生产实践中，影响农业劳动力利用率的因素很多，概括来说主要可以分为两个方面：一是农业劳动力的自然状况和觉悟程度，如人口数、年龄、身体状况、技术能力、思想觉悟水平、生产积极性和主动性等；二是自然条件和社会经济条件，如土地结构、气候条件、耕作制度、农业生产结构、多种经营的开展状况、农业生产集约化水平、劳动组织和劳动报酬、责任制状况、家务劳动的社会化程度等。在这些影响因素当中，有的因素是比较固定的，或者要经过较长的时间才会起变化，有的因素则可以在短期内发生变化。因此，为了提高农业劳动力利用率，既要从长计议，如控制农村人口的增长逐步改善自然条件等；又要着眼当前，如合理调整农业生产结构、改善农业劳动组织、贯彻按劳分配原则、采用合理的技术和经济政策等。

3. 提高农业劳动力利用率的基本途径

（1）运用积极的宏观调控政策，充分调动农业劳动者的生产积极性

劳动力资源的利用程度与劳动者的生产积极性紧密相关，在农业生产劳动过程中也同样如此。因此，要提高农业劳动力的利用率，就要运用积极的宏观调控政策充分调动农业劳动者的生产积极性，充分尊重农业劳动者的经营自主权，充分发挥他们在农业生产中的主观能动性，使农业劳动力及其劳动时间都能够得到更加合理的利用。

（2）向农业生产的广度和深度进军，大力发展农业多种经营

虽然我国按人口平均计算的耕地资源非常有限，但其他农业生产资源相对比较丰富，有大量的草地、林地、海域和淡水养殖面积可供利用。因此，在安排农业生产经营的过程中，不能把注意力只集中在单一的农业生产项目上，或者只进行简耕粗作的农业生产经营，而是应该开阔视野，树立大农业经营观念，走农林牧副渔全面发展、农工商一体化的发展道路，这样才能为农业劳动力的充分利用提供更多的就业门路。

（3）合理分配农业劳动力，积极探索适合我国国情的农业剩余劳动力转移

除了在农业内部努力提高农业劳动力的利用率之外，还应该对农业劳动力进行合理分配使用，加强对农业剩余劳动力的转移。为此，要在农、林、牧、渔之间，农业和农村其他产业之间，生产性用工和非生产性用工之间合理分配使用农业劳动力，把富余的农业劳动力千方百计地转移到工业、商业、服务业、交通运输业、建筑业等二、三产业中去，避免农业劳动力因为配置不均造成的窝工浪费和转移受阻造成的闲置浪费。

（4）改善农业劳动组织，加强农业劳动管理

为了充分合理的利用农业劳动力资源，还应该在农业生产中采取科学的、与生产力水平相适应的农业劳动组织形式，加强和改善劳动管理，建立健全农业劳动绩效考评机制，实施合理的、有激励效果的劳动报酬制度，使农业劳动者从关心自己利益的动机出发，积极主动地、负责任地参加农业生产劳动，进而提高农业劳动力的利用率。

（二）农业劳动生产率

1. 农业劳动生产率的概念

农业劳动生产率即农业劳动者的生产效率，它是指单位劳动时间内生产出来的农产品数量或生产单位农产品所支出的劳动时间。农业劳动生产率反映了农业劳动消耗与其所创造的劳动成果之间的数量比例关系，表明农业劳动力生产农产品的效率或消耗一定劳动时间创造某种农产品的能力，提高农业劳动生产率是发展农业生产的根本途径。

2. 农业劳动生产率的评价指标

评价衡量农业劳动生产率的水平，有直接指标和间接指标两大类指标。

（1）直接指标

农业劳动生产率的直接指标是指单位劳动时间内所生产的农产品数量或生产单位农产品所消耗的劳动时间。用公式表示如下：

$$农业劳动生产率 = 农产品产量或产值 / 农业劳动时间$$
$$或，农业劳动生产率 = 农业劳动时间 / 农产品产量或产值$$

农产品数量可以用实物形式表示，如粮食、棉花的一定数量单位等；也可以用价值形式表示，如农业总产值、净产值等。由于价格是价值的外在表现，而价格又在不断发生变化，因此采用价值形式来比较不同时期的农业劳动生产率时，要采用不变价格计算。农业劳动时间应该包括活劳动时间和物化劳动时间，这样计算出来的农业劳动生产率称为完全劳动生产率。但由于物化劳动时间的资料取得比较困难，一般只用活劳动时间来计算农业劳动生产率，称为活劳动生产率。在实际工作中，为了使活劳动生产率尽量接近完全劳动生产率，在用价值表示农产品数量时可以减去已消耗的生产资料价值部分，直接用农业净产值表示。活劳动时间的计算单位通常采用人年、人工日、人工时等指标。

（2）间接指标

为了及时考察农业生产过程中各项作业的劳动生产率，还可以采用单位劳动时间所完成的工作量来表示农业劳动生产率，即劳动效率。这就是衡量农业劳动生产率的间接指标，如一个"人工日"或"人工时"完成多少工作量等，用公式表示如下：

$$农业劳动效率 = 完成的农业工作量 / 农业劳动时间$$

在运用农业劳动效率指标时要注意和农业劳动生产率指标结合应用，因为两者之间有时一致，有时可能不一致，如由于技术措施不当、劳动质量不高、违反农时以及自然灾害等多种原因时常造成二者不一致。因此，不能单纯强调农业劳动效率，必须在采用正确技术措施的条件下，在保证质量和不误农时的前提下，积极提高农业劳动生产率。

3. 提高农业劳动生产率的意义

农业劳动生产率的提高，意味着包含在单位农产品中劳动总量的减少，这是农业生产力发展的结果，也是发展农业生产力的源泉，是衡量社会生产力发展水平的重要标志。因此，不断提高农业劳动生产率是农业发展的主要目标，也是加速社会向前发展的坚实基础，不仅具有重大的经济意义，而且具有重大的社会政治意义。具体表现在：

①提高农业劳动生产率和农产品质量，以较少的农业劳动力生产出更多的高质量农产品，从而能够更好地满足国民经济发展和人民生活的需要。

②提高农业劳动生产率，促进农业和国民经济的综合发展，降低单位农产品的劳动消耗，为国民经济其他部门准备了大量劳动力。

③提高农业劳动生产率，能够增加农民的收入，为农民进军国民经济的其他部门提供了条件。

④提高农业劳动生产率，能够提高农业劳动力的综合素质，使农民学习科学文化知识和专业技能，进一步促进农业生产力的发展。

二、农业劳动力资源的开发

（一）农业劳动力资源开发的含义

农业劳动力资源开发，指的是为充分、合理、科学地发挥农业劳动力资源对农业和农村经济发展的积极作用，对农业劳动力资源进行的数量控制、素质提高、资源配置等一系列活动相结合的有机整体。农业劳动力资源的开发包括数量开发和质量开发两个层次的含义。

农业劳动力资源的数量开发，是指用于农业劳动力资源控制而展开的各项经济活动及由此产生的耗费。不同类型的国家或地区的农业劳动力资源数量控制的目标也各不相同，既有为增加农业劳动力资源数量进行努力而付出费用的，也包括为减少农业劳动力资源数量而做出各种努力的。前者通常存在于经济高度发达，人口高龄化尤其是农村人口高龄化的国家；后者则存在于包括我国在内的大量农业劳动力过剩的发展中国家。

农业劳动力资源的质量开发，一般是指为了提高农业劳动力资源的质量和利用效率而付出的费用，包括用于农业劳动力资源的教育、培训、医疗保健和就业等方面的费用。目前，我国的农业劳动力资源开发主要是指对农业劳动力资源的质量开发，尤其是对农业劳动力在智力和技能方面的开发。

（二）农业劳动力资源开发的意义

随着农业现代化的发展，农业生产对科学技术人才和科学管理人才的需求越来越大，因而开发农业劳动力资源质量，提高农业劳动者的素质显得越来越重要。其重要意义主要体现在以下几个方面：

1. 农业现代化要求农业劳动力有较高的素质

在国外一些实现了农业现代化的国家中，农业有机构成与工业有机构成之间的差距在逐步缩小，甚至出现了农业有机构成高于工业有机构成的情况，因而对农业劳动力资源数量的要求越来越少，对农业劳动力资源质量的要求却越来越高。这就要求提高农业劳动者的科学文化水平和专业技能，以便在农业生中掌握新设备和新农艺。

2. 科技投入在农业生产中的重要性日益提高

农业生产的发展规律表明，农产品增产到一定程度后，再要提高产量、提高投入产出的经济效益，就不能只靠原有技术，而是要靠采用新的科技手段。因此，要繁育农业新品种，改革耕作及饲养方法，提高控制生物与外界环境的能力，就必须对农业劳动力资源进行开发，以利于将现有农业生产力各个要素进行合理组合，选择最佳方案。

3. 农业生产模式的变革要求农业劳动力掌握更多的知识和技能

农业生产正在由自然经济向商品经济转变，并逐步走向专业化、社会化的过程中，需要掌握市场信息，加强农产品生产、交换和消费各个环节的相互配合，没有科学文化、缺乏经营能力是做不到的，这客观上要求对农业劳动者进行教育培训，提高他们的科学文化水平和经营管理能力。

4. 开发农业劳动力资源是拉动内需，促进国民经济进一步发展

随着对农业劳动力资源开发步伐的加快，农民对教育的需求将会不断增加。为此，必须采取积极措施，发展面向农业劳动力资源开发的教育产业，增加农村人口接受各类教育和培训的机会，为农村经济的进一步发展培养出更多合格的有用人才。同时，大力开发农业劳动力资源，增加农业人力资本的积累，可以使教育成为农村新的消费热点，拉动内需，促进国民经济的发展。

（三）农业劳动力资源开发的基本对策

1. 加强对农业劳动力资源开发的组织领导与管理协调

随着农村工业化、城镇化进程的加快，我国的农民正在发生着职业分化，有着更多的发展要求和发展空间。除一部分农民继续留在农村务农之外，大部分农民正由农业向城镇非农产业流动，由传统农民向现代产业工人转化。但由于转移的大多数农民不具备非农就业所必需的知识、技能和素质，客观上要求加大对农村人力资源的开发力度，以此提高农民的科技文化素质。为此，必须做好组织领导和管理协调方面的工作，建议成立由中央有关部门牵头的专门领导小组，作为农民教育培训的领导、协调机构；增加农村职业教育和成人教育的经费投入，把农村职业教育和农民培训工作列入地方政府的任期目标和考核内容；下大力气实施农民培训工程，用 5 ~ 10 年时间对 16 ~ 45 岁的农业劳动力群体进行一次全面的技能轮训；继续坚持农村"三教统筹"和"农科教结合"，并进一步探索在新形势下的实现方式。

2. 加快体制创新，积极构建政府主导、多元投资的农民教育培训体系

农民教育培训作为一项面广量大的系统工程，理应得到各级政府、各相关部门乃至全社会的共同关注和积极支持。政府部门作为教育的实施主体，应当从促进教育公平，关心弱势群体，构建和谐社会的战略高度出发，充分认识加强农民教育培训的重要性。在解决农民教育培训资金经费的问题上，各级政府应处于主导地位，同时也必须广开渠道，实行投资主体的多元化。首先是中央和地方财政要加大对农业劳动力资源开发的投入，提高教育经费的财政投入占 GDP 的比重，同时在教育经费的使用过程中，向农民教育培训投入适当倾斜。其次是国内、国外并重，吸引各方投入。国内要鼓励城市支持农村，东部支援西部，鼓励企业、投资者到农村和西部地区进行教育投资。国外则要通过优惠政策，吸引国外政府、国际组织、企业家、华人华侨到我国农村开发劳动力资源，同时积极争取无偿援助、捐赠、低息贷款等，通过吸引多元投资方式推动我国农业劳动力资源开发水平的全面提升。与此同时，还要加快体制创新，完善培训体系，尽快建立与现代农业和农村经济发展相适应，以农民科技教育培训中心为骨干、以中高等农业院校、科研院所和技术推广机构为依托，以企业和民间科技服务组织为补充，以乡镇培训基地为基础的功能强大、手段先进、运转灵活的开放型、协同型的农民教育培训体系，按照新农村建设的要求，卓有成效地开展对农民的教育培训。

3. 规范劳动就业准入制度，建立完善促进教育需求的动力机制

为了提高农民的就业竞争能力，实现农业剩余劳动力的高质量转移，必须推行规范的劳动就业准入制度。一是要严格职业准入：要在确定的职业准入范围内，积极推行职业准入制度，逐步做到凡已公布实行职业准入的行业，农村青壮年劳动力如果没接受职业教育或培训，没有取得相应的毕业证或职业资格证，就不能参加就业。二是严格年龄准入：其中大多数是没有升入高中的初中毕业生，这些初中毕业生没有经过基本的职业培训就直接进入劳动力市场，给本已过剩的劳动力市场造成更大压力和混乱，也造成人力资源的巨大浪费。对此，各级劳动部门、用人单位必须严格执行《劳动法》，对未成年的农村初中毕业生实行就业年龄限制，通过规范劳动准入制度，督促年轻农民主动参与职业教育和技能培训。

4. 加快农村社会保障制度建设

由于中国还存在城乡二元结构的制度性障碍，广大农民尚无法获得与城镇居民一样的社会保障，社会保障制度尚未覆盖广大农村。农民仍然是依赖于土地保障和传统的子女养老，这对于农村实现跨越式发展是一种巨大的障碍。因此，在国家层面必须加强规划，收入再分配方面向农村社会保险制度改革倾斜，尽快将农村社会保险制度建立起来。当前，农民迫切需要的是养老保险和医疗保险两大社会保险制度，对此可以根据我国的基本国情和农村实际，进行统一规划、分步实施，并使其逐步纳入国家社保体系，使农村人力资源的社会保障水平切实得到提高。具体来说，在养老保险方面，可以先实现较低水平的保障，争取用 15～20 年的时间分阶段纳入全国社会保障体系；在医疗保险方面，应首先解决大病医疗保险，然后在条件允许的情况下再实行普通医疗保险，也争取用 15～20 年的时间，分阶段纳入全国社会保障体系。在条件许可的时候，再逐步建立其他社会保险制度，如生育保险、工伤保险、失业保险等，最终使社会保障制度覆盖包括农民在内的全国所有人口。

三、农业劳动力资源的利用管理

为了充分合理地利用农业劳动力资源，需要积极促进农民的充分就业，提高农业劳动力的使用效率和经济效益，主要是提高农业劳动力资源的利用率和农业劳动生产率两个指标。

（一）发展农业集约化和产业化经营，提高农业劳动力资源的利用率

我国的农业劳动力资源十分充裕，而农业自然资源尤其是土地资源相对稀缺，同时对农业的资金投入不足，导致农业劳动力资源大量闲置，农业劳动力资源的利用率较低。从当前我国农业生产的情况来看，要提高我国农业劳动力利用率，主要应该依靠农业的集约化经营，增加农业生产对农业劳动力的吸纳能力。具体途径主要有以下几点：

①增加对农业的资金和其他要素投入，加强农业基础设施建设，为农业生产创造更好的物质条件。同时改变原有单纯依靠增加要素投入量的粗放型农业生产经营模式，促

进农业劳动力资源和农业生产资料的更好结合，通过实现农业生产的集约化经营来增加农业生产的用工量，使农业劳动力资源得到充分利用。

②发挥资源优势，依靠农业科技，加快发展农业产业化经营，增加农业生产的经营项目，拉长农业生产的产业链条，吸纳农业劳动力就业。尤其是要发展劳动密集型农产品的生产，创造更多的农业就业岗位，使农业劳动者有更多的就业选择空间，增加对农业劳动力的使用。

③合理安排农业劳动力的使用，组织好农业劳动协作与分工，尽量做到农业劳动力资源与各类需求量的大体平衡。要根据各项农业生产劳动任务的要求，考虑农业劳动者的性别、年龄、体力、技术等情况，合理使用农业劳动力资源，做到各尽所能、人尽其才，充分发挥劳动者特长，提高劳动效率。另外，要尊重农业劳动者的主人翁地位，充分发挥他们在农业生产中的主动性、积极性和创造性。

④对农业剩余劳动力进行有效转移，合理组织劳务输出。一方面，发展农村非农产业，实现农业剩余劳动力的就地转移，同时把农业剩余劳动力转移与城镇化发展结合起来，积极推动农业剩余劳动力向城市转移；另一方面，积极推动农业剩余劳动力的对外输出，利用国际市场合理消化国内农业剩余劳动力，这也是我国解决农业劳动力供求矛盾，提高农业劳动力资源利用率的一个重要途径。

（二）促进农业现代化，提高农业劳动生产率

充分合理地利用农业劳动力资源，还要提高对农业劳动力的使用效率，增加农业生产中劳动力资源投入的产出，即提高农业劳动生产率。影响农业劳动生产率的因素主要包括生产技术因素，即农业现代化水平，以及自然因素和社会因素。这些影响因素决定了提高农业劳动生产率主要有以下途径：

1. 充分合理地利用自然条件

所谓自然条件，是指地质状况、资源分布、气候条件、土壤条件等，这些影响农业拉动生产率的重要因素。自然条件对农业生产有至关重要的影响，由于自然条件不同，适宜发展的农业生产项目也不同。以种植业为例，同一农作物在不同的自然条件下，投入等量的劳动会有不同的产出，也就是会有不同的劳动生产率。因此，因地制宜地配置农业生产要素，利用自然条件，发挥区域优势，投入同样的农业劳动力就可以获得更多的农产品，提高农业劳动的自然生产率，实现对农业劳动力资源的优化利用。

2. 提高农业劳动者的科技文化水平和技术熟练程度

劳动者的平均技术熟练程度是劳动生产率诸多因素中的首要因素，在农业生产中也同样如此。由于农业生产中的生产力提高和科技进步是以新的劳动工具、新的劳动对象、新的能源和新的生产技术方法等形式进入农业物质生产领域的，因而要求农业劳动者具备较高的科技文化水平、丰富的生产经验和先进的农业劳动技能。另外，农业劳动者技术熟练程度越高，农业劳动生产率也就越高。为了提高农业劳动者的科技文化水平和技术熟练程度，必须大力发展对农业和农村的文化教育事业、科学研究事业以及推广工作。

3. 提高农业经济管理水平，合理组织农业生产劳动

要按照自然规律和经济规律的要求，加强农业经济管理，提高农业经济管理水平，使农业生产中的各种自然资源、生产工具和农业劳动力资源在现有条件下得到最有效的组合和最节约的使用，从而达到增加农产品产量、节约农业活劳动和物化劳动的目的，这对于提高农业劳动生产率、合理有效利用农业劳动力资源具有重要作用。

4. 改善农业生产条件，提高农业劳动者的物质技术装备水平

农业劳动者的物质技术装备水平是衡量一个国家农业生产力发展水平的重要标志，也是提高农业劳动生产率最重要的物质条件。农业劳动者的技术装备水平越高，农业劳动的生产效能也就越高，而要提高农业劳动者的技术装备水平，就要发展农业科技。只有农业科学技术不断发展，才能不断革新农业生产工具，不断扩大农业劳动对象的范围和数量，从而有效提高农业劳动生产率。

5. 正确贯彻农业生产中的物质利益原则

在一定的物质技术条件下，农业劳动者的生产积极性和能动性是关系农业劳动生产率的决定性因素。在我国目前的社会主义市场经济条件下，人们劳动和争取的一切都与他们自身的物质利益直接相关，因此必须用物质利益来提高农业劳动者的积极性、主动性和责任心，这样才能更好地组织农业生产劳动，提高农业劳动生产率。

此外，建立健全完善的农业经济社会化服务体系，解决好农业生产过程中的系列化服务等，对提高农业劳动生产率也具有重要作用。

第七章 农产品市场与营销管理

第一节 农产品市场体系概述

市场是生产力发展到一定阶段的产物，属于商品经济的范畴，凡是有商品生产和商品交换的地方，就必然有市场。随着经济的发展，农产品市场的范围、形式和交易的内容都在发生变化。从市场的活动范围来看，它不仅涉及产前活动如市场调查与预测、产品研发等，而且还延伸到产品的售后活动，如售后服务、信息反馈等。市场的形式也越来越多样化，现代市场的商品交换通过电话、传真、计算机网络就可以顺利实现。

一、农产品市场体系概括

（一）农产品市场的概念及特点

1. 农产品市场概念

农产品市场是农业商品经济发展的客观产物，它的含义有狭义和广义之分：狭义的农产品市场是指农产品交易的场所。农业生产者出卖自己生产的农产品和消费者购买自己所需的农产品，需要有供他们进行交换的场所，这种交换农产品的场所就形成了农产品市场，如农贸市场、蔬菜市场、花卉市场等。

广义的农产品市场是指实现农产品价值和使用价值的各种交换关系的总和。它不仅包括各种具体的农产品市场，还包括农产品交换中的各种经济关系，如农产品的交换原则与交换方式，人们在交换中的地位、作用和相互联系，农产品流通渠道与流通环节，农产品供给与需求的宏观调控等。

2. 农产品市场的特点

农产品市场与其他市场相比，具有以下特征：

（1）农产品市场具有供给的季节性和周期性

由于受自然条件和生物机理的影响，农业生产具有很强的季节性和周期性，而农产品只有在收获后才能进入市场，这就决定了农产品市场的供给有旺季和淡季之分。为了保证农产品市场供给和消费需求的均衡，必须做好农产品的储存、保管和加工工作，调剂市场上农产品的供求，保证市场的正常供应。

（2）农产品市场交易的产品具有生活资料和生产资料的双重性质

很多农产品具有生活资料和生产资料的双重性质，如粮食、水果、棉花等，既是人们日常生活的必需品（生活资料），又分别是食品加工业和棉纺工业所需的原材料（生产资料）。

（3）农产品市场受自然风险和市场风险的双重影响

农业生产包含了动植物的生长、发育、成熟、收获与储运的全过程，因而受到自然与市场双重风险的考验。一方面，农产品生产会受到水、旱、风、雹、冻、热和病虫等自然灾害的影响，使农产品生产面临各种自然风险；另外在市场经济条件下，农产品还会因供求关系变化而造成市场风险，并与自然风险相互交织，形成互为因果的双重风险。当自然风险小时，农产品因丰收质优量大，价格走低、市场风险变大，反之，自然灾害重时，农产品因欠收量少，价格上扬，此时，市场风险相对变小。

（4）农产品市场经营具有明显的地域性特征

我国幅员辽阔，各地自然条件差异性较大，导致各地的农业生产也有着较强的地域特色，形成了如粮食作物区、经济作物区、牧区和林区等不同的农业生产区域。即使是粮食生产，由于地理环境不同，适宜种植的作物品种也不同，如北方地区多种植小麦，而南方地区则较宜种植水稻。而且由于不同地域的人们的消费习惯不同，从而对各类农产品的需求也是有差异的，如北方人习惯面食，而南方人则偏爱米饭；草原牧区的人们更喜牛、羊等肉食，而沿海地区的居民则更爱各类海产品。为此，要因地制宜做好不同农产品市场的经营，兼顾生产地和消费市场、卖方和买方的利益。

（5）农产品市场流通具有"分散－集中－分散"的特点

农产品的生产遍布在全国各地，由全国数亿个小规模的生产单位（含农户）经营，而商品性农产品的消费主要集中在城市。由此形成了农户"分散"生产，由经营者通过收购、贮藏、运输、加工等环节进行"集中"，再经批发、零售等环节，最终"分散"到消费者的流通模式。因此，农产品购销网点的设置和收购方式等都要与这一特点相适应。

（6）农产品市场具有较强的政府宏观干预性

农业是国民经济的基础，农产品是关系国计民生的重要产品，农产品供求平衡且基本稳定是社会稳定和经济发展的保障。因此，对农产品市场的经营活动和农产品价格，既要充分发挥市场机制的调节作用，又要加强宏观调控，以实现市场繁荣和社会稳定两个目标，还可以通过全球的余缺来调剂一国农产品的丰欠。

（二）农产品市场体系的概念及构成

1. 农产品市场体系的概念

农产品市场体系是流通领域内农产品经营、交易、管理、服务等组织系统与结构形式的总和，是沟通农产品生产与消费的桥梁和纽带，也是现代农业发展的重要支撑体系之一。

2. 农产品市场体系的构成

农产品市场体系由市场主体、市场客体、市场机制和市场组织等构成。

（1）农产品市场主体

农产品市场主体是指具有自身利益、自主参与市场交易活动的所有组织和个人，包括农产品生产者、经营者、消费者和农产品市场调节者。

（2）农产品市场客体

农产品市场客体是指交易当事人之间发生交换关系的标的物，即市场交易的对象。市场客体包括实物形态的商品、知识形态的商品、以等价物形态出现的资金商品和以活动形态出现的劳动力商品等。

（3）农产品市场机制

农产品市场机制是指市场经济中各市场要素互相适应、互相制约，共同发挥作用而形成的市场自组织、自调节，实现自我平衡的功能，即在客观经济规律的作用下，实现生产、分配、交换和消费的自动调节。市场机制包括价格机制、供求机制、竞争机制、激励机制、风险机制等，它们相互联系和作用，共同调节农产品生产和流通机制。

（4）农产品市场组织

农产品市场组织是为保证商品交换顺利进行而建立的协调、监督、管理和服务农产品市场的各种机构、手段和法规。农产品市场组织包括流通组织机构如农产品供销合作社、中介组织如农产品劳动服务公司、管理组织如农产品统计及工商行政等部门、技术管理组织如计量部门、民间组织如农产品行业组织协会等。

二、农产品零售市场

（一）农产品零售市场概念

农产品零售市场又称农产品消费市场，它是农产品的最终交易场所，反映了农产品的生产者、加工者、经营者和消费者等多方面的经济关系。农产品零售市场主要包括露天集市、农贸市场、副食商店、社区便民菜肉店和不同规模的连锁经营超市等。

（二）农产品零售市场的特点

①农产品零售市场的辐射范围较小，多限于周边居民的消费并与中心集散市场接近。

②农产品零售市场的交易方式主要是现货交易，交易数量小，交易频率高。

③农产品零售市场上出售已加工的农产品和鲜活农产品。

④在农贸市场上，小型批发商和零售商是此类市场的主要供应者；在超市中，农产品及食品的连锁、配送是其供货的基本形式；部分农产品特别是鲜活农产品一般由生产者直接在市场上进行销售。

⑤农产品零售市场的农产品价格一般都高于产地市场和批发市场价格。

（三）农产品零售市场的发展

以超市、连锁、配送等模式经营农副产品是我国农产品零售市场发展的一大趋势。中国农产品传统的"提篮小卖"的经营形式和露天集市的市场环境已无法满足人们对优质、安全农产品的需求。超市经营不仅能为消费者提供新鲜优质的各类农副产品，而且购物环境更舒适宽敞，农产品价格也较为规范统一。

我国连锁超市起步于20世纪90年代初期，当时的超市主要经营日常生活用品和加工食品的零售业务。20世纪90年代中后期，农产品超市经营快速发展。北京、上海、深圳、南京、杭州等大城市先后制定政策，加快了农贸市场超市化改革的进程。要加快发展农产品连锁、超市、配送经营，鼓励有条件的地方将城市农贸市场改建为超市，支持农业龙头企业到城市开办农产品超市。

三、农产品批发市场

（一）农产品批发市场概念

农产品批发市场又称中心集散市场，是指将来自各个产地市场的农产品进一步集中起来，经过加工、储藏和包装，通过销售商分散销往全国各地的场所及组织。此类市场多设在交通便利或农副产品的主产地，一般规模较大，并设有较大的交易场所和仓储设施等配套服务设施。农产品批发市场每笔交易的数量和金额都较大。

根据经营农产品品种的多少，农产品批发市场可分为综合市场和专业市场。综合农产品批发市场是指主营品种三类以上（含三类）农产品的批发市场。专业农产品批发市场是指主要经营某一类农产品的批发市场，包括蔬菜、果品、水产品、肉禽蛋、粮油、花卉、干菜副食调味品、食用菌等批发市场。如山东寿光蔬菜批发市场是我国蔬菜批发市场的标杆，济南维尔康肉类水产批发市场则以冻品和鲜肉为主要交易对象。

（二）农产品批发市场的作用

1.农产品批发市场是农产品交易流通的中心环节

农产品批发市场是为农产品集中交易提供场所的有形市场，是农产品流通体系与营销体系的核心环节。为解决我国"小农户，大市场"的矛盾，需要在众多的小农户和巨大的市场之间建立一个庞大的流通体系来完成生鲜农产品的集散。农产品批发市场作为农产品流通的中心环节，有效地保障了城市供应，解决了农产品的销售问题。大型集散地农产品批发市场由于具有交通便利、功能齐全、辐射范围广等特点，发挥了远距离运输集货和中转批发作用，有力推动了农产品大流通格局的形成。

2.满足了交易双方扩大交易规模和交易空间的要求

农产品批发市场是一种或多种农产品及其系列商品集中进行现货交易的场所，是解决农业生产的大批量与消费形式多样化之间客观矛盾的有效交易形式，能够明显地节省交易成本。批发市场的高效率和低交易费用是零售市场所不可替代的。农产品批发市场的开放性、灵活性的特点和横向经济联系的形式，有利于按照商品的自然流向和运动规律进行流通，促进产销直接见面，极大地节约了交易时间。

3.农产品批发市场能够充分发挥价值规律的作用

拥有众多生产者和消费者的农产品批发市场，具有买卖的广泛性和更充分的市场竞争性，使其成交价格能较好地反映市场供求关系的变化，从而促进生产者和消费者效用的最大化。

4.农产品批发市场能够为农业生产者提供综合服务

农产品批发市场的交易情况，客观地反映了农产品供需及价格等市场信息的变动情况，能够为农业生产经营和决策提供信息指导，尽量规避农产品生产和经营上的盲目性。

（三）农产品批发市场的发展与完善

农产品批发市场是我国改革开放以后形成的商业形态，伴随经济发展和经济体制改革的进程，我国农产品批发市场经历了从少到多、从产地市场兴起到产地市场与销地市场并行发展、从民间自发形成到政府推动建设的过程。

我国加入世界贸易组织以后，随着市场的逐步对外放开，客观上要求农产品批发市场进一步实现规范化、制度化和法制化，农产品批发市场进入二次创业阶段。以批发市场为中心的农产品市场体系，既是农产品价格形成的依托，也是国家进行宏观调控的渠道。以批发市场为中心的农产品市场体系建设是发展市场经济的大事，要根据经济区域和农产品流向的要求，建立若干全国性的大型农产品批发市场，并通过现代信息系统与农产品初级市场、零售市场以及大型批发市场、期货市场连接起来，形成开放式和运行高效有序的市场网络，充分发挥批发市场在全国农产品流通中的决定作用。为了达到以上目标，可以从几个重点方面做起：

①加强有形市场建设，统筹规划，优化布局结构，构建完善的市场体系。

②大力培育市场内有活力的经营主体，激活农产品市场。包括构建以贸工农一体化

为主的纵向一体化的组织形式，将农产品生产者和加工者、营销者之间的市场关系内部化，实现风险共担和利益共享；加快横向一体化进程，发展农产品销售合作组织。培育发展农村流通中介组织，提高农民参与流通的组织化程度，已成为解决农产品小生产与大市场之间矛盾的当务之急，也是完善批发市场、优化价格形成机制的实际要求。

③鼓励交易方式的变革和创新，积极稳妥地推行拍卖制、销售代理制、配送制和电子商务等，健全农产品价格形成机制。

④强化软件建设，提高市场管理水平。

⑤建立健全农产品质量标准体系和农产品市场信息网络，提高市场交易效率。

⑥进一步完善市场监测体系，建立有权威的农产品供给、需求以及市场价格变动的预测、预报系统和信息发布制度。

⑦加强农产品市场的法制化建设。

四、农产品期货市场

（一）农产品期货市场的概念

期货交易是与现货交易相对应的一种交易方式，是商品交换的一种特殊方式，其最早始于农产品期货合约。农产品期货是世界上最早上市的期货品种，并且在期货市场产生之后的120多年中，农产品期货一度成为期货市场的主流。狭义的农产品期货市场是指进行农产品期货交易的场所，通常特指农产品期货交易所。广义的农产品期货市场是指农产品期货合约交易关系的总和，它是由相互依存和相互制约的期货交易所、期货交易结算所、期货经纪公司和期货交易者组成的一个完整的组织结构体系。

（二）农产品期货市场的特性

1. 交易对象的特殊性

农产品期货市场以农产品期货合约为交易对象。农产品期货合约是一种由期货交易所统一制定、在交易所内集中交易、受法律约束并规定在未来的某一特定时间和某一特定地点交割一定数量和一定质量的某种特定农产品的标准化合约。标准化的农产品期货合约只是现货的象征或代表。

2. 交易商品的特殊性

农产品期货市场中交易的商品是一些具有代表性并且需要具备一定条件的特定农产品。这类农产品通常需要具备两个基本条件：一是品质等级易于标准化；二是能够长期贮藏且适于运输。另外，对农产品期货市场交易的农产品来说，其现货市场应具备两个基本特征：一是特定期货农产品的现货市场接近完全竞争市场；二是特定现货市场环境发达完善，使得现货市场交易和投资主体不仅需要而且能够利用期货市场回避现货价格波动的风险或获得风险利润。

3. 交易目的的特殊性

进入农产品期货市场的交易者的目的是利用农产品期货市场进行套期保值,以规避农产品现货价格波动的风险,或是为了利用期货市场价格的上下波动来投机获利。

4. 交易场所与交易方式的特殊性

农产品期货市场中的交易必须在高度组织化的期货交易所内依照期货法规集中进行,即不能分散地进行交易,所有的交易都要集中在期货交易所内通过公开、公正、公平竞争的方式进行交易。

5. 交易保障制度的特殊性

农产品期货市场中的交易虽然也有基本的法律保障,但更重要的交易保障制度是由会员制度、保证金制度、无负债结算制度等构成的规则制度来保障期货交易的正常运行。

6. 交易机制的特殊性

农产品期货市场交易机制的特殊性在于其双向交易和对冲交易。双向交易是指在期货交易中,交易者既可以买入期货合约作为期货交易的开端,也可以卖出期货交易合约作为交易的开端,也就是通常所说的买空卖空。对冲交易指盈亏相抵的交易,即同时进行两笔行情相关、方向相反、数量相当、盈亏相抵的交易。

(三)农产品期货市场的功能

1. 规避价格风险,保障农户和相关经营者利益

现货交易的农产品价格只能反映即期市场供应的价格。由于农产品生产周期长,不可控因素多,价格往往具有滞后性。随着期货交易的产生和发展,生产经营者可以在期货市场上进行套期保值业务来规避、转移或分散现货市场上农产品价格波动的风险。套期保值能够实现规避价格风险的基本经济原理在于某一特定商品的期货价格与现货价格在同一时空内会受相同的经济因素影响和制约,因此一般情况下两个市场的价格变动趋势相同。

2. 发现合理价格

期货交易所是一个公开、公平、公正、竞争的交易场所,它将众多影响供求关系的因素集中于交易所内,通过公开竞价,形成一个公正的交易价格。这一交易价格被用来作为该商品价值的基准价格,通过现代化的信息传递手段迅速传递到全国各地,人们可以利用此价格来制定各自的生产、经营和消费决策。期货交易具有发现价格的功能,主要是因为:第一,期货交易参与者众多,成千上万的买家和卖家集聚在一起进行竞争,代表了供求双方的力量,有助于真实价格的形成;第二,期货交易中的交易主体大都熟悉某种商品行情,有丰富的经营知识和广泛的信息渠道以及一套科学的分析、预测方法;第三,期货交易透明度高,竞争公开化、公平化,有助于形成公正的价格。期货市场是集中化的交易场所,自由报价,公开竞争,避免了现货交易中一对一的交易方式极易产生的欺诈和垄断行为。通过规范化的市场和公平竞争形成的期货价格,能比较客观地反

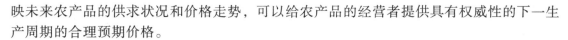

映未来农产品的供求状况和价格走势，可以给农产品的经营者提供具有权威性的下一生产周期的合理预期价格。

3. 风险投资功能

风险投资功能主要是针对期货投机者而言的。期货风险投资一般包括两层含义：一是投资者将一定金额的货币资金用于期货交易项目，即买卖期货合约；二是投资者参与期货交易的目的主要是获得以货币表示的经济收益。因而期货风险投资是一个含义较为广泛的概念，无论投资主体是为了获取转移风险的经济收益，还是为了获得超额利润，只要特定的投资主体为了获取经济收益而用一定数额的货币买卖期货合约，都属于期货风险投资行为。

4. 资源配置功能

资源配置功能的发挥不是通过直接实物交割来实现的，而主要是通过期货市场的杠杆作用，间接调配物资在期货市场外流转。同时，期货市场快捷的信息传递、严格的履约保证、公平公开的集中竞价、简捷方便的成交方式，全方位地、迅速有效地抹平区域性不合理的价差，也促进了资源配置效果的实现。

第二节　农产品物流

物流定义为：物品从供应地向接受地的实体流动过程中，根据实际需要，将运输、储存、装卸、搬运、包装、加工、配送、信息处理等基本功能实施有机结合。农产品是具有生命的动物性和植物性产品，因而农产品在物流运输过程中对时效性、保鲜性的要求特别高。同时，农产品一般市场销售价格较低，这就使得农产品物流更加困难。

一、农产品物流的概念及特点

（一）农产品物流的概念

农产品物流是以指农业产出物为对象，通过农产品产后加工、包装、储存、运输和配送等物流环节，实现农产品保值增值，最终送到消费者手中的活动。具体而言，它包括农产品的收购、运输、储存、装卸、搬运、包装、配送、流通加工、分销、信息活动等一系列环节。

（二）农产品物流的特点

由于农产品独特的自然属性和供求特性，使得农产品物流也有着明显区别于工业品物流的特征：

1. 农产品物流的数量大、品种多、范围广

当前粮食、经济作物及畜牧产品和水产品的商品率极高，它们不仅直接满足了人们的生活需要，还要向食品工业、轻纺工业、化工业等提供原料，因此导致农产品物流的需求量大、范围广。

2. 农产品物流要求高

农产品一般都是有生命的动物性与植物性产品，因此农产品物流特别注重"绿色物流"，以保证在物流运输过程中不污染、不变质。另外，由于农产品价格较低，要努力做到低成本运作。此外，农产品流通还涉及农民收入水平的提高，所以，农产品物流一定要做到服务增值，即农产品加工转化和农产品加工配送。

3. 农产品物流面临较大的风险

一方面，农产品的新鲜度直接影响其品质与价格，而农产品的易腐易烂使其在运输仓储等环节面临较大的风险；另一方面，农业生产具有较强的地域分散性和季节性特点，而农产品的消费却具有全年性和普遍性，这导致了农产品供需之间矛盾的产生，使得供求信息的准确掌握和及时调整都比较困难，从而加大了农产品物流环节的风险。

4. 农产品物流的来源较为单一

农业生产的地域性和相对集中性与农产品消费的分散性之间的矛盾，是导致这一特点的主要原因。一方面，农产品绝大多数是由农村向各个城市流通，另一方面由于农业生产受自然环境的制约，导致个别农产品只能从特定的地点流出。

5. 农产品物流运输不均衡

一方面，由于农产生产的季节性特点，在农产品的收获季节及其以后一段时间是农产品的运输高峰期，对运输能力的需求较高，而在其余的时间里，农产品的运输量则相对较少。另一方面，农产品多是有生命的有机物，易损易腐，需要根据其物理化学性质采用科学合理的运输方式，如水果的恒温保鲜运输、粮食的散装运输等。

二、农产品物流的类型与功能

（一）农产品物流的类型

根据农产品物流具体对象的不同，大致可将农产品物流分为以下几类：

1. 粮食物流

粮食是人类生存的最主要的物质资源。

2. 经济作物产品物流

经济作物是指除供人们食用外、可作为工业尤其是轻纺工业和食品加工工业原料的农产品，因其商品率远远高于粮食作物，对物流的需求量大。

3. 畜牧产品物流

畜牧产品既是人们生活所需的肉、蛋、奶等食物的来源，也是轻化、化工、制革、制药工业的原料来源，对物流需求量较大，还可进一步细分为奶类物流、肉类物流及蛋类物流等。

4. 水产品物流

水产品是海洋和淡水渔业生产的动植物及其加工产品的统称，主要分为鱼、虾、蟹、贝四大类。

5. 林产品物流

林产品是重要的工业原料，营林和竹木采伐对物流需求大，主要包括林产品的运输、装卸和搬运三个方面。

6. 其他农产品物流

未能归入上述类别的农产品物流，统称为其他农产品物流。

（二）农产品物流的功能

农产品物流系统具备不同的功能，它们相互联系、相互作用。具体包括：

1. 包装功能

包装有两层含义，即包装物体的容器和对物体施加包装的行为过程。根据包装的作用不同，包装物可分为运输包装和销售包装。包装是商品在生产领域的延续，又有消费领域"无声的推销员"的作用。包装作为物流活动的起点，在农业物流系统中的功能主要有：第一，保护的功能，即保护农产品价值和使用价值在流通过程中不受外界要素的损害，主要包括外部自然环境因素的影响（如温度的变化会影响肉蛋奶类产品的品质）和外部非自然因素的影响（如运输过程中强烈的碰撞对产品的冲击或在装卸搬运过程中发生的跌落等）。因此，做好农业物流的包装工作，充分发挥其保护功能，既能防止农产品本身性能发生变化，又可减少农产品在流通及消费过程中遭受外力的破坏。第二，便捷的功能，即农产品标准化的包装便于装卸、搬运、储存及运输等环节的作业，并提高仓库的利用率和运输工具的装卸能力。第三，销售的功能。农产品的包装在销售环节往往给消费者留下"第一印象"，在农产品品质相同的情况下，精美的包装能够激发消费者的购买欲望，并产生购买行为，成为影响消费者决策的重要因素。

2. 装卸搬运功能

装卸搬运是指物品从一种状态到另一种状态的活动，装卸侧重物品存放状态的改变，搬运则强调物品空间位置的改变。装卸搬运介于生产和流通之间，为两者创造商品的时间效益和空间效益，在农产品物流过程中占有非常重要的位置。其功能主要表现为：第一，衔接的功能。农产品在生产领域、流通领域及消费领域的流转及各种运输方式之间的转换都需要通过装卸搬运来实现，装卸搬运伴随生产和流通过程的各个环节，保证了农业生产各阶段的衔接，是流通过程中各环节相互转换的桥梁。第二，保障和服务的功能。装卸搬运活动本身是一种劳务，其质量好坏直接影响农产品流通过程是否通畅。做好装卸搬运工作，可以有效避免农产品"跑在中间，窝在两边"现象的发生，提高流通效率，减少农产品的跌落损失，增加农民的收入。

3. 运输功能

运输是指物品借助运力在空间上所发生的位置移动。运输环节是农产品物流过程的一个中心环节，是物流系统中的一项重要作业活动。运输功能能够创造农产品的空间效用，消除农产品的生产和消费之间在空间位置上的背离，实现农产品的使用价值，满足社会的各种不同需要。农产品物流系统中运输功能的发挥可以有效提高农产品流通速度和效率，降低农产品物流费用，扩展农产品流通渠道，增加农产品销路和农民收入，从而促进农村经济的稳定发展。

4. 储存保管功能

储存保管是指从接受储存物品开始，经过储存保管作业，直至把物品完好地发送出去的全部活动过程，包括储存保管的对象、储存保管的工具及储存保管的技术储存在生产、流通、消费领域中普遍存在，保管是储存的继续。储存保管可以保障社会生产的连续进行和物流各环节的顺畅进行，同时保证农产品价值和使用价值不受损害及本身性能不会变化。从流通领域来看，农产品必须保持一定数量的流通储存才能保证农产品市场的正常供应，满足消费者的各种需求，如我国的储备粮制度不但是我国粮食市场宏观调控的重要政策工具，也是我国粮食价格和供应稳定、满足人民群众生活需要的重要保障。从物流角度看，它与运输环节共同构成了农产品物流的两大支柱，是农业物流系统的一项重要功能，与其他环节一起为物流提供了时间效用。加强农产品储存保管的管理，采用先进的储存保管技术，完善储存保管设施的建设，能够在较大程度上规避农产品因储存保管上的不足而出现的"库存积压""供应不足"及"腐烂变质"等现象的发生，降低生产成本，提高农业生产效益。

5. 流通加工及废弃物的回收与处理功能

流通加工是指在物流过程中，对农产品进行一些辅助性的加工活动。废弃物的回收与处理是指在物流过程中，对生产和消费中产生的大量排泄物进行收集、加工、处理等一系列活动。两者都对物品进行加工处理，创造物品的加工价值。通过农产品物流的流通加工环节，对生产企业所需的农业原料进行简单的初级加工，既为生产企业节省了初级加工的人财物等支出，又能够提高设备利用率和加工效率，还能合理地组织运输和配送，提高农业物流效益。通过对农产品生产和消费中的废弃物进行回收、处理，既提高了农业资源的再利用率，有助于农民增收，又为农民创造了良好的生产条件和洁净的生活空间。

6. 增值服务功能

农产品物流可以提供物流信息情报是其增值服务功能的主要体现。农产品物流信息情报是指在一定时期内对农业物流各环节运动变化情况及一定范围内的其他活动变化情况的反馈。在农产品物流中，及时、准确、全面的农业信息是农产品物流的生命。农产品物流信息在农村经济发展中起着"引导"和"预测"的作用，农户可以借助市场信息来指导生产，及时准确地调整生产结构和品种结构，并在外部因素波动的情况下做出相对稳定的预测，由此增强农民驾驭市场的能力。

三、农产品运输与配送管理

（一）农产品的运输

1. 合理选择农产品运输方式、运输路线和运输工具

运输方式是指交通运输的性质（海、陆、空），运输路线是指交通运输的地理途径，运输工具是指运输承载物。运输方式是运输路线和运输工具的表现形式，运输路线和运输工具是运输方式的载体。三者关系紧密，是影响农产品运输的重要因素。

合理选择农产品运输方式、运输路线和运输工具，是指在组织农产品运输时，按照农产品运输的特点、要求及合理化原则，对所采用的运输路线和运输工具，就其运输的时间、里程、环节、费用等方面进行综合对比计算，减少增加运输时间、里程、环节、费用等的各种不合理因素和现象，选择最经济、最科学合理的运输方式、运输路线和运输工具。

农产品运输除了采用现代化交通运输方式和运输工具外，还大量使用一些民间运输工具，如拖拉机、帆船、驳船、畜力车、牲畜等。这些运输方式和运输工具各有特点，能够满足特定的自然地理条件或自然属性和产销状况不同的农产品的运输需要。对此需要区别情况，因地制宜，进行合理选择。

对于大宗农产品远程运输，适宜选择火车，因为火车具有运量大、运费低、运行快、安全、准确性和连续性较高等特点。对于短途农产品运输，适宜选择汽车，因为汽车运输具有装卸方便、机动灵活、可直达仓库，以及对自然地理条件和性质不同的农产品适应性强等特点。对于鲜活农产品，可根据鲜活性、成熟度，选择具有相应保养条件的、速度较快的运输工具和运输方式。大宗耐储运农产品运输，适宜选择轮船，因为轮船运输运量大、运费低，虽然速度慢一些。对于那些特殊性急需的农产品运输，可利用飞机运输，因为飞机速度快，虽然由于飞机运费太高，一般情况下不宜采用。液体农产品的特殊运输，可利用管道。管道运输虽然一次性投资大，但可获得长期收益，具有综合效益高、自动化程度高、安全可靠、运输损耗少、免受污染等优点。

民间运输工具是我国农产品运输不可忽视的重要力量。民间的各种运输工具数量多、分布广、使用灵活方便，在某些特殊情况下，是其他现代化运输工具所代替不了的。所以，在广大农村，特别是交通不便的边远地区，民间运输工具是必不可少的，尤其适宜零星分散的少量农产品的短途运输。

2. 采用直达、直线、直拨运输

直达运输是指将农产品从产地或供应地直接运送到消费地区、销售单位或主要用

户，中间不经过其他经营环节和不转换运输工具的一种运输方式。采用这种运输方式运送农产品，能大大缩短商品待运和在途时间，减少在途损耗，节约运输费用。农产品，尤其是易腐易损农产品的运输，应尽可能采用直达运输方式。有些农产品，如粮食、棉花、麻、皮、烟叶等，虽然耐储运，但由于供销关系比较固定，而且一般购销数量多、运量大、品种单一，采用直达运输方式也很适宜。在组织农产品直达运输中，应当和"四就直拨"（就地、就厂、就站、就库直接调拨）的发运形式结合起来，灵活运用，其经济效益会更好。

直线运输是指在农产品运输过程中，从起运地至到达地有两条以上的运输路线时，应选择里程最短、运费最少的运输路线，以避免或减少迂回、绕道等不合理运输现象。直线运输和直达运输的主要区别在于：直线运输解决的主要是缩短运输里程问题，直达运输解决的主要是减少运输中间环节问题。在实际工作中，将二者相结合会收到双重效果。所以，通常合称直达直线运输。

直拨运输是指调出农产品直接在产地组织分拨各地，调进农产品直接在调进地组织分拨调运。直拨运输一般适用于品种规格比较简单，挑选空间不大的大宗农产品运输。

3. 中转运输

中转运输通常是指农产品集散地的批发机构，将农产品集中收购起来，然后再分运出去。中转运输也是组织农产品运输的一种必要方式，有许多功能：可以把分散收购的农产品集中起来，再根据市场需要转运各地，有利于农产品经营单位按计划组织调拨；可以根据农产品的收购、储存情况和市场需求的缓急程度，正确编制运输计划，提高农产品运输的计划性；便于选择合理的运输方式、运输路线和运输工具，开展直达、直线、直拨运输，使农产品运输更加合理化。

4. 大力开展联运

联运是指两种以上的运输工具换装衔接，联合完成农产品从发运地到收货地的运输全过程。联运的最大特点是，农产品经营部门只办理一次手续即可完成全过程的托运。现阶段我国的联运主要是水陆、水水（江、河、湖、海）、陆陆（铁路、公路）联运和航空、铁路、公路三联运。

开展农产品联运，既适应我国交通运输的客观条件和运输能力，也符合农产品产销遍布全国、点多面广的特点。只要联运衔接合理，就可缩短待运时间，加速运输过程。组织联运是一项复杂工作，在组织农产品联运时，购销双方要和交通运输部门密切配合，加强协作，提高联运的计划性、合理性；要通过签订联运合同，落实保证联运顺利进行的措施和责任，以提高联运效果。

5. 大力发展集装箱运输

集装箱是交通运输部门根据其运输工具的特点和要求，特制的装载商品的货箱。我国铁路运输集装箱有 1 ~ 30 吨的几种不同规格。选用时，要根据农产品的重量和用以装载的车型来确定，以求装满载足，减少亏吨。

集装箱运输过程机械化、自动化操作程度高，是现代化的高效运输形式。采用集装箱运输，有利于保证商品安全，简化包装，节约装载、搬运费，加快运输速度，便于开展直运和联运。集装箱运输适应农产品易腐易变的特点和运输要求，应大力发展。

6. 提高运输工具的使用效率和装载技术

运输工具的使用效率，是指实际装运重量与标记载重的比率。提高运输工具使用效率的要求是：既要装足吨位，又要装满容积，这就要求必须提高装载技术。提高运输工具使用效率和装载技术可以挖掘运输工具潜力，运送更多的商品，降低运输成本，节约运费开支。

提高运输工具使用效率和装载技术的主要途径有：

（1）改进包装技术

比如，对轻抛物资科学打包，压缩体积，统一包装规格等。

（2）大力推行科学堆码和混装、套装等技术

要根据不同农产品、不同包装和不同运输工具的情况，大力推行科学堆码和混装、套装等技术。这些技术，都是当前充分利用运输工具的容积和吨位、扩大技术装载量比较切实可行的措施。如把轻抛商品和实重商品合理地配装起来，就能收到车满载充足的良好效果。

（3）改进装载方式方法

如粮食运输由袋装改为散装，不仅节约了大量包装费，也大大提高了装载量。

（4）大力组织双程运输

减少运输工具空驶；组织快装、快卸，加速运输工具周转。

7. 推广冷链运输

冷链运输是指对鲜活农产品从始发地运送到接受地，每一环节的转运或换装都保持在规定的低温条件下进行。比如鲜鱼的运输，就应用冷藏船运到冷藏汽车，再运到冷藏火车，下站后再用冷藏汽车运到冷库。

冷链运输能抑制微生物繁殖和细菌的活动，防止农产品腐变和减少在途损耗。如长距离运输蔬菜，采用一般运输，损耗率大于20%，有的高达50%，而采用冷链运输，损耗率可控制在3%～5%。同时，还能延长农产品储存期，有利于调节市场供求。冷链运输有利于保证农产品质量，减少农产品运输损耗，改进农产品经营，特别是对易腐变的鲜活农产品运输，更应该积极采用冷链运输方式。

（二）农产品的配送模式

农产品物流配送是指根据农产品消费者的需求，在农产品配送中心、农产品批发市场、连锁超市或其他农产品集散地进行加工、整理、分类、配货、配装和末端运输等一系列活动后将农产品交给消费者的过程，主要包括农产品供应商配送和超市连锁配送。其中，前者主要包括农产品配送企业、农产品批发市场、农产品生产者的专业协会等配送主体向超市、学校、宾馆和社区家庭等消费终端配送农产品的过程，而后者主要是经营农产品的超市由总部配送中心向各连锁分店和其他组织配送农产品的过程。

由于农产品的特性以及产销地域广阔分散的特点，对农产品物流规划、方式和手段提出了比较高的要求，这个物流过程也是农产品实现其市场价值的关键环节。作为现代物流的新业态，农产品物流统一组织货源，进行检验检疫、整理清洗、分拣包装，根据订单要求直接送到消费者手中，完成农产品从"田间"到"餐桌"的全程服务，具有安全、高效、便利的特点。在农产品物流整个过程中，农产品配送中心的选址决策至关重要。农产品配送中心是连接农产品生产基地与消费者的纽带，其选址往往决定着农产品物流的配送距离和配送模式，进而影响着农产品物流系统的运作效率。

一般农产品的配送模式如下三种：

1. 农超对接

农超对接即农产品生产与超市直接对接，市场需要什么，农民就生产什么。具体而言就是农户和商家签订意向性协议书，由农户向超市、菜市场和便民店直供农产品的新型流通方式，主要是为优质农产品进入超市搭建平台。

"农超对接"的本质是将现代流通方式引向广阔农村，将千家万户的小生产与千变万化的大市场对接起来，构建市场经济条件下的产销一体化链条，既可避免生产的盲目性，稳定农产品销售渠道和价格，还可减少流通环节，降低流通成本，实现商家、农民、消费者共赢。农超对接是国外普遍采用的一种农产品生产销售模式，目前，亚太地区农产品经超市销售的比重达70%以上，美国达80%，而中国只有15%左右，可见这种模式在我国还有良好的发展前景。

2. 农社对接

农社对接即由农田到社区居民楼下的点对点的直销模式，具体而言就是农民专业合作社在城市社区开设直销店、连锁店，面向社区居民直供直销合作社生产的农副产品，主要是为优质农产品进入社区搭建平台。农社对接是在农超对接基础上发展演变而来的，进一步减少了农产品流通环节，降低了流通成本，实现农民和消费者双赢。目前，已形成社区菜店（点）、车载市场、综合直销店和高端配送等多种类型的农社对接模式。

3. 农居对接或农家对接

农居对接或农家对接一般针对白领阶层和家中有老人、小孩、孕妇的家庭，以及中高收入家庭，主要配送净菜、营养套餐菜系、有机蔬菜、有机农产品、有机禽蛋、有机肉类等。最近几年发展快速的 B2C 电子商务蔬菜配送正是这种模式的典型。

第三节　农产品营销

改革开放以来，伴随着商品农业的发展和农业劳动生产率的迅速提高，我国农业从生产型、数量型、自给型向品质型、效益型、商品型过渡。目前我国农业仍处于从传统农业向现代农业发展的转型时期，农产品营销发展滞后，主要体现在农民的营销观念淡薄、市场营销体系不健全、营销主体缺位、营销模式单一、市场信息不畅通等方面。因此，加强培育农民的现代市场营销意识，规范农民的经营行为，积极开拓国际市场，借助网络营销平台，对扩大农产品交换，促进农业增效、农民增收具有重大意义。

一、农产品营销的概念及特点

（一）农产品营销的概念

农产品营销是市场营销（指个人和群体通过创造并同他人交换产品的价值，以满足需求和欲望的一种社会过程和社会管理过程）的重要组成部分，是指农产品生产者与产品市场经营者为实现农产品价值进行的一系列的价值交换活动。

农产品营销的根本任务就是将生产出来的农产品以合理的价格，适当的流通渠道销售给消费者，以此解决生产与消费的矛盾，满足人们生产或生活的需求。

（二）农产品营销的特点

1. 农产品市场主体规模小且分散

当前我国农业生产仍以农户为主，生产规模小而分散，市场谈判能力较差，对市场信息的收集、分析能力的欠缺又导致生产存在很大的盲目性，从而造成了农产品供给周期性波动的现象。规模小而分散的市场主体也使得农产品的流通环节过多，且运输环节难以形成规模经济。

2. 农产品经营风险较大

农产品经营风险主要表现为市场风险和非市场风险两类。由农产品市场供求关系变化导致的为市场风险，而由于自然灾害、经营环境恶劣等造成的则为非市场风险。由于农产品批发市场价格波动幅度较大，致使从事农产品批发业务的中间商承担了较大的市场风险。农产品价格剧烈波动的原因在于：第一，鲜活、易腐类农产品不耐储存的特性，要求从产地运到销地批发市场后，无论高价低价，都必须在较短时间内出售；第二，规模小而分散的农产品市场主体在生产经营决策上的盲目性和机会主义，加重了批发市场农产品供需间的不平衡；第三，农产品批发商无法及时准确地获得市场行情信息也会导致农产品价格的波动，增加了农产品经营者的市场风险。

3. 缺乏促进农产品品质优化的流通机制

当前我国的农业生产中对化肥、农药的依赖性仍然较强，导致我国农产品虽然总体产量较大，但内在品质不高。近年来，随着人们生活水平的提高和绿色健康生活理念的普及，发展绿色有机农业成为一种必然的趋势。但是在目前的农产品市场上，农产品的供给者与购买者之间在产品内在品质上的信息不对称，导致了一般农产品将优质农产品排挤出市场的逆向选择。

4. 受政府宏观调控的影响较大

农产品是关系到国计民生的重要产品，由于农户分散地生产，且抵御市场风险能力有限，政府都会实施扶持农业生产的政策来对农业生产和经营进行宏观调控，从而会对农产品市场的供需产生巨大的影响。

二、农产品营销策略

（一）农产品目标市场营销

目标市场营销是指企业识别各个不同的购买者群体，选择其中一个或几个作为目标市场，运用适当的市场营销组合，集中力量为目标市场服务，满足目标市场的需要。农产品目标市场营销通常由三个步骤组成：农产品市场细分、农产品目标市场选择和农产品市场定位。

1. 农产品市场细分

农产品市场细分，就是根据农产品总体市场中不同地域的消费者在需求特点、购买行为和购买习惯等方面的差异性，将农产品总体市场划分为若干个不同类型的消费者群的过程。每一个消费者群构成一个有相似需求和欲望的细分市场。农产品市场细分是对消费者的不同需求或行为的分类，而非对产品或企业的分类。

（1）农产品市场细分的标准

作为消费者市场的重要组成部分，农产品市场细分也依据常用的四大细分变数。

第一，地理细分。地理细分是根据消费者所处的地理位置和地理环境来细分消费市场，细分标准包括地区、人口规模、人口密度、气候、地形、交通等指标。其细分依据是：生活在不同地理位置的消费者，对农产品有着不同的需求和偏好。俗话说"一方水土养一方人""靠山吃山，靠水吃水"等都蕴含了地理位置不同对人们饮食偏好的影响。

企业可以选择一个或几个地区经营，也可在整个地区经营，但应注意地区间消费需求和欲望的差异性。企业应努力使自己的产品、营销活动适应个别地区、城市甚至居民的需要。

第二，人口细分。人口是市场三要素之一，人口细分是指根据消费者的年龄、性别、职业、家庭、家庭生命周期、种族、收入、教育、民族和国籍等人口统计变量，将市场划分为若干个不同的群体。人口变量是农产品市场细分的重要标志，也是四大变量中最容易测量的。

例如，在一般情况下，收入与受教育水平越高，人们就越注重营养、质量与安全，因此可将农产品市场按照质优价高的标准来细分市场，如"有机蔬菜""绿色农产品"等就能满足那些高收入且偏好优质农产品的消费群体。

第三，心理细分。指按照人们的个性或生活方式等变量对农产品市场进行细分。随着社会经济的发展以及人们生活水平的提高，特别是在生活比较富裕的地区，人们选购农产品受心理因素的影响越来越大。所谓"萝卜青菜，各有所爱"，表达的就是心理变量对购买行为的影响。由于消费者的需求具有可诱导性的特点，企业可以采取一些措施来刺激人们的购买欲望，进而使其产生购买行为。例如，农产品生产流通中一些不规范的做法，造成农产品质量安全问题频发的信息会影响人们在购买农产品时的销售场所的选择，规范化运营的大型商超就成为人们购物的首选。

第四，行为细分。行为细分是按照消费者的购买行为因素，如使用情况、购买习惯、追求的利益、使用状况和使用频率、品牌忠诚度等对市场进行划分。例如，根据消费者追求的利益，可分为追求品质、经济、服务、舒适、耐用等；依据消费者的忠诚度，可分为无忠诚、一般忠诚、强烈忠诚、绝对忠诚等。行为细分变量中对农产品消费者影响最大的是品牌，尤其是农产品加工市场中品牌影响甚大，而在一定程度上又存有差异，因此形成了各自的细分市场。

（2）市场细分需注意的问题

第一，市场细分的细分变数并非一成不变，而是动态的，要随着社会生产力与市场供求状况的变化而灵活变动。

第二，由于企业间的生产技术条件、营销资源状况和产品情况等存在区别，对同一市场进行细分时不同的企业应采用不同的细分标准。

第三，企业市场细分的方法，可以采用单因素细分法、综合因素细分法或系列因素细分法进行。

2. 农产品目标市场选择

农产品市场细分的目的在于有效地选择并进入目标市场。农产品目标市场是指农业企业或农产品营销组织决定进入并为其服务的农产品市场。农产品目标市场的选择一般是在市场细分的基础上，选择某一个或几个细分市场作为营销对象。

（1）目标市场应该具备以下几个条件

第一，要有适当的规模和发展潜力。作为农产品目标市场，首先要有一定的规模，即足够数量的顾客，能够保证企业有利可图。另一方面，目标市场要有一定的发展潜力，要适应企业长远的发展战略。

第二，要有一定的购买力。只有具备了一定的购买力的需求才是企业现实的市场，才能给企业带来足够的销售收入。企业在确定目标市场时，首先要进行消费者购买力分析，即使有潜在需求，但并不具备购买力的市场，是不能作为目标市场的。在分析购买力时，一方面要分析消费者的收入和经济实力，另一方面还要研究其不同的消费偏好和倾向。

第三，市场尚未被竞争者控制。企业确定目标市场时还要考虑市场的竞争状况，如果市场尚未被竞争对手完全控制，企业在该市场仍有发挥竞争优势的空间；如果竞争对手仅是表面上控制了市场，而企业自身实力较为雄厚，则仍然可以设法进入该市场参与竞争，以竞争与协作并举，配合公关和行政等手段，取得在市场中的一席之地。

第四，符合企业经营目标和资源能力。企业选择目标市场时还要重点考虑企业现有的资源条件和能力所擅长的和所能胜任的，只有当企业的人力、物力、财力以及管理水平等条件具备时，才能将某一子市场作为自己的目标市场。

（2）目标市场营销策略

在许多可供选择的细分市场中，企业是选择一个还是多个细分市场作为目标市场，是企业营销的重要战略性决策。通常有以下三种策略可供选择：

第一，无差异性市场营销策略。是指企业在进行市场细分后，不考虑各个细分市场间的差异性，而只注重细分市场需求的共性，把所有子市场即农产品市场的总体市场作为一个大的目标市场，只推出一种农产品并制定单一的市场营销组合，力求在一定程度上满足尽可能多的顾客需求。当消费者对农产品的需求差异不大时，适合采用无差异性市场营销策略。

无差异性市场营销的优点是：由于产品单一，可以实现大批量规模化生产、储存、运输和销售，因而可以降低单位农产品的成本，提高其市场竞争优势。其缺点是：单一的农产品无法满足消费者多样化的需求；一旦有竞争者提供了差异化的产品，就会造成顾客的大量流失；企业过于依赖单一产品，其市场适应能力较差，承担着较大的市场经营风险。

第二，差异性市场营销策略。是指企业针对各细分市场中消费者对农产品的差异性需求，生产不同的农产品，并运用不同的营销组合，以满足不同子市场的需求。该策略适用于从事多种经营的大型农业企业，小型农业企业和单个农业生产者不适宜采用该策略。

差异性市场营销策略的优点是：通过生产经营多种农产品去满足不同消费者的需求，有利于扩大农产品的销售，提高企业总销售量，从而增加销售收入和利润。其缺点是：企业投资大，生产经营复杂，单位农产品的生产成本及经营销售费用高。

在农产品市场产品同质化水平较高的情况下，采用差异性市场营销策略对企业而言意义重大。采用该策略时，企业进行的是小批量、多品种的生产，如面粉生产者推出加工程度不同、规格不同和系列包装的面粉，猪肉生产者生产分割肉等。采用这一模式的农业生产者，特别是规模较小的农业生产者，不宜将目标市场分得太细，因为过细的差异化营销会带来较高的营销费用。

第三，集中性市场营销策略。是指企业集中全部资源和力量，仅选择一个或少数几个性质相似的子市场作为目标市场，只生产一种较理想的农产品，实行专业化经营，力求在较少的子市场上获得较大的市场占有率。该策略一般为资源条件较差的企业或单个农业生产者所采用，如开发特色农业、生产特色农产品等。

集中性市场营销策略的优点是：企业将资源集中于少数子市场，有利于其快速占领市场，树立产品和企业的良好形象，能够节约营销费用，并获得较高的投资利润率。其缺点是：目标市场狭窄，企业产品单一，不能应对市场需求变动的风险。

该策略是农产品生产中普遍存在的一种模式，例如，种植加工专供肯德基炸薯条用的土豆品种，养殖专供中高档饭店用的基围虾品种等。

3. 农产品市场定位

农产品市场定位是对指农业经营者根据竞争者现有产品在市场上所处的位置，针对消费者对该产品某种特征或属性的重视程度，强力塑造企业产品与众不同的鲜明个性或形象，并把其形象生动地传递给顾客，从而确定该产品在市场上的适当位置。

农产品的特色和形象可以通过产品实体方面体现，也可以从消费者心理方面反映出来，还可以从价格水平、品牌、质量、档次、技术先进性程度等方面体现出来。

（1）农产品市场定位的步骤

第一，分析目标市场的现状，确定本企业潜在的竞争优势。企业营销人员通过调查分析，了解熟悉目标顾客对于农产品的需求及其欲望的满足程度，了解竞争对手的产品定位情况，分析顾客对于本企业的期望，得出相应的研究结论，从中明确本企业的潜在竞争优势。

第二，准确选择竞争优势，对目标市场初步定位。企业应从经营管理、技术开发、采购供应、营销能力、资本财务、产品属性等方面与竞争对手进行比较，准确地评价本企业的实力，确定相对优于对手的竞争优势。

第三，准确传播独特的竞争优势。企业通过一系列的宣传促销活动，将其独特的竞争优势准确地传达给潜在顾客，并在顾客心目中留下深刻印象。因此，企业应首先使目标顾客了解、认同、喜欢和偏爱本企业的市场定位；其次，企业通过一切努力强化目标顾客的形象认知，稳定目标顾客的态度和加深目标顾客的感情来巩固市场定位；最后，企业还应密切关注目标顾客对市场定位理解的偏差，或企业市场定位宣传的失误所造成的目标顾客认知模糊、混乱和误会，及时调整与市场定位不一致的形象。

（2）市场定位的策略

第一，避强定位策略。是指企业力图避免与实力最强的或较强的其他企业直接发生竞争，而将自己的产品定位于另一市场区域内，使自己的产品在某些特征或属性方面与最强或较强的对手有比较显著的区别。

避强定位策略的优点主要是：能够使企业较快速地在市场上站稳脚跟，并能在消费者或用户心目中树立起一种形象；市场风险较小，成功率较高。其缺点主要是：避强往往意味着企业必须放弃某个最佳的市场位置，很可能使企业处于最差的市场位置。

第二，迎头定位策略。是指企业选择靠近于市场现有强者企业产品的附近或与其重合的市场位置，与强者企业采用大体相同的营销策略，与其争夺同一个市场。迎头定位的优点主要是：竞争过程中往往相当惹人注目，甚至产生所谓轰动效应，企业及其产品可以较快地为消费者或用户所了解，易于达到树立市场形象的目的。其缺点主要是：具有较大的风险性。

第三，创新定位。是指企业寻找新的尚未被占领但有潜在市场需求的位置，填补市场上的空缺，生产市场上没有的、具备某种特色的产品。

第四，重新定位。是指企业为已在某市场销售的产品重新确定某种形象，以改变消费者原有的认识，为产品争取有利的市场地位的活动。当企业的产品在市场上的定位出现偏差、产品在目标顾客心中的位置和企业的定位期望产生分歧、消费者偏好发生变化时，企业往往需要考虑重新定位来摆脱困境。市场重新定位对于企业适应市场营销环境的变化是必不可少的，但在进行重新定位时，必须考虑到由此产生的成本及预期效益。

（二）农产品市场营销组合

1. 农产品市场营销组合的概念

农产品市场营销组合是指农业经营者为了扩大农产品销售，实现预期销售目标，对可控制的各种营销因素进行的合理组合与运用。在 20 世纪 50 年代初，根据需求中心论的营销观念，把企业开展营销活动的可控因素归纳为四类，即产品（product）、价格（price）、销售渠道（place）和促销（promotion），提出了市场营销的 4P 组合。到 20 世纪 80 年代，随着大市场营销观念的提出，把政治力量（politicalpower）和公共关系（publicrelation）也作为企业开展营销活动的可控因素加以运用，为企业创造良好的国际市场营销环境，从而形成了市场营销的 6P 组合。

2. 农产品营销组合策略

（1）产品策略

产品策略是指农业企业或农产品经营者根据目标市场的需要做出的与农业新产品开发有关的计划和决策。一般包括农产品的效用、质量、外观、式样、品牌、包装、规格、服务和保证等。

产品策略是市场营销战略的核心，其他策略——价格、渠道、促销策略等，都要围绕产品策略展开，离开了产品，就无法满足消费者的需要，其他营销活动也就无从谈起。所以，农产品策略是农产品市场营销组合策略的基础。农产品策略具体可包括：

第一，开发优质农产品。我国农产品长期存在产品同质化和价格较低的现象，而优质农产品却相对不足。随着人们收入水平的提高及消费观念的改变，对优质农产品的需求越来越大。开发适销对路的优质绿色农产品，既能满足消费者的需要，又能提高农产品的附加值，有助于农民收入增加。

第二，注重农产品的包装设计，农产品包装在农产品营销中具有双重作用，即对农产品的保护和促进销售的作用。精心设计符合农产品特色的包装既可以保证农产品的品质，延长农产品的储存时间，又增加了农产品的美观度，提高产品档次和附加值。

第三，打造农产品品牌。随着社会经济的发展，人们在消费中越来越注重个性化。消费者在选购农产品时也非常注重品牌的选择，也偏爱购买具有较高知名度品牌的农产品。因此，农产品经营者要树立品牌意识，培育强势品牌，提供差异性产品，增强农产品的市场竞争力。

（2）定价策略

定价策略是指农业企业或经营者销售农产品和提供劳务服务所实施的决策安排，一般包括农产品的基本价格、折扣、付款方式和信贷条件等。

定价策略是市场营销组合中最活跃的因素，企业定价既要考虑消费者的支付能力，又要考虑企业的成本补偿和利润水平。

农产品的定价应在充分考虑各种因素的前提下，以成本为底线，遵循优质优价的原则，对优质、特色农产品制定高价。针对农产品易腐、不易长时间储存及消费弹性小的特征，农产品的定价具有较强的灵活性。

（3）渠道策略

渠道策略是指农业企业或经营者为了使其产品进入和达到目标市场所进行的各种活动，包括农产品流通的途径、环节、场所、储存和运输等。其中销售渠道是营销组合的重要因素，而且极大地影响着企业营销组合的其他因素，常见的农产品销售渠道有如下几种：

第一，专业市场。这是最常见的农产品销售渠道，是指通过影响力大、辐射力强的农产品专业批发市场，集中销售农产品。它的优势在于销售集中、吞吐力强、信息集中处理和反应迅速。

第二，贸易公司。指通过各种区域性销售公司销售农产品。贸易公司作为农产品销售的中间商，有其自己的利益要求，农业经营者要重视渠道伙伴关系，充分关注中间商的利益，最大限度地调动他们的积极性，实现双赢共处。

第三，大型超市。指通过大型超市的农产品专柜销售农产品。随着经济的发展，顾客的购买方式发生了变化，越来越多的顾客习惯到大型超市集中购买商品，超市中的农产品专柜能够吸引广大的顾客，有利于提高优质农产品的档次。

第四，直接销售。农业经营者可以直接销售农产品。

（4）促销策略

促销策略是市场营销组合的重要组成部分，在企业的营销活动中具有十分重要的作用。农产品的营销对于促销策略的运用要慎重，最重要的是要围绕营销目标合理预算促销费用，在促销预算范围内有选择地运用人员推销、营销广告、营业推广和公共关系等促销手段进行促销。

三、农产品国际市场营销

农产品国际市场营销是指超越本国国界的农产品营销活动。世界上任何一个国家或地区的农产品市场，都是世界农产品市场的组成部分，农产品国际市场是各国开展农产品贸易的空间平台。

目前，我国的农产品生产已经实现总量平衡、丰年有余。虽然我们要以扩大内需为主，但是也要重视参与国际市场竞争，扩大我国优势农产品如蔬菜、水果、花卉和畜产品的出口。

我国农产品进入国际市场的时间不长且品种不多，涉及的市场领域不宽，缺乏一定的市场经验，在国际市场竞争中面临诸多挑战，主要表现在以下几个方面：一是食品安全问题。我国出口的农产品，难以达到发达国家的品质标准要求。二是国际营销经验的缺乏问题。对国际农产品贸易市场的专业知识比较欠缺，缺乏熟悉国际市场的营销人才。三是产品层次差距的挑战。我国优势农产品均为劳动密集型产品，产品结构层次低，附加值不高。四是各国对本国农产品的贸易保护主义的政策。加入世界贸易组织后，我国出口农产品频频遭受来自国外贸易壁垒的围堵，农产品出口受到较大的限制。

为提高我国农产品在国际市场上的竞争力，突破上述种种挑战，农产品营销者应加强对农产品营销组合策略的研究和运用，其中突出经营特色是农产品国际营销面对挑战的必然选择。所谓特色经营是指农产品国际营销企业在市场营销差异化战略思想的指导下，在所经营的产品、品牌提供的价格、服务及采取的分销、促销措施等方面扬长避短，在国际农产品竞争中将整体劣势变为局部优势，赢得市场发展空间。特色经营能够优化企业的资源配置，提高资源的使用效率，获得较高的经济效益，有利于企业进行正确的目标市场定位，使企业的经营和管理水平得到提升，最终确立在世界市场上独特的经营品牌和风格。农产品特色经营主要表现为以下几个方面：

（一）产品特色

产品特色是指向国际市场提供区别于其他国家和地区的差异性产品，以满足不同国家或地区市场的特殊需求，并建立起在该区域的市场优势。集中资源发展特色农业，培育具有国际比较优势的农产品是农产品特色经营的基础，其中包括：

1. 结合资源条件，发展精细农业

我国幅员辽阔，物种丰富，各地的自然地理环境和特色农产品各有不同，因此要充分发挥各地的特色优势，寻求各地的最大比较优势，定位农产品的最佳经营品种，把资源优势转变为市场优势，努力把农业办精、办特、办活。

2. 积极发展劳动密集型的特色种养业

如大力发展水果、蔬菜、花卉和畜产品等，因为我国在这些农产品的出口上具有明显的价格优势，特别是畜产品出口占农产品出口总量的40%，竞争优势明显。

3. 开发同一产品的不同用途，满足差异化的需求

针对各种用途而生产的农产品，经合理调配后可开拓更为广阔的市场。比如不同品种的柑橘，有专门供应水果市场的，有专门用来生产加工果汁的。

（二）品牌特色

品牌代表着销售者对交付给购买者的产品特征、利益和服务的一贯性的承诺，久负盛名的品牌就是质量的保证。品牌特色就是农产品经营者在国际市场营销中打造具有较高知名度和个性特征的品牌。强化品牌经营是农产品国际营销的正确选择。品牌经营有利于促进产品销售，树立产品形象；有利于满足消费者品牌消费的心理和精神需求，培育顾客的忠诚度；有利于带动新产品的销售，扩大产品组合。

打造农产品品牌的方式：

1. 改善和提高农产品品质是树立品牌特色的关键

要坚持以优良的品种、优质的品质去拓展市场，创立农产品的质量品牌。

2. 发展农业龙头企业，培育知名品牌

要大力发展具有品牌效应、规模效益的农产品加工龙头企业，以农产品加工业的发

展带动种养业的发展；要优先鼓励农产品深加工特别是外向型深加工企业，提高农产品附加值，增强国际市场竞争力。

（三）价格特色

价格是国际市场营销中十分敏感而又难以控制的因素，它一方面关系着市场对产品的接受程度，另一方面制约着市场需求和产品利润的高低，影响生产经营者和消费者等各方面的利益。在农产品国际营销中，主要应注意差别定价策略的运用，形成自己的价格特色。

1. 同类产品的差别定价

要对同类产品实行分级分等，按照不同等级制定高低不同的价格，"一分钱一分货"，按质论价的做法能使消费者产生货真价实的感觉，从而比较容易接受，有利于扩大农产品的销量。在对农产品进行分级时，除了考虑农产品的内在品质，即提供给消费者的基本效用外，还应考虑农产品的包装、装潢、附加服务等给消费者带来延伸效用的因素。国际农产品经营者应注重开发产品的延伸效用，为购买者提供比同类产品更多的购买利益，这样可以从产品较高的定价中获取更多的附加利益。

2. 进行国际市场细分，实行区域差别定价

农产品国际营销者应对全球市场进行细分，根据不同国家和地区的消费者的收入水平、消费偏好、消费心理等因素，实行区域差别定价。

（四）渠道特色

渠道特色是指选择与自身经营条件相适应的销售渠道。农产品经营者应选择有丰富国际营销经验的经销商与之联合经销，或委托国际中间商代理分销，以弥补农产品经营者国际营销经验的不足，快速开拓国际市场。

我国农产品开辟国际市场可取的办法是与国际农产品经营企业开展联合分销，外联国际市场，内联国内生产基地，积极寻求与跨国公司建立业务伙伴关系。借助跨国公司的全球营销网络是一种必然的选择，例如，大型跨国零售企业沃尔玛、家乐福等就将我国的大批农产品纳入其全球采购体系，通过其分布在多个国家和地区的分店在全球市场进行售卖。

（五）促销特色

促销是企业在买方市场条件下占领市场的"金钥匙"。农产品经营者在促销手段的运用上应避免雷同和缺乏特色，要采用灵活多样、针对性强的促销方式，使促销活动成为强有力的竞争武器。

在我国农产品的国际营销中，应特别重视国际公共关系和广告策略的使用。在国际公共关系方面，要充分利用世界贸易组织规则提供的有利条件，积极寻求与主要农产品进口国签订贸易协定，为农产品长期稳定地进入国际市场铺平道路。在广告宣传上，要突出我国农产品的特色，同时可配合宣传中国的民族文化和风俗习惯，激发消费者的购

买欲望。由于我国农产品主要以农户经营为主，没有条件独立进行促销宣传，这就需要政府以官方或半官方的形式牵头，由农产品经销商组团，向各国的政府官员、工商界和消费者宣传中国的产品及营销政策，提高我国农产品在国际市场的影响力和竞争力。

四、农产品网络营销

（一）农产品网络营销的概念

伴随着计算机科学技术和互联网技术的飞速发展和广泛应用，现代社会已经进入信息时代，信息网络正在深刻地影响着农业的发展。随着我国信息化工程的不断推进，农产品的网络营销越来越被广大的农产品生产者与经营者所接受。

农产品网络营销是指在农产品销售过程中，全程导入电子商务系统，利用网络技术、信息技术和计算机技术等，对农产品的质量、需求、价格等信息进行发布与收集，以互联网为媒介，依托农产品生产基地与物流配送系统，为地方农产品提升品牌形象、增进与顾客的关系、改善对顾客的服务、开拓网络销售渠道，并最终扩大农产品的销售，提高农民的收入。

（二）农产品网络营销的优势

1. 有利于及时获取产品的市场信息

农产品供需信息的不对称加大了我国农产品的市场交易风险，而依托互联网构建的网络信息平台能够及时地将农产品的产品信息、供需状况、价格和市场行情等信息向社会公众发布，加快了农产品的信息传播速度，一定程度上缓解了传统农产品销售模式中信息不对称的问题，提高了买卖双方之间信息沟通的时效性和互动性。

同时，农业生产者可以通过互联网及时获取各类农产品的种植、养殖、生产和营销信息，并与其他同行或专家进行在线沟通交流，分享农产品生产的技术经验和营销经验，从而有助于制定科学的生产计划，降低盲目生产带来的经济损失。

2. 有利于降低交易成本和费用，提高生产效益

农产品网络销售模式为农业生产者搭建了直接与需求方进行交易的平台，通过网络与需求方直接联系，可以绕过中间商等环节，缩减了农产品交易过程中的谈判成本；借助自动的网上订货系统，可以自主地组织生产和配送，减少了对传统实物设备的依赖，降低了店面管理费用和销售人员费用等支出；另外，农户还可以网上购买种子、化肥等生产资料，实现生产采购成本的降低。

3. 有利于扩大市场规模，打造品牌效应

通过互联网，农业生产者可以自主进行产品信息的发布，极大地拓宽了产品的市场空间，增加了产品的销售机会，还可以通过网络销售平台将分散化的农产品交易信息进行融合，实现同类产品生产的规模化运作。网络营销的线上服务模式可以满足不同时空、不同地区需求方的需要。只要顾客有订单需求，就可以实时在线进行交易，提高了订单

的成交速度。另外，网络环境下产品信息传播的速度及网络多媒体在声音、文字和图画方面的优势，都有助于农产品的形象宣传和品牌建立，提高品牌知名度。

（三）农产品网络营销模式

1. 平台提供商模式

第三方平台提供商核准具有法人资质的农产品经营开店、进行农产品交易和服务的权限，其自身并不参与买卖交易过程，类似实体经济中的农贸市场，产品销售职能由加入平台的农产品卖家独立承担。此模式对要求开展农产品电子商务的农产品经营者主体的信息服务意识、管理能力、经营水平等基础条件要求较高；第三方平台拥有较好的扩展性，经营主体可随时增加新的店铺、发布新的产品，积极开展农产品电子商务，有助于迅速扩大农产品电子商务规模；农产品经营者自主性强，可以随时调整商品价格，及时回笼交易资金。在该模式下，产品的物流配送仍需借助专业物流企业完成，平台提供商仅提供物流配送信息的跟踪和更新。另外，这种模式无法对农产品的品质安全进行有效监管，主要依赖农产品经营者的自律。诸如天猫、京东等知名电商企业就是采用这种模式，使其吸引了众多农产品合作社、农产品经营商家入驻。

2. 销售商模式

该模式由第三方平台提供商代理农产品的销售职能，农产品企业只负责提供产品。在该模式下，平台提供商可以凭借自身的电子商务经验，为经营企业提供有针对性的宣传、交易和交流沟通服务，解决网上店铺信息更新慢、内容简单、缺乏吸引力等问题，在一定区域范围内提供完整的物流配送服务并设立农产品质量安全准入机制。

第八章　现代农村经济发展与管理

第一节　农村经济管理与基本经济制度

一、农村经济管理

（一）农村经济管理原则

农村经济管理原则是指人们在对农村经济活动的管理过程中所遵循的法则，包括以下原则：

1. 坚持整体效益原则

农村经济管理的整体效益原则是指农村经济管理追求的是经济效益、社会效益和生态效益相统一的整体效益。坚持农村经济管理的整体效益原则就是要从农村经济和农村社会整体出发，寻找三大效益在不同情况下的最佳组合点，推动农村经济的发展。

2. 坚持民主管理原则

民主管理是相对于绝对服从绝对权威的管理而言的，即管理者在"民主、公平、公开"的原则下，科学地将管理思想进行传播，协调各组织各种行为达到管理目的的一种管理方法。农村经济管理必须坚持民主管理的原则。主要体现在：村务公开、村级事务的民主决策、村民民主理财等。

3. 坚持利益协调原则

我国农村经济管理的利益协调原则，就是要正确处理好国家、集体和个人三者之间的关系，包括全部生产过程的生产、分配、交换、消费环节和人、财、物、产、供、销等方面的关系。当然，也要正确处理好企业与企业之间、个人与个人之间的关系，并协调好不同群体之间的利益。

4. 坚持物质文明和精神文明互相促进的原则

农村经济管理必须坚持物质文明和精神文明互相促进的原则。一般而言，物质文明的主要标志是生产力的发展水平，表现为人们物质生产的进步和物质生活的改善；精神文明的主要标志是科学文化和伦理道德的发展水平，它具体地表现为两个方面：一是文化的进步状态，即教育、科学、文化知识的发展；二是思想进步的状态，即人的思想、政治、道德水平的提高。我们强调提高人们的思想境界，使之成为有理想、有道德、有文化、有纪律的劳动者。物质文明和精神文明互为因果、互为条件、互为目的。

5. 坚持责、权、利相结合的责任制原则

责任制原则是农村经济管理工作的一条重要的管理原则。责、权、利相结合是指在经济管理工作中正确划分经济活动的各个方面的责任、权力和经济利益关系的问题，并使各方面密切配合，协调一致。责任、权力、利益三者相互依存、相互制约，密切联系，缺一不可。责、权、利三者结合，责任是前提，是第一位的，权力是实现责任、获得利益的保证，利益则是尽责的动力，只有建立和健全责、权、利相结合的经济责任制度，实现责、权、利三者有机统一，才能提高农村经济管理工作的效率，达到良好的工作效果。

（二）农村经济管理方法

农村经济管理方法是指在农村经济管理工作中，管理者执行管理职能和实现管理任务，运用各种旨在保证经济活动朝着预定方向发展的手段和措施的总和。依据其内容和作用不同分为行政方法、经济方法、法律方法和思想政治教育方法。

1. 思想政治教育方法

思想政治教育方法是指通过对劳动者的思想教育和政治培训，以提高劳动者的工作积极性，从而保证经济管理工作的顺利进行所采用的方法。思想政治教育的内容包括：对党的路线、方针、政策的教育和形势教育，建设社会主义精神文明的教育，民主、法制和纪律的教育，爱国主义和国际主义教育等。思想政治教育方法也具有局限性，表现在：一是它的作用范围有局限性，这种方法不直接干预经济利益的分配，也不直接干预人们的经济工作活动，它对经济活动只有间接的决定作用；二是思想政治教育方法要在一定条件下，才能发挥积极作用，不能脱离经济方法等其他管理方法的运用来起作用，尤其是物质利益问题；三是思想政治教育方法不能解决人们所有的思想意识问题，特别是经济工作中遇到的某些社会心理问题，需要与其他方法结合使用，才能起到更好的效果。

2. 行政方法

行政方法是指管理主体运用行政权力，按照行政层次，通过各种行政命令、指示、决议、规定、指令性计划和规章制度等手段，直接控制组织和个人的行为，以保证管理目标实现的方法。管理主体是指国家在乡村设立的各级经济管理机关。管理主体在行使行政手段时，必须依照既定的行政法规，针对特定的和具体的事项，作出必要的决定和处理。

3. 经济方法

经济方法是指按照客观经济规律的要求，依靠经济组织，运用经济手段，对经济活动进行管理的方法。经济组织是根据生产力水平和社会分工，按照社会需要与技术经济联系的要求建立起来的，如企业、专业公司、联合企业以及银行等组织机构。经济手段是指运用价格、税收、信贷、补贴、工资、奖金、罚款等经济杠杆以及经济合同、经济责任制、经济核算等经济措施。经济方法的实质，在于贯彻社会主义物质利益原则，正确处理国家、企业、劳动者个人三者的关系，使企业和劳动者从物质利益上关心劳动成果，充分发挥其积极性。

4. 法律方法

经济管理的法律方法是指动用各种经济法律、法规和经济司法工作，调整国家机关、企事业单位和其他社会组织之间以及它们与公民之间在经济活动中所发生的各种经济关系，保证社会经济活动顺利发展的方法。法律方法的基本特点是权威性、规范性、强制性、稳定性。用法律方法管理经济包括两方面内容，即经济立法和经济司法。经济立法解决经济管理过程中有法可依的问题。经济法是我国法律的重要组成部分。但要做到有法必依、违法必究、执法必严，还必须有经济司法。经济司法，通常是指国家的司法机关按照经济法律和法规，按照法定程序和制度，解决经济纠纷、审理经济犯罪与涉外经济案件的执法活动，它通过各种侦察、调解、仲裁、起诉和审判的手段来保证各种经济法律和法规的实施。

上述各种管理方法既有区别，又有联系，在农村经济管理工作中，要因时、因地、因情而选择，而不能孤立地使用，必须将各种管理方法有机地结合起来，相辅相成，实现最佳的结合，从而促进农村经济的协调持续地发展

二、农村基本经济制度

我国农村基本经济制度是指以家庭联产承包为主，统分结合的双层经营制度，又称农村家庭承包经营制度。

（一）农村家庭联产承包制

农村家庭联产承包制是指农户以家庭为单位向集体组织承包土地等生产资料和生产任务的农业生产责任制形式，其基本特点是在保留集体经济必要的统一经营的同时，集体将土地和其他生产资料承包给农户，承包户根据承包合同规定的权限，独立作出经营

决策，并在完成国家和集体任务的前提下分享经营成果。一般做法是将土地等按人口或劳动力比例根据责、权、利相结合的原则分给农户经营，承包户和集体经济组织签订承包合同。这一经营制度没有改变农村土地的集体所有制，只是改变了农村土地的经营方式，符合生产关系一定要适应生产力发展的规律要求，符合农业生产自身的特点，符合我国农村经济发展的现状，也有利于推动我国的农业现代化，家庭承包经营责任制是我国农村经济制度的基础，也是农村集体经济组织经营方式的基础。家庭承包经营责任制和集体统一经营相互依存，构成了农村集体经济组织内部的双层经营体制，其中，家庭承包经营是基础。

家庭联产承包责任制是农村经济体制改革的产物：农村家庭联产承包责任制不是一般企业中的生产责任制度，也不是一个单独运行的经济实体，它是与合作经济中统一经营部分结合运行的一个经营层次，它是一个新的经营制度，是生产关系的更大变革，具体表现在以下方面：

①农户通过承包土地，对集体所有的土地有了占有权、支配权、使用权。家庭承包经营后，仍然保持着土地的集体所有制，农户所获得的仅是土地的经营权。善于经营的农户，可以在这个基础上积累资金，兴办企业，购买大型生产资料。但是土地的集体所有制保证了任何一户农民都有权承包土地，农户在其经营发生困难时会得到集体的帮助，使其得到发展，为了经营承包地农户还购买了大量的工具、肥料等生产资料。合作社的生产资料所有制由过去的单一的集体所有，改变为集体所有和家庭私有并存的形式。

②农户虽说是集体经济组织的承包单位，但它已具有法人地位，是具有经营决策权的独立经营，自负盈亏的生产者，具有积累资金和再生产功能的经营实体。但在我国当前的农业生产中，家庭经营也只是集体经济组织的一个经营层次，它受集体统一经营层次的约束。

③集体统一的经营部分，仍然属于全体社员集体所有。集体内部的各农户之间、集体与农户之间的劳动交换关系，则变成了独立经营者之间的劳动交换关系。是以商品交换的形式代替了直接的劳动交换关系。

④在分配关系上，随着改革的不断深入，集体统一经营部分除了实行按劳分配，还可以实行按资分配，家庭经营收入则决定于家庭经营成果。因为承包土地时，一般是按人口多少分配承包土地面积，所以经营成果既决定于投入劳动力的数量和质量，又决定于投资的多少。

（二）农村集体经济

农村集体经济是农民按照一定区域或自愿互利原则组织起来，基本生产资料共有或按股份所有，在生产和交换过程中实行某种程度的合作经营、按劳分配和按生产要素分配相结合的所有制经济。发展集体发展壮大农村集体经济，需要做好以下方面的工作：

1. 优化农村集体经济发展环境

一是要建立和完善农村集体建设用地使用权流转制度，盘活土地使用权；二是要改进征地模式，确保农村集体经济发展空间；三是要建立健全集体经济积累机制。

2. 因地制宜，科学决策，以市场为导向选准集体经济的发展道路

要实事求是，采取多种形式；要因地制宜，不搞一个模式，确定不同的发展路子。在发达地区及城市周边，应着力改善投资环境，盘活集体土地，开发工业区，引进外资兴办企业，以工业发展为主，实现工业拉动整个农村经济的发展；在自然条件较差的农区，应根据本地资源与市场需求，进行资源开发型发展，通过培植农业"龙头"企业，推进农业产业化。

3. 抓好基层组织建设，为集体经济发展提供组织保证

发展农村集体经济千头万绪，要建立一个强有力的好班子，集体经济才能搞起来。首先，配好配强村级班子；其次，加强对班子成员的培养和教育；最后，进一步完善激励机制，把发展村级集体经济纳入村干部目标责任制的主要内容，作为考核村干部的重要依据。

4. 探索一套好机制

发展壮大集体经济，要在体制机制上创新，在管理制度上完善。一是要大力发展股份制和股份合作制经济；二是要大力发展农民专业合作社；三是要营造一个好环境。

（三）统分结合双层经营体制

统分结合双层经营体制是指家庭分散经营和集体集中经营相结合的一种经营模式。双层经营体制可以分为两个经营层次：一层是"统"，即经济组织对生产经营的统一分配和调节，双层经营中的"统"的职能包括生产服务、管理协调、资金积累等功能；另一层是"分"，即家庭分散经营，农户作为拥有独立生产经营自主权的经营单位，它是一种适合中国农村改革需要，推动中国农村经济发展的经营体制。这种经营体制是在打破原来的集体所有，集体集中统一经营的体制之后而建立的一种新型经营体制，它是以家庭分散经营为基础，集体集中统一经营条件下的一种经营体制。这一经营体制与农村原有的经营体制的根本区别就在于它具有双层经营的特征。

以家庭承包经营为基础的双层经营体制，"统"与"分"之间存在着相互制约、相互依赖、相互渗透的关系。农村双层经营体制需要进一步完善，以挖掘其内部潜力，使统分结合的优势得到充分发挥。统分结合的双层经营体制，作为我国农村的一项基本制度，是符合我国国情和农业经济发展规律的，其具体完善措施如下：

1. 大力发展集体经济，增强其统一经营的功能

发展壮大农村集体经济是完善统分结合经营体制的关键，发展和壮大集体经济，目的在于更好地为家庭经营服务，促进农民增产增收。在发展集体经济上，思维要超前，路子要宽，但更要因地制宜，宜农则农，宜工则工，宜商则商。

2. 大力推行农业合作化经营

合作化经营是广大农户联合起来从事经济活动的经营形式，它是解决小农户与大市场矛盾的根本途径。实行农业合作化经营，要以家庭经营为基础。采取多种合作形式，一是实行多种生产要素的合作，即实行劳动、资金、生产资料等生产要素的合作；二是

实行多个经营环节的合作，包括生产、供应销货、金融、科技、贮运等环节的合作；三是实行多种经营层次的合作，包括本地区合作和跨地区合作等。

3. 实施适度的规模经营

适度的规模经营能有效地克服土地分散细小的局面，便于大面积的机械化作业、提高劳动生产率；适度的规模经营有利于实现土地、资金、劳动力和技术等生产要素的优化组合，提高农业经营效益。在经济条件较成熟的地区可以试行逐步实施适度的规模经营。

4. 大力推广农业产业化经营

农业生产力发展到一定水平，客观上要求农业内部各公司、农户等经营主体通过合同或其他途径结合成某种形式的经营组织，进行专门化、一体化、社会化的经营服务，通过产、工、销各环节，农、工、商各领域的有机结合，使农业具有产业的系列效应和大规模组织的优势。

5. 合理调整产业结构，积极兴办乡村企业

正确引导农村剩余劳动力充分就业，随着农产品市场竞争的日趋激烈，许多农产品在市场上已经接近或处于饱和状态，消费者对质量提出了越来越高的要求，农产品市场竞争也逐渐由价格竞争转向品质竞争，为此，应根据消费市场对农产品的需求趋势，积极投入人力、财力，开发不同用途的优质品种，来扩大市场的占有份额，增加农民收入。

总之，对双层经营体制的进一步完善是农村经济持续、快速、健康发展的基础，是进步巩固农村改革成果的关键，是农业生产实现规模化经营的前提是农村稳定，农民走向共同富裕的根本保证。同时，也只有对农村双层经营体制的进一步完善，才能更好地坚持公有制，充分发挥集体的优越性和个人的积极性，才能更好地发展农业生产，增加农民收入，壮大集体经济，也才能更好地引导农民走共同富裕的道路。

第二节　农村生产要素组合与配置

一、农村生产要素的组合

农村劳动力、土地、科技、能源、信息、资金和管理等各种资源，在一定时空条件下形成的比例关系构成一个相互联系、相互影响、相互制约的农村经济资源系统，它是农村各产业生产经营活动。顺利进行的基础，而构成农村经济资源系统的各生产要素不仅有量的变化，还有质的不同，因此，所形成的要素间的比例关系和组合关系的结果也就不同了。农村经济系统要实现最佳经济效益就必须以尽可能少的投入获得尽可能多的产出。

生产力要素是指劳动者、劳动对象和劳动资料，随着人们认识水平的不断提高和深化，生产要素的外延在逐步扩大，生产要素包括了劳动力、土地、科技、能源、信息、资金和管理等；生产要素是相对独立的，不能单独发挥作用，只有把它们按照一定量的比例关系和质的内在联系组合起来，才能生产出具有使用价值的产品。不进行组合，生产要素就不能转化，组合不合理，就会浪费和损失要素资源。

（一）农村生产要素合理组合的意义

生产要素组合合理是指依据科学测定和长期生产实践经验将相关生产要素间量的比例关系和质的内在联系科学合理化组合起来，实现少投入多产出、效益最大化的管理活动，实现农村生产要素组合合理有积极的意义。

1. 能够实现农村各种资源充分利用

农村生产活动的进行，需要利用相应的各种资源，并进行组合。在这个过程中，必然要消耗资源、转化资源。对各种资源的消耗、转化，从经济管理的角度看，应该是以尽可能少的资源消耗、资源占用，取得尽可能多的劳动成果。而在一定技术经济条件下，各种资源的数量和质量都是一定的，即各种资源都有量的规定和质的规定，是相对不变的，怎样把有限的各种资源都利用起来，为农村经济建设服务是需要关注的问题。这就涉及对农村各生产要素的组合要合理，只有农村生产要素组合合理了，才能实现农村各种资源的充分利用。

2. 能够实现最佳的经济、生态和社会效益

衡量农村生产要素组合是否合理的重要标准是能否取得最佳的经济效益、生态效益和社会效益，同时，取得最佳的经济效益、生态效益和社会效益是农村生产要素合理组合的最终目标。在农村经济系统的运行中，只有把各种资源充分利用，并使各种资源进行有效配置，才能实现农村生产要素的合理组合，从而取得最佳的经济效益、生态效益和社会效益。

3. 能够对农村各种资源进行有效配置

农村各种资源包括劳动力、土地、科技、能源、信息和资金等，这些资源单独是无法实现产品生产的，只有把它们进行合理的组合，才能进行产品生产，生产出符合人类需要的产品来。而资源的组合是否合理，实质上是指各种资源配置是否有效。因此，农村生产要素合理组合就是要实现农村各种资源的有效配置，从而更好地利用农村各种资源，为农村经济建设服务。

（二）农村生产要素合理组合的条件

生产要素组合的形式多种多样，但合理的组合是有条件的。合理组合生产要素的条件有以下方面：

1. 达到技术经济效果的最优化

衡量生产要素合理组合的标准是技术经济效果的最优化。农村经济活动的进行，不

管是农产品生产，还是工业生产或是服务活动，必须就生产怎样的产品、如何生产、生产多少等问题进行决策。决策就需要占有大量的信息。在社会主义市场经济条件下，主要信息包括市场供求信息、同一产品的竞争信息、产品技术进步信息、国际公认的产品技术标准和安全标准等。信息是重要的生产要素，为微观主体的生产经营决策提供依据，并在运用信息进行科学决策后，通过管理活动，把各生产要素由孤立静止状态变成组合运行状态，发挥其生产功能，生产出满足社会需要的产品。

任何一种产品的生产，其生产要素的组合方式和数量比例关系是很多的，不同的劳动者，不同数量和质量的机具设备，不同的原料、动力，不同的科技，不同的管理，不同的土地，等等，可以形成若干不同的组合方案。合理的方案必须先是生产技术上可行的方案，即产品的使用价值能够据此生产出来。但仅此是不够的，因为生产技术上可行的方案可能有许多。因此，还应有经济衡量标准，即通过生产要素的合理组合，以尽可能少的要素投入取得最大的经济效益才是最好的方案。经济效益越好，说明生产要素组合越合理。总之，在生产技术可行的基础上经济效果最优化，是生产要素组合的技术经济衡量标准。

2. 充分调动劳动者积极性与创造性

充分调动劳动者的积极性和创造性，是生产要素合理组合的重要前提。因为，先进的生产工具要靠人发明并靠人操作；信息要靠人去收集、分析、利用；管理活动要靠人来决策、执行。在生产力诸要素中，人是起决定作用的因素。要使各生产要素的组合效果最优化，其前提是发挥劳动者的积极性、主动性和创造性。现代管理提出的"以人为中心"的管理理论，就是在充分认识劳动者在生产力诸要素中的主观能动作用而形成的一种管理理念。

调动劳动者的积极性和创造性是一个十分复杂的问题。在不同社会制度、在同一社会的不同阶段、在不同的具体工作环境，劳动者的积极性和创造性或被压抑、或被发挥，表现出较大的差异性。如何激励劳动者的劳动热情，调动劳动者的积极性已成为经济学家、社会学家、心理学家、厂长、经理等共同关注和研究的问题。要激励劳动者，促进生产效率的提高，还得使劳动者在一些方面得到改善：工作上富有成就感、工作成绩得到认可和尊重、工作上自立、事业得到发展。这些方面的改善能够激发劳动者的积极性和创造性，从而提高劳动者的效率。

就农村农业劳动者而言，适合农村生产力水平的生产经营组织形式、是否尊重农民的生产主体地位和独立的经济利益、农村的方针政策、农产品价格水平、农民的收入水平等，都是影响农民从事农业生产的积极性和创造性的因素。如果这些因素处理得好，农民的生产积极性和创造性就高。只有劳动者的积极性、主动性和创造性被充分调动了，生产要素的合理组合才能实现。生产要素合理组合主要依靠人的主观能动性和创新性。基于这样的认识，便可得出人是社会生产力的决定因素的结论。

3. 促进生产要素的合理流动

生产要素的合理流动是生产要素合理组合的必要前提，社会资源的有限性和对社会资源需求的无限性的矛盾，要求必须发挥资源的最大效益，实现这一要求的基本做法就是在全社会范围内使生产要素能合理流动，即一个经济系统所需的资源能够从其他系统流入，一个系统剩余的资源又能够流出，这样才能使社会资源在不同的物质生产部门做到合理配置、人尽其才、物尽其用。

生产要素的合理流动、优化配置，要靠一种机制按照自然规律、经济规律的要求自动地进行有效调节。用怎样的调节机制与一定时期的经济管理体制有关—计划经济体制下，国家采用行政手段，用计划的形式对无所不包的社会供求进行统一安排，据此配置各种生产要素，社会主义市场经济体制是充分运用市场机制对要素资源配置发挥基础性作用，国家调控主要解决市场失灵的要素资源配置问题，市场机制作用的发挥主要是运用市场机制中的价格机制、供求机制和竞争机制使生产要素从低效益部门、行业、单位流向经济效益高的部门、行业、单位；从市场供求过剩的长线产品流向市场短缺的短线产品。在价格竞争中，经济效益好的部门、行业、单位占有优势，要素资源就会流向这些部门、行业、单位，如土地使用权的拍卖，谁报价高谁就拥有土地的使用开发权。因此，生产要素的合理流动是实现资源优化配置的前提，而市场机制是调节生产要素合理流动的基础。

（三）农村生产要素合理组合的内容

农村生产要素的合理组合不外乎是生产要素与产品之间的组合、要素资源与要素资源之间的合理配比、产品与产品之间的组合、时间因素与生产要素之间的组合等。

1. 生产要素与产品之间的组合

（1）可控要素中的变动要素资源

参与生产过程的要素资源，有些是可以人为控制的。投入的方式、投入的时间、投入的数量可以视需要而定，这样的生产要素称为可控要素资源。如农业生产中的劳动力、种子、肥料、农药等。而气温、阳光、降水等目前人类无法控制的因素，就称为不可控要素资源。在生产中，人们对不可控要素资源的作用只能凭经验、凭知识从概率上把握其估计值，预测其影响范围，并尽量调节可控要素资源，使之与不可控要素资源协调起来，因势利导，扬长避短。在生产中，可控要素资源又有一个组合方式和量上的配比。

可控要素资源的组合方式和量上的配比，取决于人们的生产技术和经验，技术和经验不同，组合方式也不同。若在技术一定的条件下，对部分生产要素的投入量、投入方式已基本固定的情况下，只需考察其他几种或一种生产要素变动对产量的影响，就可以得出期望的结论。在进行技术经济分析时，为了使问题研究简化，常将一些要素资源投入量人为控制在某一固定水平上，而将少数几种要素资源视为变址进行研究，这些要素资源就称为可控要素资源中的变动要素资源。

（2）变动要素资源投入报酬的变化规律

因为固定要素资源投入量是不变的，也就不存在其对产量的影响这里只要研究变动要素资源投入量的变化对产量的影响，就可以确定变动要素资源与固定要素资源的合理配比，获得技术经济效果最优时的变化要素资源投入量。研究变动要素资源与产量之间的数量关系，寻找变动要素资源投入报酬的变动规律，往往使用一种动态分析的方法，即让变动要素资源的投入量从平面直角坐标原点或是某一定量开始，每增加一个单位变动要素资源看产量相应增加（或减少）多少，从中找出投入产出关系的规律性，这种分析方法叫作边际分析法—每增加一个单位变动要素资源而增加或减少的产量称为边际产总也称为边际报酬。将变动要素资源依次追加下去，依据边际产量的变化情况看到变动要素资源报酬的变化趋势。

变动要素资源报酬有三种变化情况：一是边际产量不变，说明要素资源利用效率是固定的，不因投入量的改变而发生变化；二是边际产量递增，说明随着投入成的增加，要素资源效率提得越高；三是边际产量递减，即变动要素资源的不断投入反而引起产量出现递减。掌握变动要素资源的报酬规律，可以使我们以合理的变动要素资源投入获得最佳产品的产出量。

2. 要素资源与要素资源之间的合理配比

（1）互补要素资源与互竞要素资源

若两种或多种要素资源必须以固定比例才能投入生产过程，则称它们是互补要素资源。如果独立地增加其中某一要素资源或不能按比例同时增加与之互补的要素资源，产量就不可能提高，甚至会出现减少。有些资源功能相近，可以互相替代，如畜牧养殖业中的饲料，可以是玉米，也可以是小麦，那玉米和小麦则称为互竞要素资源对于互补要素资源必须准确地掌握它们的配合比例；对于互竞要素资源，就应进行费用、效益比较，选用那些价格低、效果好的要素资源。

（2）互竞要素资源最小成本配合

互竞要素资源是指一种产品生产，既可以使用中要素资源，又可以使用乙要素资源，那中、乙两种资源则称为互竞要素资源、功能相近的要素资源可以互相完全代替或部分代替。在互竞要素资源中，从要素资源的完全代替看，有些要素资源之间的代替比率是固定的；从要素资源不完全替代看，有些要素资源之间的代替率是变化的，在要素资源的选择上，主要依据其价格和使用的数量进行对比，选用成本低的要素资源。

3. 产品与产品之间组合

（1）产品与产品间的关系

产品间的关系大体上可分为四类：

①联合产品，是指不能单独生产出来，而必须在生产其他产品的同时生产出来的产品，如牛肉和牛皮就是联合产品；

②互补产品，是指在要素资源数量既定时，增加甲产品的产量，而乙产品的数量仍保持不变，这两种产品即为互补产品，如利用竹林种植蘑菇，并不影响竹生长；

③互助产品，是指以定量要素资源分别生产两种产品时，增加某一产品产量，另一产品产量同时也增加，这样的产品称为互助产品；

④互竞产品，是指要素资源量一定时，增加甲产品的生产量，就必须要减少乙产品的生产量，则甲、乙两种产品称为互竞产品。研究产品与产品的组合，重点是研究互竞

产品使用要素资源合理配比。

（2）互竞产品的要素资源分配

在要素资源供应不足时，如何将定量要素资源分配于互竞产品是需要考虑的问题，通过边际收益均等原理，若将某项资源从甲种产品生产部门转到乙种产品生产部门时，只有当乙种产品生产部门边际收益高于甲种产品生产部门的边际收益时，这样的转移才有经济意义。

4. 时间因素与生产要素之间的组合

农村生产要素的合理组合，不仅是一个要素资源与产品之间、要素资源与要素资源之间在数量上的配比问题，而且与时空关系也十分密切。讲求生产要素组合的时间效益与空间效益，是社会经济发展的客观要求。

（1）积储性要素资源与流失性要素资源

在生产过程中，有的要素资源能够直接转移到产品中，成为产品的构成要素，生产过程结束后，要素资源的实体消失。如果不利用，便可储存到下一个生产周期使用，其使用价值并不因此而改变，这样的要素资源称为积储性要素资源，如原料、燃料等。存的要素资源只能以其功能为生产服务，其功能价值是和时间因素结合在一起的，即随时可供使用，但如果不及时利用，闲置时间内服务功能则随时消失，这样的要素资源称为流失性要素资源，如劳力资源、信息资源等。劳动力闲置和利用不合理、浪费掉时间再也无法补回，信息具有时效性。对于流失性要素资源，要注意提高利用率，避免流失性要素资源因利用不及时而浪费掉。

（2）资金的时间价值

资金的时间价值即使用资金所花费的成本，通常表现为支付的利息。转让资金必须得到一定的利息补偿，而取得资金的使用权必须支付一定的利息。在生产过程中，要素资源的过多占用，投资方案的不合理，都会导致资金的过多占用而多支付利息，造成效益不好。因此，合理占有使用资金，减少利息支出，提高资金使用效益对生产经营活动有十分重要的现实意义。

（3）生产周期与可变产品最佳生产周期的确定

在生产过程中，有些产品的生产周期由于自然或技术的原因，其生产周期是固定的，如粮经作物生产的季节性，人们不能任意改变。生产经营者要获得经济效益最大化，必须从再生产的角度注意缩短生产周期、加速资金流转，以单位时间纯收入最大为目标，在--个较长时期内多生产产品，获得更大的效益。

二、农村生产要素的配置

社会经济发展的一定阶段上，相对于人们的需求而言，资源总是表现出相对的稀缺性，从而要求人们对有限的、相对稀缺的资源进行合理配置，以便用最少的耗费，生产出最适用的商品和劳务，获取最佳的效益。资源配置合理与否，对一个国家经济发展的成败有着极其重要的影响。在社会化大生产条件下，生产要素的配置有两种方式：一是计划配置方式，即计划部门根据社会需要和可能，以计划配额、行政命令来统管生产要素和分配生产要素；二是市场配置方式，即依靠市场运行机制进行资源配置——生产者根据市场上的供求关系及产品价格信息，在竞争中实现生产要素的合理配置。

（一）农村生产要素配置的原则

要使农村生产要素的配置具有良好的经济效益、社会效益和生态效益，应该坚持以下原则：

（1）满足市场需求的原则

在商品经济条件下，市场需求与价格信号反映各个需求层次的需求程度，供给者按市场需求进行生产经营：供给的背后是生产要素配置，供给能满足需要，从一个侧面反映了生产要素配置是合理的，如要满足市场需求，形成合理的农业生产要素配置，就必须动员各方面的力量，增加对农业的投入。

（2）节约资源，讲求效益的原则

发展社会主义农村经济，从生产力方面来分析，无非是对各生产要素的利用，生产要素的利用只能是通过合理配置和有效利用来使用农村各生产要素。而只有节约资源，才能从物质形态上增加社会财富，从价值形态上提高资源利用的经济效益。

（3）保护资源，保护环境的原则

生产要素的配置总是在一定的环境下进行的，其配置的状况会直接影响环境。在农村经济活动中，一些物理性质、化学性质、生物性质的生产要素，如果违反他们的特殊要求去配置，则可能破坏生产经营环境，使生产要素的数量减少、品质下降，社会主义生产是一个不断扩大再生产的过程，需要更多的生产要素，要求提高生产要素的品质。但是，生产要：素是不会自动增多的。其品质也不会自动提高，而必须在再生产过程中、在生产要素合理配置中加以保护。换言之，生产要素的合理配置是以保护资源、保护环境为前提的。只有这样，才能使可利用的生产要素数量增多、质量变好。

（4）因地制宜，流动开放的原则

农村商品经济发展的实践证明，一个狭小的地域不可能拥有全部自己所需要的生产要素，也不可能把自己全部现存的生产要素在本地域内合理利用，而必须通过市场和横向经济联系引进或输出必要的生产要素，用社会化方式来配置自己所需要的生产要素，使各生产要素处于高度的互补互助状态，在完全的开放流动中实现农村生产要素的合理配置

（二）农村生产要素配置的优化

1. 激活生产要素

激活生产要素，就是通过建立新的机制，使原来处于闲置状态的生产要素活跃起来，创造价值，产生效益，其主要形式有：第一，加强生产经营管理。通过加强生产经营管理，使活力增强、成本下降、竞争力提升、效益提高。第二，置换生产要素。置换生产要素即以闲置的生产要素换取自己紧缺的生产要素，激发活力，提高效益。第三，资产重组。

资产重组即把分散在不同配置中的生产要素拆散开来重新组合，形成新的生产能力。

2. 引进生产要素

引进生产要素，就是从外界输入某些生产要素，优化经济发展所需的生产要素配置，推动经济良性发展，包括以下形式：

（1）引进稀缺要素

生产者在产品生产、产业发展过程中，往往自身只具有某些生产要素，缺乏别的生产要素，因而必须依靠引进，才能使生产、经营活动运转起来。

（2）补足加快发展和扩大经济规模所需的各种生产要素

由于物质形态的要素均可由货币资本转换而来，因而补足要素常体现为引进资金，体现为各种投资、贷款、援助、财政转移支付等。

（3）通过商品进口减少对稀缺生产资源的依赖

对自身需要较少且生产要素稀缺的商品，则可以通过进口的办法，以降低生产成本，提高生产要素配置的效益。

3. 输出生产要素

输出生产要素，就是将生产者自己的生产要素输出体外，盘活闲置生产要素，产生新的经济效益，主要形式如下：

（1）输出劳务

一些地区由于缺乏资金、技术、经营管理人才，甚至缺乏自然资源，引进生产要素又较为困难，而大量劳动力又无法与生产资料结合并形成生产经营活动。因此，发展经济最为直接和有效的一个途径，就是把富余劳动力从本地区转移出去，与其他地区的生产要素结合，创造新的经济价值，提高经济收益。

（2）输出管理和技术

在管理和技术方面积累了一定优势的农村，可以通过开展经济交往与合作，输出管理与技术，与外部的劳动力、资本、土地等要素进行配置，或弥补自身在劳动力、资本、土地要素上的不足，或利用别人较为廉价的物质生产要素，获取更高的经济效益。

（3）输出生产资料

将富余或何时闲置的、一时难以派上用场的生产资料，以及具有竞争优势的生产资料输送出去，从而创造价值，获得收益。

第三节　农村经济组织与财务管理

一、农村经济组织管理

（一）农村集体经济组织管理

农村集体经济组织是以土地为中心，以农业生产为主要内容，以行政村或村组为单位设置的社区性合作经济组织。农村集体经济组织作为我国农村一种最普遍的合作经济组织，在保障农民家庭经营发展和促进农业发展方面作出巨大的贡献。农村集体经济组织建设要以尊重农民意愿为前提，以村集体经济发展现状为基础，以发展壮大集体经济实力为目标，积极探索适合农村集体经济发展的组织形式。

1. 探索创建新的农村集体经济组织形式

（1）明确界定集体经济组织成员与非成员

集体经济组织成员是参加集体分配的基本条件，集体经济组织成员资格的界限是：组织成员的户籍关系应当登记在本村，并执行本集体经济组织成员的村民会议、农户会议或村民代表会议决议，履行成员应尽义务；按国家户籍管理规定本人及其子女落户地有两处以上选择、成员资格有争议的，经本集体经济组织成员的村民会议、农户会议或者村民代表会议讨论，应到会人员的2/3以上同意接收、确认其为本集体经济组织成员。集体经济组织内部按人口平均发包土地、分配土地收益以及进行其他集体分配时，遇成员结婚或者其他情况，按国家户籍管理规定只能将本人及其子女户籍关系登记在本村的，应确定为户籍所在地集体经济组织成员。

（2）根据各村集体经济实力建立不同的集体经济组织形式

①对经济实力雄厚、人均耕地面积较少的村，可以试行股份合作制改革，在清产核资的基础上，建立农村股份制经济合作组织，根据村经济合作组织成员的人口、劳动贡献等因素，把货币资产和固定资产量化到人，组建管理和经营机构，实行公司化运营、企业化管理，按股分红，确保村集体资产保值增值；

②对集体经济实力较好的村，要建立独立于村民委员会之外的农村集体经济组织，充分发挥农村集体经济组织的管理和服务职能；

③对经济实力薄弱的村，一般继续沿用目前由村党支部或村民委员会代行村集体经济组织职能的组织形式。

2. 加大农村集体经济体制的改革力度

改革农村集体经济管理体制，划分村集体经济组织与村委会的职责，明确村委会出资所有权与村办企业法人财产权的关系，实现集体资产收益与村组织收入分账管理。积极推进产权制度改革，按照"归属清晰、权责明确、保护严格、流转顺畅"的原则，逐步建立农村集体经济的现代产权制度。在产权构成上，既可以由劳动群众共有，也可以由劳动者按股份所有。在分配方式上，鼓励各种生产要素参与分配。强化资产管理和资本经营，对村集体经济组织的存量资产，在留出一定数量的社会保障资金后，可以量化到集体经济组织的成员。

3. 加强农村财务民主监督和审计监督

进一步规范和完善村务、财务公开制度，特别是一些集体经济收支行为较多的村，要建立村级财务审计制度，对主要村干部实行经济责任审计。实行民主决策、科学决策制度，重大事项必须由村民大会或村民代表会议一事一议。建立民主理财制度，对集体经济组织的财务收支活动实行民主监督和管理：民主理财小组接受镇（乡）农经站的指导，有权审查集体的各项收支并否决不合理开支，有权检查监督集体经济组织的各项财务活动，有义务协助镇（乡）农经站对集体财务工作进行审计。农经站、审计监督部门要切实加强对村级财务的审计监督，以经常性审计、专项审计和干部离任审计为主，对镇（乡）、村干部任职期间违反规定给集体造成损失，或群众反映强烈的农村集体财务管理问题应进行重点审计。

4. 探索农村集体经济发展的新道路

进一步巩固和完善以家庭承包经营为基础、统分结合的双层经营体制。在提升家庭经营的基础上，充分发挥集体统一经营优势，加强民主管理，理顺分配关系，增强发展活力。积极发展股份合作制经济，把农民劳动合作与社会资本、技术、管理合作结合起来，把土地、山林资源优势与商品开发结合起来，通过对传统集体经济进行股份制改造、新办经济实体，优化生产要素配置，盘活存量，引进增量，不断壮大农村集体经济实力。大力发展新型合作经济，引导村集体与基层农技组织、基层供销社、农业龙头企业、专业大户等开展合作，发展技术指导、信息传递、物资供应、产品加工、市场营销等各类专业合作社、专业协会和专业中介组织，实现农村集体经济向多层次、多领域延伸和扩张。

5. 营造发展农村集体经济的良好环境

采取有效措施化解乡村不良债务：要全面清理乡村各种债权、债务和担保金额，对清理出的不良债务要通过多种途径有效化解。对村集体因发展社会事业产生的债务，区、镇（乡）财政要在全面清理的基础上，筹集一定数额的资金，有计划地分期偿还。改变忽视集体资产管理和部分资产闲置的现状，积极清收历史欠款，严格控制非生产性开支，把经营情况列入公开的范围，接受集体监督，确保管好、用好资产，防止流失并实现保值增值。兴办各种公益事业和企业要量力而行，村集体未经村民代表大会或村民大会讨论通过，不得举债建设新项目、新办企业和经济实体，坚决制止新的不良债务产生。

6. 加强发展农村集体经济的组织领导

要建立领导干部发展农村集体经济帮扶责任制，把发展壮大农村集体经济作为衡量镇（乡）党政领导政绩的重要内容，定期检查、严格考核。强化农村经济经营管理部门职能，加强对农村集体经济发展的具体指导服务。有关职能部门要紧密配合，为发展壮大农村集体经济提供有效服务，认真解决好集体经济发展中的难点、热点问题：

7. 制定农村集体经济发展总体规划

要把发展壮大农村集体经济纳入当地经济社会发展的总体规划，在深入调查研究的基础上，因地制宜地制定集体经济发展规划，明确发展目标和主要任务，选准发展路子。要认真分析每一个村的发展条件，把扶持的重点放在集体经济发展薄弱村上，按先易后难的顺序加快集体经济发展。规划中要突出重点行业和领域，把发展重点放在为农户做好产前、产中、产后服务；以特色优势农产品为重点，以优质化、专用化、品牌化为主攻方向，发展"一村一品、一村一业"；发展农业龙头企业，重点发展特色农产品加工业和旅游观光业。

8. 加强农村基层组织建设与发展

要切实加强以村党支部为核心的农村基层组织建设，发挥党支部的战斗堡垒作用，形成在村党支部领导下，村委会和村集体经济组织合理分工、各负其责、相互配合的组织管理体系。积极把愿意为群众办事、符合党员条件的农村致富能人吸收到基层党组织中来，发挥他们的带动作用。建立村干部定期培训制度，重点抓好思想政治培训、政策法规培训、经营管理技能培训，不断提高村干部带领农民发展集体经济的本领。

（二）农民专业合作经济组织管理

农民专业合作经济组织是农村经济体制改革中涌现出来的新生事物，是指农民以某一农业产业或农产品为纽带，以中间组织成员的收入为目的，有同类产品的生产者、为该生产经营各环节服务的提供者和利用者，自愿联合、自主经营、民主管理、自我服务的一种自主性和互助性相结合的合作组织。

1. 坚持原则与多种形式发展

在发展农村合作经济组织必须坚持"民办、民管、民受益"的基本原则以及形式多样、群众自愿、循序渐进、因地制宜、逐步发展的原则。在组建形式上，要依靠农民，动员社会各方面的力量参与发展农村合作经济组织，农村党员干部应成为发展农村合作经济组织的带头人。在实践中，可以完全是农民自办，也可以是国家技术经济部门、事业单位与农民联办，也可以是涉农企业、公司与农民联办。在服务内容上，可以是单项的，也可以是多项的。可根据实力逐步扩大服务领域，举办服务和经营实体，在发展模式上，可以是合作经济组织办龙头企业，也可以是龙头企业办合作组织，或者是采用"公司＋专业合作社＋农户"的模式。条件成熟的地方，可以运用股份合作机制，发展跨所有制、跨地区的多种形式的联合与合作，逐步形成上下贯通、纵横交织的合作经济组织体系。

2. 统筹规划与突出重点

围绕农村发展的实际，突出资源和产业优势，逐步建立健全各类专业性合作组织，重点发展专业合作社。一是围绕搞活流通，解决农民买难卖难问题，引导农民重点发展各种购销专业合作经济组织；二是围绕加工增值，提高农业的比较利益，建立各类加工型合作经济组织；二是围绕推进农业科技化，技术协会、研究会。

3. 做好试验示范与典型引路

要以农业结构战略性调整为契机，通过典型示范，分村进行农村合作经济组织建设规范试点，积累经验，善于从现有合作经济组织的实践中认真总结经验，特别要认真总结建立和完善专业协会、专业合作社内部组织制度、民主管理制度和利益分配制度的经验。在此基础上，制定地方性的"合作经济组织示范章程"。同时，合作经济组织还要理顺与乡村合作社、供销社以及其他中介组织的关系。

4. 转变职能与加大扶持。

各级部门要转变职能，优化环境，努力做好服务；要支持而不要干预，更不要包办代替合作经济组织的生产经营活动；要总结典型，加大宣传力度，积极引导，增强广大干部参与发展农村新型合作经济组织的自觉性和积极性；要加强对农民和企业的培训和教育，使他们提高组织化程度的自觉性，帮助他们成立和经营好农村合作经济组织；尽快出台发展农村合作经济组织的指导性意见，要确定农村合作经济组织的合法地位在登记注册和法人管理上予以扶持和帮助；要制定扶持政策，在财政支付、税收、贷款等方面，扶持壮大农村新型合作经济组织。

5. 规范强化与指导监督

按照市场经济运行规律，坚持"民办、民管、民受益"的原则；坚持因地制宜、不拘一格、灵活多样的办社原则；坚持开放性的原则，可以在社区范围内兴办，也可跨社区兴办，可以在行业内兴办，也可跨行业兴办，管理部门在积极引导的同时，要依据有关政策、法律、法规，规范其生产经营行为，加强审计监督，保证农村专业合作经济组织健康发展。

6. 规范内部管理制度

建立健全民主管理、民主监督、财务管理、利益分配等各项规章制度，引导其走向规范化、法制化管理轨道。由单纯的技术服务、农产品收购向物资供应、产品加工、储藏、销售等综合服务转变，不断拓宽服务领域；入社会员同农民专业合作社关系由开始时的"松散型"向"紧密型"转变，把农民专业合作社发展成为与农民"利益共享、风险共担"的经济利益共同体，逐步实现：

①建立自我完善和自我发展机制、处理好服务与赢利的关系；

②建立利益分配机制，做到风险共担，利益共享；

③建立科学民主的管理机制，完善规章制度，明确会员的权利、义务和议事规则，真正做到"民办、民营、民管、民享"。

（三）农村股份合作经济组织管理

农村股份合作制是在农村原有合作制基础上，实行劳动者的资本联合，把合作制与股份制结合起来的具有中国特色的农业生产组织制度。农村股份合作制组织中的农民具有双重身份，既是劳动者又是股东，因而既能实现劳动合作与资本合作的有机结合，又能实现劳动集体的共同占有和劳动者的个人占有的有机结合，既能继承合作制优点，实现规模经济，又能融入股份制长处，调动各方面积极性。

股份合作制是我国农村改革和农村商品经济发展到一定阶段的必然产物，由于它有着广泛的适应性，所以易于为广大农村干部群众所接受，同时由于效益好于其他产权模式，不少地区将它作为乡镇企业产权改革的主要形式，寄希望通过引入股份合作制进行乡镇企业的第二次创业。对股份合作制所采取的总的方针应当是：扶持与引导并举、发展与规范并举。

1. 加强宣传教育工作

通过电视、广播、报纸、墙报等多种形式，大力宣传股份合作制，实行股份合作制的必要性、可行性，营造一种有利于股份合作制发展的舆论环境。向广大干部群众讲清楚，股份合作制是个人所有制的联合，是完善双层经营体制的一种新型经济组织形式，它只与社会生产力发展水平有关，与私有制或者公有制没有必然的对应联系；实行股份合作制可以调动各方面的积极性，促进生产要素优化组合，提高经济效益，最终使国家、集体、个人各方面都得到好处；同时，要积极稳妥地进行试点和推广工作，通过典型经验让农民切身感受到股份合作制的优越性，引导农民组建股份合作企业。

2. 因地制宜，充分尊重农民的自主选择，积极稳妥地发展农村股份合作制

各地应当根据股份合作制产权组织和经营形式的适应性和局限性，以及不同地区经济发展水平、企业规模等具体情况实行一厂一策，灵活采用股份制和合作制的各种合理成分。在股份合作制的推广中，要做好分类指导工作，防止股份合作制走形变样，尤其是对农民办企业，不能强求一律，更不能将农民财产任意归并，而只能是引导、示范。

3. 科学合理地设置各种股权，明晰产权，弱化集体对企业的控制

取消企业股，将其按原始来源和劳动贡献折股量化到集体和个人。将集体股转为优先股，集体可以获取红利，但不能参与企业的管理。以普通股只享有分红权，而优先股则只给予股息，不可同时享有两种权利。

4. 规范资产评估工作，做好清产核资、折股量化工作

第一，要对企业拥有的各项财产进行清点和核对，确定各项财产物资、货币资金、无形资产和债权、债务的实存数，查明账存数与实存数是否相符。

第二，在此基础上，查明其原始来源，按照"谁投资、谁所有、谁受益"的原则，根据具体情况进行量化工作，对主要由职工劳动积累形成的资产，量化给职工个人的比例就应大一些。

第三，对资产主要由投资者资本归并的办法形成的资产，应将大部分量化给投资者。

第四，对资产主要由政府政策优惠或乡村组织投资形成的资产，应少壮化到职工个人。当然，职工在享受资产量化的同时，也必须认购相应数量的新股，以免集体资产被侵蚀。

第五，加强各项配套制度建设，为股份合作制的发展创造良好的外部环境。国家应当在全社会范围内明确股份合作制的地位，在其创办初期给予必要的扶持和引导；要逐步兴办农村会计师事务所、审计事务所等评估咨询机构，建立一支政治素质高、业务能力强、作风正派和敢于依法办事的资产评估队伍；有关部门应在登记、税收、劳动、人事等方面给予大力支持；乡村社区政府组织并不属于合作经营组织，应减少对企业经营决策的干预，其职能主要是营造一种有利于企业发展的宏观环境，在公共事务方面为企业做好协调服务，同时完成上级下派的各项行政任务。

二、农村财务管理

农村财务管理是对直接归农民集体占有、支配、管理的各种资产所发生的一切收入、使用、分配等财务活动的核算、计划、监督与控制。根据我国农村集体财务管理主体设置的情况，村集体经济组织、代行村集体经济组织职能的村委会及实行村会计委托代理的乡镇会计核算中心是农村集体财务管理的直接管理者。各级农村经营管理部门是农村财务的业务主管部门。农业部专设农村经济体制与经营管理司，其三大主体职能之一就是做好农村财务管理工作。

（一）农村财务管理的原则

农村财务管理要以发展和保障农村集体经济组织及其成员的物质权益和民主权利为核心，严格按照《中华人民共和国会计法》和相关法律法规的要求，进一步加强和改进农村财务管理工作，形成制度健全、管理规范、监督有力的农村财务运行和管理机制，有效防止农村集体资产流失，维护广大农民群众的利益，促进农村经济社会发展。

农村财务管理工作原则包括：第一，坚持民主管理，推进财务公开和民主制度，增强农民群众民主管理意识和能力，维护农民群众的知情权、参与权、决策权和监督权；第二，坚持示范引导，及时总结经验，树立典型，发挥示范带动作用，提高农村财务管理水平；第三，坚持发展和规范并举，重视集体经济发展的同时，也重视财务管理，以完善财务管理促进集体经济发展，防止集体资产流失，夯实新农村建设的物质基础。

（二）农村财务管理的措施

1. 规范农村财务管理规章制度

建立健全和完善规章制度，使农村财务管理有章可循，这是做好财务管理的重要保证，是加强农村财务管理的当务之急。当前重点是要规范农村年度财务预决算制度，村级会计代理制度，村干部工资报酬管理制度等，使财务人员有章可循，通过这些制度来规范农村财务管理中的违法违纪行为，实现农村财务管理的制度化、规范化、提高农村财务管理在实现"双增"和保障农民群众权益中的作用。同时，农村财务管理在执行过程中必须严格遵守规章制度，坚持收支两条线，实行先收后支，杜绝以收抵支、差额报账、坐支现金等现象。乡镇政府要加强对财务制度执行情况的检查监督，要不定期地组织开展财务大检查，防微杜渐C

2. 建立农村财务管理规范模式

建立农村财务管理规范模式的做法如下，一是改进农村财经管理人员的任用或选拔机制，打破村界，逐步实行会计委派，根据实际情况，乡镇政府应将村级财经委员的考核部分改为由财经所进行，财经所面向社会公开招聘村级财务报账员，经培训考核，择优录取，按照异地任职制，委派到各村，实行统一管理，统一要求，统一工资报酬渠道，避免眷属会计的产生，改变只管事不管人的软约束现状。二是明确职责分工，跟进制度落实。明确村级干部和财务人员的责、权、利，规范每个人的行为。三是将"财权"进行适当分解，由一人掌握变为多人交叉掌握，正式发票或收据至少要由两名村干部签字，形成相互制约的机制。

3. 加大农村财务管理监管力度

要全面建立村级财务公开制度，统一规定财务公开时间；内容及格式，并在便于群众观看的公开栏上按季或按月公布财务明细账。建立健全民主理财小组和民主理财办法，对村干部、村出纳或报账员、民主理财小组成员进行全面培训，切实增强基层民主理财能力，促进农村民主理财工作的规范化。为此要强化群众监督，坚持定期公开账目，落实好民主理财制度，把集体财务活动置于群众监督之下；强化业务监督，乡镇政府要建立有权威的审计组织，加强对农村财务的监督检查，以促进村级财务管理规范化建设；强化纪检监察部门监督，做到各部门紧密配合，协调一致，督促检查；强化民主理财小组监督，村民主理财小组要定期对本村所发生的财务收支进行一次全面审核，对于不合理或未经审核的票据一律拒收拒付，坚决不予报销。

4. 增加农村财务管理领导认识

各级领导干部要端正思想、摆正关系，树立经济越发展，财务管理越重要的观念，改善党群、干群关系，加强民主法制建设，巩固和发展农村安定团结政治局面的大事抓实抓好。稳定财会人员队伍，提高财会人员素质。严格财会人员的任免程序，财会人员确定后，一般不要随意变动。财会人员素质的高低直接影响财务管理质量的好坏，这就要求财会人员既具有良好的业务素质，又具有较强的政治观念和职业道德水平，因而要定期对财会人员进行培训和教育，提高财会人员的业务素质和遵纪守法的自觉性。

5. 推行农村财务管理的电算化

各级要把推行农村财务管理电算化，作为加强农村财务管理工作的基础性工作，配备计算机和电话专线，使用统一的农村财务软件，实行村内部联网。村领导可通过计算机随时调阅村的财务资料，掌握村集体资产财务运作情况。在全面实现农村财务会计电算化的基础上，加快推进县、乡镇、村三级财务计算机监管网络建设，实现财务数据的实时传递、查询和监控。加强对财务数据的分析和运用，提高财务核算和会计监督的时效性、联动性。

6. 加强农村财务管理审计工作

落实专项审计经费、相关机构和审计专业人员负责农村集体经济审计工作，重点围绕村级财务收支、土地征用补偿、村级重大项目建设审计和村干部经济责任审计、信访问题专项审计等，严肃查处违法乱纪行为，对查出的问题要按照财经纪律和相关制度的规定予以严肃处理，促进农村集体经济审计的经常化、规范化、制度化。

第九章　现代农村经济发展与创新

第一节　农户生产经营计划与合同

一、农户生产经营计划

（一）确定农户生产经营目标

1. 农户生产经营计划的内容

农户生产经营计划的内容包括产品生产计划、销售计划、各生产要素计划、利润计划、物资供应计划等。各生产要素计划包括劳动力计划、土地利用计划、资金计划和技术措施计划等。编制计划时，农户可根据自己实际情况确定计划种类。如果经营规模较小，可把多种计划合并为一个计划。

（1）产品销售计划

销售产品是获得利润、实现经营目标的重要环节。产品销售计划根据市场调查和预测、结合农户生产实际情况编制。产品销售计划的内容一般包括产品销售数量、品种、质量、销售时间、销售渠道、销售价格、销售费用、销售方式等。销售计划是农户生产经营计划中首先编制的计划，真实按市场规律要求，实行以销定产的基本步骤。销售量以销售合同量加上一定比例的非合同销售量和储备量确定。

（2）产品生产计划

生产计划根据产品销售计划和生产经营目标进行编制，规定产品的生产品种、质量、生产进度，保证销售计划的顺利实现。生产计划是对农业生产的全面安排，主要内容包括：品种、生产规模（种植面积）、单产、总产量、开始生产时间、收货时间、采收方法和生产技术方案等。

（3）物资供应计划

根据生产需要和市场物资供应情况，全面规划种苗、农药、化肥、各种设施材料、设备、能源、饲料和其他材料的供应渠道、供应时间和数量、最低库存数量等。物资供应计划编制后，应积极联系供应渠道，根据物资供应的紧张程度和农户实际消耗情况，决定是否以合同的形式确定供需关系。

（4）劳动力使用计划

劳动力使用计划是按照生产计划的要求，对生产所需要的劳动力情况做出规定。根据生产的季节和特点，结合农时季节劳动力供应的特点，确定劳动力使用数量、技术水平、使用时间、劳动力使用成本等。

（5）技术措施计划

技术措施计划包括计划采用的新技术、新设备，计划改进的生产技术、耕作制度、良种技术等内容。这些技术措施采用的时间、实施范围、具体安排和预期的经济效益等尽量在计划中明确规定。技术措施计划应保证生产目标的顺利实现。各种技术措施应满足生产计划中对产量、产品质量、收货时间的要求。

除此之外，还有土地利用计划、资金计划、利润计划等，农户可根据实际情况进行编制。农户生产经营规模较大时，可以详细些，但应注意各计划之间的衔接。农户生产经营规模较小时，可以把各种计划合并在生产计划之内，编制一个简易的经营计划。

2. 农户生产经营计划种类

农户经营计划按时间来分，可分为长期计划、年度计划和阶段计划三种。三者之间既相互联系又相互补充，形成了经营计划的体系。

（1）长期计划

又称长期规划和远景规划，它是从总体上规划在若干年内可能达到的目标及其重大经济技术措施。长期计划一般是五年以上的计划。一般包括以下内容：农户生产经营的现状和发展基础、确定农户的生产经营指导思想、制定发展目标及收入指标和保证计划实现的措施。

（2）年度计划

它是按一个日历年度编制的计划。年度计划是在长期计划的指导下，结合本年度的实际情况，确定各项经济指标。它既是长期计划的具体化，又是制定阶段性计划的依据。因此，对年度计划内容和确定的生产指标要求具体。一般由以下专项计划组成：生产计划、物资供应计划、产品销售计划、技术措施计划和财务收支计划。

（3）阶段计划

就是在一年内，按照不同的生产季节或作业阶段所做的工作计划。这种计划是以年度计划为基础，并以保证完成年度计划为目的。

3. 农户生产经营计划的特点

（1）以市场为导向

市场需求是制定经营计划的出发点。以市场需求确定销售计划，以销售计划确定生产计划，以生产计划确定其他计划。农户生产经营计划符合市场需求将带来预期的经济效果，否则将带来经济损失。

（2）以销售为核心

农户生产经营计划的内容包括产品生产计划、物资供应计划、各生产要素计划、成本计划、利润计划、技术措施计划等。产品销售计划是各计划的前提。各计划均以产品销售计划为基本依据，确保销售计划顺利完成。其他计划只有依据销售计划才具有经济上的可行性。

（3）以利润为目标

利润是农户生存和发展的基础，同时是经营的直接动力。编制经营计划，须以实现利润为着眼点，提高经济效益，提高农民的收入水平。

（4）以需要定形式

农户生产经营计划在实践、内容和形式上具有较大的灵活性。时间上可长可短，内容上可多可少，形式上多种多样。农户可根据自己的实际情况，确定不同的内容和不同的形式。

（5）以实施为目的

计划是管理的手段，一份科学、合理的经营计划如果得不到实施，便是一纸空文。如果实施不力，不能完成计划目标，便失去了编制计划的意义。因此，农户生产经营计划以实施为目的，如果计划脱离实际，不具有可执行性，实施时不会有很好的效果，从而无法实现经营目标。

（二）农户生产经营目标分解

1. 农户生产经营计划指标体系

（1）指标种类

农户生产经营计划指标是指经营活动应达到的数量和质量要求，有绝对数和相对数两种表示方式。绝对数表示方式比较直观。主要的数量指标有：产品产量、销售量、销售额、总产值、固定资产数量、总成本、各种生产资料需要量、利润总额等。

（2）指标计算

指标可以以实物形式和价值形式进行计算。

实物计量形式的指标也称为实物指标，是以实物计量单位表现的指标。由于指标通常以重量、容积、件数、长度、时间等表示。

价值计量形式的指标也称为价值指标，是以货币为计量单位表现的指标。由于物资形态千差万别，用价值统一计算，能全面反映农户生产消耗和经营成果。

农户编制生产经营计划时首先要确定相应的指标体系，明确每个指标的内涵。农户可根据实际需要选取所需指标。不同的指标可以采取实物指标形式，也可以采取价值指标形式。产量、销量、各种生产资料使用量通常以实物形式反映，利润、销售额、成本通常以价值形式反映。

2. 农户生产经营计划目标分解

农户经营目标的分解实际上就是把大目标划分为小目标的过程。农户将经营目标进行分解，落实到生产经营各环节、各阶段，一步一步完成小目标，最终实现大目标。比如，总利润确定后，依次要确定销量、售价、种植面积、种植品种、单位产量、种子、技术、需要的生产资料、需要的资金等，必须经过这样的步骤，才能使计划有比较可靠的基础。

（三）编制农户生产经营计划概括

1. 农户生产经营计划编制的基础工作

（1）资料的收集与整理

农户编制生产经营计划需要大量的资料，包括农户内部各种资料和农户外部各种资料，既包括当年的资料，也包括往年的资料。确定计划指标，需要参考历年的经济资料，并对各种资料进行对比分析，了解市场供需状况和各种存在问题，以便采取相应的措施，确保计划的可执行性。为此，搜集的资料应保持全面性、准确性和及时性。全面性指生产经营活动的每一个方面都有原始记录。准确性指记载数字准确，正确反映客观实际。及时性指及时记录农业经营活动情况，并及时分类、整理和汇总，随时满足计划工作的需要。

（2）定额管理工作

定额指在一定的生产条件下，完成一定的生产任务，占用和消耗人力、物力、财力的数量标准。规模较大的农户编制计划应以各种定额为依据确定各种物资占用量与消耗量。同时，定额为检查计划执行情况，考核经济效益提供了标准。在编制经营计划前对各种定额重新进行核定，制定出各种物资消耗定额和资金占用额，使定额更加符合实际，增加计划的可靠性。

2. 编制农户生产经营计划

农户生产经营计划中的各项指标是相互联系、相互制约的。当某一指标发生变化时其他相关指标会受到影响。因此，各经营指标确定后，应对各指标之间进行数量综合平衡。一般从生产的总体任务出发，保证生产和销售平衡、生产任务和劳动力平衡、生产任务和资金平衡、生产任务和物资供应平衡等几个主要方面。

实现平衡的办法是编制各种平衡表。平衡表的基本项目有"需要""来源""余额""平衡措施"四个部分。它可以十分直观地反映各生产资源和生产项目之间的供求情况，以及解决不平衡的具体措施。

编制平衡表应经过多次计算、调整，以保证平衡表的客观性。编制计划时要充分考虑所具备的条件，挖掘资源潜力、降低消耗、节约资源以解决不足。若供应量大于需要量，可减少采购量，有条件的可以利用剩余资源，扩大生产，增加收益。若需求量大于供应量，可增加采购量。进行综合平衡，既要解决不足，又要安排剩余，以提高资源利用率。平衡表反映了资源的总体情况。资源的质量、型号规格、需要时间、购入渠道可以在平衡表后进行详细说明，也可以另编附表。

3. 编制计划需要处理好的平衡关系

编制计划应做好以下方面的平衡。

（1）规模与发展速度之间的平衡

农户经营是一个整体，应积极保持各经营环节处于相对平衡的状态，保持规模与发展速度之间的平衡，相互配合，协调发展。

（2）生产任务与各生产要素之间的平衡

生产任务与劳动力、机器、畜力的平衡；与水、土等自然资源的平衡；与种子、肥料、饲料之间的平衡；与资金的平衡等。上述平衡的实质是人力、物力、财力的平衡。

（3）产、供、销之间的平衡

产、供、销之间的平衡包括各种生产资料供应与需要之间的平衡，产品的生产量与销售量之间的平衡，以便科学合理组织生产资料的采购、储存、供应和产品销售工作。

（4）积累与消费之间的平衡

处理好农户家庭扩大再生产积累资金和消费之间的平衡，既要保证生产的顺利进行，又要逐步改善家庭的生活福利，提高农民家庭的生活水平。

农户经营的平衡往往贯穿计划管理工作的全过程，不但在计划时考虑平衡关系，执行中也应根据情况的变化对各经营环节及时调整，保证农户经营的连续性和稳定性。

（四）农户生产经营计划的执行与控制

编制经营计划是计划工作的开始。把计划变为现实，必须做好计划的执行和控制工作，以确保计划指标的完成。

1. 农户生产经营计划的执行

编制经营计划是计划工作的开始。把计划变为现实，必须做好计划的执行和落实，以保证计划指标的完成。生产经营计划仅仅把经营目标分解成计划指标远远不够，还要把计划指标层层分解到各生产经营单位和每个人，使每个人都有明确的任务，知道自己应该做什么工作，负什么责任，完成情况和自己利益有什么联系，以及自己工作完成情况和经营目标的实现存在什么样的关系。这样把经济责任制的权、责、利紧密结合起来，保证每一个环节都能按照计划要求运转。计划实施过程也是经济责任制的实施过程，只有这样，经济责任制才能落实，计划工作才能保证。

2. 农户生产经营计划的控制

在执行计划过程中，要使生产经营各环节紧密配合、互相促进，必须根据执行过程中的有关信息加强计划控制。所谓控制，就是在计划执行过程中，对各个环节的计划执行情况进行经常的测定、记载和分析，及时发现问题和差距，并采取相应的调节措施。

二、合同管理

（一）合同的订立

1. 合同的特点

（1）合同是平等主体之间的民事法律关系

合同当事人的法律地位平等，一方不得凭借行政权力、经济实力等将自己的意愿强加给另一方。

（2）合同是多方当事人的法律行为

合同的主体必须有两个以上，合同的成立是各方当事人意思表示一致的结果。

（3）合同是从法律上明确当事人间特定权利与义务关系的文件

合同是明确当事人间权利与义务的法律性文件。

（4）合同是具有相应法律效力的协议

合同依法成立、发生法律效力之后，当事人各方都必须全面正确履行合同中规定的义务，不得擅自变更或者解除。当事人不履行合同中规定的义务，要依法承担违约责任。

2. 合同的常用种类

农村常用的合同一般有以下种类。

（1）购销合同

购销合同是买卖合同的变化形式，它同买卖合同的要求基本上是一致的。指当事人一方将某种货物出售给另一方，按约定取得价款的协议。购销合同按购销形式不同，可分为供给合同、采购合同、预购合同、调剂合同等。这种合同在农业生产经营中十分常见，一般有农业生产资料购销、农产品购销合同等。

（2）建筑工程承包合同

建设工程承包合同是指发包方和承包方之间，为了完成商定的工程项目而订立的协议。建筑工程承包合同包括勘察、设计、建筑、安装四个主要部分。农业经营中设施工程建设、安装项目可订立此类合同。

（3）加工承揽合同

加工承揽合同指承揽方按照定做方的要求，完成一定工作，获取一定报酬的合同。个体经营户、农村社员、专业户、重点户同法人之间签订加工承揽业务时须签订此类合同。

（4）货物运输合同

货物运输合同指托运方与委托承运方为完成一定的货物运输任务而订立的合同。农产品运输一般要签订此类合同。

（5）供用电合同

供用电合同指供电方与用电方就供应和使用一定数量的电力而订立的协议。农民生产、生活用电一般须签订此类合同。

（6）仓储保管合同

仓储保管合同指存货方和保管方为获取一定经济利益，妥善保管货物而订立的协议。农产品的仓储保管一般须签订此类合同。

（7）财产租赁合同

财产租赁合同指出租方和承租方为租赁一定财产而订立的协议。农村发生财产租赁时一般须签订此类合同。

（8）借款合同

借款合同指按国家规定贷款方与借款方就借贷一定数量的货币而订立的协议。农民生产、生活发生借款时须签订此类合同。

（9）农业承包合同

农业承包合同指农村集体经济组织的成员（农户）和村合作经济组织（村）就承包某项生产资料或生产任务而订立的协议。农业承包

3. 合同的结构和写法

合同的书写形式有两种：一是条文式，二是表格式。除特殊外，一般用工商行政管理机关监制的合同纸。不论采用何种形式，合同的结构都应该包括以下四个部分。

（1）标题

①直接用合同的种类作为标题。如《技术合同》。

②经营范围＋合同种类。如《商品房买卖合同》。

③时间＋合同种类。如《2023 年运输合同》。

④签约单位名＋合同种类。如《xx 公司仓储合同》。

（2）合同当事人

在标题之下，左半部分写立合同人；先写甲方（供方、卖方），再写乙方（需方、买方）；右半部分写合同编号、签订地点、签订时间。

（3）正文

正文包括引言和主体两方面内容：引言是签订合同的依据和目的，主体是合同的具体条款。

①常用开头（引言）

根据《合同法》有关规定，经双方协商一致，签订本合同，以资共同遵守。或：为了……目的，经双方充分协商，特订立本合同，以便共同遵守。

②合同的内容

合同的内容，即合同当事人订立合同的各项具体意思表示，合同的内容由当事人约定，一般包括以下条款：标的。标的是合同双方或几方当事人权利和义务共同指向的对象。任何合同必须有标的，有的标的指物；有的标的指行为；有的标的指货币。数量主

要表现为一定的工作量；标的是智力成果，数量主要表现为智力成果的多少与价值。质量指双方在合同中约定的标的质量及要达到的标准，是标的内在素质和外观形态的综合反映，如产品的品种、规格、型号等。价款或者报酬。价款或报酬是取得合同标的一方向另一方支付以货币数量表示的代价。取得对方产品而支付的代价叫价款，获得对方劳务或智力成果的代价叫报酬。履行期限。指合同的履行期限和合同的有效期限。当事人双方必须严格执行协议的时间，期限时间宜实不宜虚，宜具体不宜笼统，最好确定具体日期，如不能定实际时间，应用"以前""以内"，而不应用"以后"，也不可用"尽可能在"或"争取在"。地点。履行合同的地点指合同履行时的具体地点，包括交货、验货或承建工程的具体地点，必须规定具体、明确，不能产生歧义。方式。指当事人履行合同的具体做法。是送货还是自提；是现金结算还是银行转账结算等。包括时间方式和行为方式两方面。时间方式指的是一次性履行完毕还是分期履行；行为方式指当事人交付标的物的方式，如标的物的交付、运输、验收、价款结算等的方式。违约责任。违约责任又称"罚则"，是规定合同当事人全部不履行或部分不履行或不适当履行合同（违约）时，所必须承担的经济责任和法律责任。解决争议的方法。指若签订合同后发生纠纷，自行协商不成时，在合同中约定的解决纠纷的形式（是到仲裁机构仲裁，还是去法院诉讼），选择其一写于合同条款中。

（4）结尾

包括署名和印章、签订日期两个部分。

一般要写各方单位或姓名的全称，并分别盖章。如需上级单位或公证机关签署意见，要注明并盖章。当事人是企业法人的，应盖合同专用章，不得加盖行政专用章。另外，双方的电话、账号、开户银行、地址等，都应写清。

4. 合同的形式

合同的形式，是指合同当事人意思表示一致的外在表现形式。当事人订立合同，有书面形式、口头形式和其他形式。

口头形式的合同方便易行，但缺点是发生争议时难以举证确认责任。

法律、行政法规规定采用书面形式的，应当采用书面形式。当事人约定采用书面形式的，应当采用书面形式。合同书、信件、数据电文等可以有形地表现所载内容的形式都属于书面形式的合同。

（二）合同的履行

1. 合同的履行原则

合同的履行是合同的双方当事人正确、适当、全面地完成合同中规定的各项义务的行为。在合同履行中，当事人应当遵循诚实信用原则，根据合同的性质、目的和交易习惯履行通知、协助、保密等义务。

（1）全面履行原则

全面履行原则又称适当履行或正确履行原则。是指合同的当事人在适当的时间、适当的地点，以适当的方式，按照合同中约定的标的数量、质量，由适当的主体，全面完成合同义务的履行原则。

（2）诚实信用原则

所谓诚实信用是自觉按照市场制度中对待的互惠性原理办事。在订约时，诚实行事，不诈不霸；在订约后，重信用，自觉履行。

2. 合同履行中的规则

（1）质量要求不明确的

应按国家标准或行业标准执行；没有国家标准或行业标准的，按通常标准或符合合同目的的特定标准履行。

（2）价款或者报酬不明确的

按照订立合同时履行地的市场价格履行；依法应当执行政府定价或者政府指导价的，按照规定履行。

（3）履行地点不明确的

给付货币的，在接受货币一方所在地履行；支付不动产的，在不动产所在地履行；其他标的，在履行义务一方所在地履行。

（4）履行期限不明确的

债务人可以随时履行，债权人可以随时请求履行，但应当给对方必要的准备时间。

（5）履行方式不明确的

按有利于实现合同目的的方式履行。应事先通知对方当事人，取得对方同意后方可履行。

（6）履行费用的负担不明确的

由履行义务一方负担。

（7）执行政府定价或者政府指导价的

在合同约定的交付期限内政府价格调整时，按照交付时的价格计价＊逾期交付标的物的，遇价格上涨时，按照原价格执行；价格下降时，按照新价格执行。逾期提取标的物或者逾期付款的，遇价格上涨时，按照新价格执行；价格下降时，按照原价格执行。

3. 合同担保的主要方式

（1）保证

保证是指第三人为债务人的债务履行作担保，由保证人和债权人约定，当债务人不履行债务时，保证人按照约定履行债务或者承担责任的行为。

按照担保法的规定，具有代为清偿债务能力的法人、其他组织或公民，可以作为保证人。保证的内容应当由保证人与债权人在以书面形式订立的保证合同中加以确定。保证的方式有一般保证和连带责任保证两种。当事人在保证合同中约定，在债务人不能履行债务时，由保证人承担保证责任的，为一般保证；当事人在保证合同中约定，保证人与债务人对债务承担连带责任的，为连带责任保证。当事人对保证方式没有约定或约定不明确的，按照连带责任保证承担责任。

（2）抵押

抵押是指债务人或者第三人不转移对其确定的财产的占有，将该财产作为债权的担保。当债务人不履行债务时，债权人有权依照法律规定，以该财产折价或以拍卖、变卖该财产的价款优先受偿。该债务人或第三人为抵押人，债权人为抵押权人，提供担保的财产为抵押物。

（3）质押

质押包括动产质押和权利质押。动产质押是指债务人或者第三人将其动产移交债权人占有，将该动产作为债权的担保。权利质押是指以汇票、支票、本票、债券、存款单、仓单、提单，依法可以转让的股份、股票，依法可以转让的商标专用权，专利权、著作权中的财产权，依法可以质押的其他权利等作为质权标的的担保。

4. 留置

留置是指依照担保法和其他法律的规定，债权人按照合同约定占有债务人的动产，债务人不按照合同约定的期限履行债务的，债权人有权依照法律规定留置该财产，以该财产折价或以拍卖、变卖该财产的价款优先受偿。

5. 定金

定金是指合同当事人约定一方向对方给付一定数额的货币作为借权的担保。给付定金的一方不履行约定的债务的，无权要求返还定金；收受定金的一方不履行约定债务的，应当双倍返还定金。

（三）合同的终止

根据《合同法》规定，有下列情形之一的，合同的权利义务终止：

1. 债务已按照约定履行

债务已按照约定的标的、质量、数量、价款或酬金、履行期限、地点和方式全面履行，合同终止。

2. 合同解除

合同解除是指合同有效成立后，当具备法律规定的合同解除条件时，因当事人一方或双方的意思表示而使合同关系归于消灭的行为。合同解除有约定解除和法定解除两种情况。

约定解除是根据合同自愿的原则，当事人在法律规定范围内享有自愿解除合同的权利。法定解除是指在合同成立后，没有履行或者没有完全履行完毕之前，当事人在法律规定的解除条件出现时，行使解除权而使合同关系消灭。

《合同法》规定：有下列情形之一的，当事人可以解除合同：

①因不可抗力致使合同不能实现合同目的。

②在履行期限届满之前，当事人一方明确表示或以自己的行为表明不履行主要债务。

③当事人一方迟延履行主要债务，经催告后在合理期限内仍未履行。

④当事人一方迟延履行债务或有其他违约行为致使不能实现合同目的。

⑤法律规定的其他情形。

3. 债务相互抵消

是指当事人互负到期债务，又互相享有债权，以自己的债权充抵对方的债权，使自己的债务与对方的债务在等额内消灭。

4. 债务人依法将标的物提存

提存是指由于债权人的原因，债务人无法向其交付合同标的物而将该标的物交给提存机关，从而消灭债务的制度。

5. 债权人依法免除债务

债权人免除债务，即债权人自愿放弃了债权，债务人的债务即被解除。

6. 债权债务同归于一人

由于某种事实的发生，使一项合同中原本由一方当事人享有的债权和由另一方当事人负担的债务统归于一方当事人，使得该当事人既是该合同的债权人，又是合同的债务人，合同的履行就失去了实际意义，合同的权利义务终止。

7. 法律规定或当事人约定终止的其他情形

当事人在合同中有约定终止的其他情形，按合同约定执行。

（四）合同的违约责任

承担违约责任的主要形式是继续履行、采取补救措施、赔偿损失、支付违约金、给付或者双倍返还定金等。

但是当当事人一方违约是由于免责事由的出现造成的，则可以免除违约方的违约责任。合同法规定了三种免责事由：法定事由、免责条款、法律有特别规定。

第二节　农村农业产业化经营与部门管理

一、农村农业产业化经营管理

（一）农业产业化经营的意义

要保持农业和农村经济的稳定增长，不断提高人民生活水平，只有通过对农业和农村经济结构进行调整、优化，走农业产业化经营道路，才能保持农村稳定，保障农业发展，保证农民增收。农村改革实践进一步明确了推进农业产业化经营的重要性和必要性。

1. 农业产业化经营是农业和农村经济结构战略性调整的重要带动力量

解决分散的农户适应市场、进入市场的问题，是经济结构战略性调整的难点，关系着结构调整的成败。目前，干部和群众对结构调整的重要性和紧迫性虽有一定程度的认识，但农村产业结构，农产品品种品质，农业生产布局等问题还没有从根本上解决。总体上还缺乏明确的规划，不同程度地存在简单模仿外地经验和模式。要使结构调整不断向农业的深度和广度进军，有一点显得十分重要，就是要使千家万户的小生产与千变万化的大市场有机对接起来。

农业产业化经营的龙头企业具有开拓市场，赢得市场的能力，是带动结构调整的骨干力量。从某种意义上而言，农户找到龙头企业就是找到了市场。龙头企业带领农户闯市场，农产品有了稳定的销售渠道，就可以有效降低市场风险，减少结构调整的盲目性，同时也可以减少政府对生产经营活动直接的行政干预。农业产业化经营对优化农产品品种、品质结构和产业结构，带动农业的规模化生产和区域化布局，发挥着越来越显著的作用。

2. 农业产业化经营是实现农民增收的主要途径

增加农民收入是新农村建设的根本目标。农民增收缓慢的内在原因主要是由于农产品产量提高与农村劳动力相对过剩以及农业生产劳动率和农产品转化加工率较低而造成的。发展农业产业化经营，可以有效地延长农业产业链，增加农业附加值，使农业的整体效益得到显著提高，可以促进小城镇的发展，促进农村剩余劳动力转移，拓宽农民增收渠道，增加农民的非农业收入，实现农民分散生产与社会化大市场的有效对接，降低市场风险和交易成本。合理配置各种生产要素和资源，加快提高农业的劳动生产率和比较效益，实践证明，做好产业化经营是增加农民收入的重要途径。

3. 推进农业产业化经营，是培养有文化、会经营的新型农民的重要动力

农民是新农村建设的主体，提高农民素质是建设新农村的重要保证：发展农业产业化，对农民的科技文化素质和经营能力提出了新的要求，同时也为新型农民的培养提供了机会，创造条件。在发展农业产业化的过程中，农民可以学到更多的专业知识，增强市场经济观念，提高各个方面的素质，从而充分发挥新农村建设的主体作用。

4. 农业产业化经营是提高农业国际竞争力的重要举措

大力增强我国农业的国际竞争力，根本出路在于提高农产品质量、档次和卫生安全水准，提高农户的专业化、市场化、组织化程度，提高农业生产经营规模和整体效益。积极推进农业产业化经营的发展，有利于把农业生产、加工、销售环节联结起来，把分散经营的农户联合起来，有效地提高农业生产的组织化程度，尽快扩大我国有比较优势农产品的生产规模，通过龙头企业建立一批符合专业化、标准化生产条件的农产品原料基地，培育一批有国际综合竞争实力的龙头企业。这有利于应对加入世贸组织的挑战，按照国际规则，把农业标准和农产品质量标准全面引入到农业生产加工、流通的全过程，创出自己的品牌；有利于扩大农业对外开放，实施"引进来，走出去"的战略，创出一

批有较强出口竞争力的名牌农产品，全面增强农业的市场竞争力。

（二）农业产业化经营的内容

农业产业化经营是指以市场为导向，以家庭承包经营为基础，以提高经济效益为中心，以当地的优势资源为依托，依靠龙头企业及各种中介组织的带动，将农业的产前、产中和产后诸环节有机结合，实行多种形式的一体化经营，形成系统内部有机结合、相互促进和利益互补机制，实现资源优化配置的一种新型农业经营方式。一体化经营是农业产业化经营的基本特点，它是一种经营模式，包括横向一体化和纵向一体化。

农业产业化经营采用的是纵向一体化，即"贸工农一体化""产加销一条龙"，即企业结合产品的材料供应、生产和销售等上下环节，发展不同深度的业务，它实质上是指对传统农业进行技术改造，推动农业科技进步的过程。这种经营模式从整体上推进传统农业向现代农业的转变，是加速农业现代化的有效途径，其具体内容包括以下方面：

1. 农业生产专业化

农业生产专业化是指依据客观条件，使农产品生产的全过程实现生产的集约化，以提高劳动生产率，以提升其在市场经济中的竞争力。

2. 农业经营规模化

它是指改变我国现行小规模农业经营格局，加快土地流转，促使土地相对集中，扩大农业生产经营规模，以优化土地、劳动、资金、机械的组合取得规模效益的农业经营方式。

3. 贸工农一体化，产供销一条龙

这是农业产业化最突出的表现形式，它是指农业企业集团内部、农业企业之间以及农业企业与非农业企业之间，通过某种经济约束或协议，把农业的生产过程各个环节纳入同一个经营体内，形成风险共担，利益均沾，互惠互利，共同发展的经济利益共同体。

4. 服务社会化

服务社会化基本内容包括产前、产中、产后各个环节上的社会化服务体系，这是农业产业化发展的客观要求。

5. 利益分配机制合理化

发展农业产业化的根本目的就是要保护农民利益，增加农民收入。由于农户处于弱势地位，一般难以得到正常的利润，而农业产业化则可以打破这种不合理的利益分配机制，通过农工商一体化经营，使农户也分享到农产品在加工、流通过程中增值的平均利润，从而实现农户的收入增长。

（三）农业产业化经营发展措施

加快农业产业化经营发展要以农业增效、农民增收和农村稳定为目的，坚持以发展效益农业为中心，以市场为导向，以培育有竞争优势和劳动能力的龙头企业为重点、以提高农业生产的市场化和组织化程度为基础，以科技创新和重大先进适用技术的推广为

动力，以建立与国际市场相适应的农产品质量标准和检测检验体系为保障，全面提高农业产业化经营水平，使我国农业和农村经济上一个新台阶

1. 处理好产业化经营中的关系

农业产业化经营是个系统化的工程，涉及农村众多利益主体，要做好农业产业化，必须处理好以下关系：农业产业化经营与家庭承包经营的关系；龙头企业与农户的利益关系；农业产业化经营与乡镇企业改造升级和小城镇建设的关系；政府和龙头企业的关系；农业产业化经营与提高社会化服务水平的关系。

2. 扶强扶大农业龙头企业

农业产业化经营的龙头企业肩负着开拓市场、科技创新、带动农户和促进区域经济发展的重任，其经济实力的强弱和劳动能力的大小，决定农业产业化经营的程度、规模和成效。扶持龙头企业就是支持农业，扶持农民扶持农业龙头企业要充分考虑不同地区、不同产业、不同发展阶段的特点和实际，实行分类指导、重点扶持，培育、催生农业龙头企业，把龙头企业"扶强、扶优、扶大、扶特"。逐步把由政府和部门建设的示范基地转变成在政府规划引导，由龙头企业作为运作主体实施的农产品基地。鼓励国有企业、工商业主、个私经济等多种成分通过多种途径创办农业龙头企业同时，还要提高农业龙头企业参与国际竞争能力，引导同类农业龙头企业通过商会、协会等途径组建行业协会，实行行业自律，提高参与市场竞争的组织化程度。

3. 完善农产品市场体系

良好的市场环境和完善的市场体系是农业产业经营发展的客观需要我们要建成布局合理、产销结合、公平竞争、统一开放的农产品市场体系。进一步扶持市场发挥服务功能定点支持市场基础设施建设和信息化系统建设，建设多元化的市场价格、供求信息采集、整理和发布系统，为农民、经营户、管理部门提供信息服务。逐步建立农产品市场准入制度，加强市场开拓。加大农产品贩销大户、经纪人队伍培育，以市场为依托，通过组建农产品户行业协会的途径，提高农产品经营户的组织化程度。

4. 大力发展农业专业合作组织

结合本地情况，制定示范章程，鼓励和支持发展多种形式的农民专业合作经济组织，规范农村专业合作经济组织内部组织建设。明确专业合作经济组织的业务指导部门和确认部门，形成统一指导、多部门多形式兴办的格局，继续扩大试点范围，总结成功经验，逐步加以推广。按照民办、民管、民受益的原则，积极稳妥地发展各种形式的农产品行业协会，把转变政府职能同加强行业协会自身建设紧密结合起来，充分发挥行业协会在产业服务、行业自律等方面的作用。加大对专业合作经济组织的支持力度，在财政、税收、用地、用电等方面提供优惠政策，加强监督管理，使各类中介组织真正成为连接农户与龙头企业，农户与市场的桥梁和纽带，为农村经济的发展发挥最大作用。

5. 完善和创新利益联结机制

在坚持家庭承包经营基础上，鼓励和引导龙头企业与基地和农户建/稳定的产销协

作关系和多种形式的利益联结机制。大力发展订单农业，积极支持有条件的龙头企业在收购农产品时，确定最低收购保护价，将部分加工、销售环节的利润返还给农户，促进龙头企业与农户形成相对稳定的购销关系；积极鼓励龙头企业通过股份制、股份合作制等形式，与农户在产权上结成更紧密的利益共同体，形成"自愿互利、利益均沾、风险共担"的新机制，保护企业和农户的利益，充分发挥龙头企业对农民增收的带动作用。

6. 努力提高产业化科技水平

科技进步是农业产业化经营发展的内在动力。加大新品种研究开发、引进、繁育和推广力度，改善产品结构，提高产品品质，发展名特优新稀农产品。加强农产品质量管理，确保农产品质量安全。发挥农业龙头企业优势，支持重点农业龙头企业建立技术研究开发机构，实行产学研结合，农技人员、科研单位参与农业产业化经营。

7. 积极开拓国外市场

进一步改善农业投资环境，加大农业招商引资力度，积极引进国外良种、技术、设备、资金、人才及经营管理经验，实现与国际水平接轨，进一步完善出口机制，重点扶持和发展外向型加工、流通龙头企业，建设一批有较强竞争力的农业出口产业。积极支持农业龙头企业自营出口，建立出口创汇农产品生产基地，参与国际竞争，鼓励有条件的龙头组织跨国经营，开发农产品原料基地和兴办农产品加工企业。加大我国农产品对外宣传力度，使我国更多的农产品销往国内外市场。

8. 加强对农业产业化工作的管理

农业产业化工作是一项系统工程，难度大，涉及部门多。要切实加强对农业产业化工作的领导，从上到下，加快建立农业产业化工作领导和职能机构，要明确职责，加快落实。要把农业产业化工作纳入各级政府、有关部门目标考核体系的重要内容。

各级政府部门对出台的扶持农业产业化经营的政策要进行督查，确保及时落实到位，产生效益。

二、农村农业产业部门管理

农业是以有生命的动植物为主要劳动对象，以土地为基本生产资料，依靠生物的生长发育来取得动植物产品的社会生产部门。

（一）农村农业产业分类

根据农业生产结构划分，农业分为种植业、林业、畜牧业、渔业和副业。

1. 种植业

种植业即狭义农业，是指栽培各种农作物以及取得植物性产品的农业生产部门。种植业是农业的主要组成部分之一，主要包括粮食作物、经济作物、饲料作物、绿肥作物以及蔬菜、花卉等园艺作物。种植五谷，其具体项目，通常用"十二个字"即粮、棉、油、麻、丝（桑）、茶、糖、菜、烟、果、药、杂来代表。有粮食作物、经济作物、蔬菜作物、绿肥作物、饲料作物、牧草等。就其本质而言，种植业是以土地为重要生产资料，利用绿色植物，通过光合作用把自然界中的二氧化碳、水和矿物质合成有机物质，同时，把太阳能转化为化学能贮藏在有机物质中，它是一切以植物产品为食品的物质来源，也是人类生命活动的物质基础种植业特别是其中粮食作物生产的发展对畜牧业、工业的发展和人民生活水平的提高，有着十分重要的意义，中国种植业历史悠久，在农业中所占比重大，正确处理种植业与其他各业的关系，正确确定种植业内部各类作物的种植比例是合理利用土地、加快农业发展的重要条件

2. 林业

林业是指保护生态环境和生态平衡，培育和保护森林以取得木材和其他林产品、利用林木的自然特性以发挥防护作用的生产部门，是国民经济的重要组成部分之一。林业包括造林、育林、护林、森林采伐和更新、木材和其他林产品的采集和加工等。发展林业，除可提供大量国民经济所需的产品外，还可以发挥其保持水土、防风固沙、调节气候、保护环境等重要作用。

3. 畜牧业

畜牧业是指用放牧、圈养或者二者结合的方式，饲养畜禽以取得动物产品或役畜的生产部门，它包括牲畜饲牧、家禽饲养、经济兽类驯养等畜牧业是农业的主要组成部分之一。农业的重要组成部分，与种植业并列为农业生产的两大支柱。发展畜牧业必须根据各地的自然经济条件，因地制宜，发挥优势。畜牧业主要包括牛、马、驴等家畜家禽饲养业和鹿、貂、水獭等野生经济动物驯养业，它不但为纺织、油脂、食品、制药等工业提供原料，也为人民生活提供肉、乳、蛋、禽等丰富食品，为农业提供役备和粪肥。故做好畜牧业生产对于促进经济发展，改善人民生活，增加出口物资，增强民族团结都具有十分重要的意义。

发展畜牧业的条件是：自然条件适宜，即光、热、水、土适合各类牧草和牲畜的生长发育，草场面积较大，质量较好，类型较多；有一定的物质基础，生产潜力很大，能做到投资少、见效快、收益高；广大农民具有从事畜牧业生产的经验和技能等。畜牧业的类型很多，其中按饲料种类、畜种构成、经营方式，可分为牧区畜牧业、农区畜牧业和城郊畜牧业。

4. 渔业

水产业即渔业，是指捕捞和养殖鱼类和其他水生动物及海藻类等水生植物以取得水产品的社会生产部门。一般分为海洋渔业、淡水渔业。渔业可为人民生活和国家建设提供食品和工业原料。开发和利用水域，采集捕捞与人工养殖各种有经济价值的水生动植物以取得水产品的社会生产部门，是广义农业的重要组成部分。按水域可分为海洋渔业和淡水渔业；按生产特性分为养殖业和捕捞业。

渔业还包括：第一，直接渔业生产前部门。渔船、渔具、渔用仪器、渔用机械及其他渔用生产资料的生产和供应部门。第二，直接渔业后部门。水产品的贮藏、加工、运输和销售等部门。渔业生产的主要特点是以各种水域为基地，以具有再生性的水产经济

动植物资源为对象，具有明显的区域性和季节性，初级产品具鲜活、易变腐和商品性的特点。渔业是国民经济的一个重要部门。

5. 副业

副业是一般指主业以外的生产事业。在中国农业中，副业有两种含义：是指传统农业中，农户从事农业主要生产以外的其他生产事业。在多数地区，以种植业为主业，以饲养猪、鸡等畜禽，采集野生植物和从事家庭手工业等为副业。二是在农业内部的部门划分中，把种植业、林业、畜牧业、渔业以外的生产事业均划为副业。中国有丰富的副业资源，充分利用剩余劳动力、剩余劳动时间和分散的资源、资金发展副业，对于增加农民收入、满足社会需要和推动农业生产发展都有重要意义。副业生产，特别是其中的采集和捕猎对自然资源的状况影响较大。因此，发展副业时，注意保护自然资源和维护生态环境十分重要。

（二）农村农业部门经济管理

下面主要以林业、畜牧业、渔业部门管理为例，探讨农村农业部门经济管理。

1. 林业部门经济管理

（1）森林采伐管理

森林采伐更新要贯彻"以营林为基础，普遍护林，大力造林，采育结合，永续利用"的林业建设方针，执行森林经营方案，实行限额采伐，并采用森林采伐许可证管理制度，发挥森林的生态效益、经济效益和社会效益的作用。

第一，林木采伐许可证管理。采伐林木必须申请采伐许可证，按许可证的规定进行采伐；农村居民采伐自留地和房前屋后个人所有的零星林木除外。

第二，采伐森林和林木的规定，包括：成熟的用材林应当根据不同情况，分别采取择伐、皆伐和渐伐方式，皆伐应当严格控制，并在采伐的当年或者次年内完成更新造林。防护林和特种用途林中的国防林、母树林、环境保护林、风景林，只准进行抚育和更新性质的采伐。特种用途林中的名胜古迹和革命纪念地的林木、自然保护区的森林，严禁采伐。

第三，森林采伐实行限额管理。国家所有的森林和林木以国有林业企业事业单位、农场、厂矿为单位，集体所有的森林和林木、个人所有的林木以县为单位，制定年森林采伐限额，由省、自治区、直辖市人民政府林业主管部门汇总、平衡，经本级人民政府审核后，报国务院批准；其中，重点林区的年森林采伐限额，由林业主管部门审核后，报国务院批准。采伐森林、林木作为商品销售的，必须纳入国家年度木材生产计划，但是，农村居民采伐自留山上个人所有的薪炭林和自留地、房前屋后个人有的零星林木除外

（2）木材经营的管理

经营木材需要符合下列要求：

第一，在林区经营（含加工）木材，必须经县级以上人民政府林业主管部门批准，木材收购单位和个人不得收购没有林木采伐许可证或者其他合法来源证明的木材。

第二，从林区运出非国家统一调拨的木材，必须持有县级以上人民政府林业主管部门核发的木材运输证。重点林区的木材运输证，由国务院林业主管部门核发；其他木材运输证，由县级以上地方人民政府林业主管部门核发。木材运输证自木材起运点到终点全程有效，必须随货同行。没有木材运输证的，承运单位和个人不得承运。

第三，申请木材运输证应提交以下证明文件：木材采伐许可证或其他合法来源证明，检疫证明；省、自治区、直辖市人民政府林业主管部门给定的其他文件。符合上述条件的，受理木材运输证申请的县级以上林业主管部门应当在自接受申请之日起3日内发给木材运输证。依法发放的木材运输证所准运的木材运输总值，不得超过当地年度木材生产计划规定可以运输销售的木材总量。

经省、自治区、直辖市人民政府批准在林区设立的木材检疫站，负责检查木材运输；无证运输木材的，木材检疫站应当下以制止，可以暂扣无证运输的木材，并立即报请县级以上人民政府林业主管部门依法处理。

2. 畜牧业部门经济管理

畜牧业是我国农村经济主导产业之一。

（1）动物防疫管理

动物的防疫管理工作主要分为以下部分：

①疫情的管理

疫情的管理指对动物传染病、寄生虫病等疫情的监测、报告和发布以及疫情的控制和扑灭的管理。

②防疫的管理

国家对动物疫病实行预防为主的方针，《中华人民共和国动物防疫法》规定，国家对严重危害养殖生产和人体健康的动物疫病实行计划免疫制度，实施强制免疫。

③检疫的管理

检疫的管理主要指动物和动物产品的检疫，动物防疫监督机构要按照国家标准和国务院畜牧兽医行政管理部门的规定对动物及其相应产品实施检疫，由动物检疫员具体实施检疫。

④防疫的监督管理

防疫的监督管理主要指对动物防疫工作的监督，有动物防疫监督机构对动物防疫工作进行监督，动物防疫监督机构的执行检测、监督任务时，而以对动物、动物产品估样、留检抽检，对没有检疫证明的动物、动物产品进行补验或重验，对染疫或者疑似染疫的动物和动物产品进行隔离、封存和处理。

（2）草原管理

草原管理主要指对我国的草原包括草山和草地的管理，其目的是加强草原的保护、管理、建设和合理利用，保护和改善生态环境，管理的主要依据是《中华人民共和国草原法》（以下简称《草原法》）。草原法是保护、建设和合理利用草原的法律保障，是管理草原、治理草原的法律依据，它所确定的国家的草原实行科学规划、全面保护、重点建设、合理利用的方针。

草原的管理工作主要包括以下两个部分：

①草原的利用管理

草原除了法律规定属于集体所有的外，均属于国家所有，即全民所有。《草原法》规定，全民所有的草原，可以固定给集体长期使用。全民所有的草原、集体所有的草原和集体长期固定使用的全民所有的草原，可以由集体者或者个人承包从事畜牧业生产。

②草原的保护管理

在草原的保护方面，如国家实行基本草原保护制度、国务院草原行政主管部门或者省、自治区、直辖市人民政府可以按照自然保护区管理的有关规定在下列地区建立草原自然保护区、县级以上人民政府应当依法加强对草原珍稀濒危野生植物和种质资源的保护管理、国家对草原实行以草定畜、草畜平衡制度、禁止开垦草原、对严重退化、沙化、盐碱化、石漠化的草原和生态脆弱区的草原，实行禁牧、休牧制度、国家支持依法实行退耕还草和禁牧、休牧等。为了更好地依法做好草原的保护管理，要抓好的工作：

③兽药管理

兽药产品具有一定的特殊性，除了涉及产品质量问题外，还有一个很重要的是动物食品的药物残留问题，即动物食品的安全问题，其管理的依据主要是《兽药管理条例》，该条例把兽药的管理权限集中在农业部和省（区、市）两级畜牧兽医管理部门，地县两级畜牧兽医管理部门权限和职责主要包括：贯彻执行《兽药管理条例》以及国家有关兽药药政法规和上一级农牧行政管理机关发布的有关兽药管理规定；行使本辖区兽药生产、经营、使用的监督管理权；调查、处理兽医生产、经营、使用中的质量事故和纠纷，决定行政处罚；向上级农牧行政管理机关反映兽药生产、经营使用中存在的问题。

④饲料和饲料添加剂管理

饲料和饲料添加剂是指经工业化加工、制作的供动物食用的饲料，管理的依据是《饲料和饲料添加剂管理条例》，该条例规定，县级以上地方人民政府饲料管理部门负责本行政区域内的饲料、饲料添加剂的管理工作，其主要职责包括：

A.定期抽查饲料和饲料添加剂产品质量。县级以上地方人民政府饲料管理部门根据饲料、饲料添加剂质量监督抽查工作规划，可以组织对饲料、饲料添加剂进行监督抽查，并会同同级产品质量监督管理部门公布抽查结果。

B.对各种违规行为实施行政处罚。《饲料和饲料添加剂管理条例》规定了对多种违规行为的处罚办法和处罚标准，包括责令停止生产和经营、罚款和吊销生产经营许可证等。

⑤种畜禽管理

种畜禽是指种用的家畜家禽，管理的目的主要是保护畜禽品种资源，保障种畜禽质量，管理的依据主要是《种畜禽管理条例》，该条例规定，县级以上地方人民政府畜牧行政主管部门主管本行政区域内的种畜禽管理工作。对种畜禽质量的管理主要包括两个方面：一是种用畜禽的质量，要符合种用质量标准，要有《种畜禽生产经营许可证》；

二是种畜禽的健康要符合兽医卫生标准，即要有《动物防疫合格证》，国内异地引进种用动物及其精液、胚胎、种蛋的，应当先到当地动物防疫监督机构办理检疫审批手续并须检疫合格。

3. 渔业部门经济管理

为了加强渔业资源的保护、增殖、开发和合理利用，发展人工养殖，保障渔业生产者的合法权益，促进渔业生产的发展，适应社会主义建设和人民生活的需要、必须加强对渔业的管理。

（1）渔业管理的基本原则

第一，国家对渔业的监督管理，实行统一领导，分级管理；第二，海洋渔业，除国务院划定由国务院渔业行政主管部门及其所属的渔政监督管理机构监督管理的海域和特定渔业资源渔场外，由毗邻海域的省、自治区、直辖市人民政府渔业行政主管部门监督管理；第三，江河、湖泊等水域的渔业，按照行政区划由有关县级以上人民政府渔业行政主管部门监督管理；跨行政区域的、由有关县级以上地方人民政府协商制定管理办法，或者由上一级人民政府渔业行政主管部。

（2）渔政管理体系建设

依法从事渔业生产，保护渔业资源和生态环境，保证渔业的可持续发展，已为越来越多的渔民群众所理解和接受，为渔业法律、法规的有效贯彻执行创造了有利的环境和条件。渔业行政执法队伍在发展中不断壮大。根据《中华人民共和国渔业法》和有关法律、法规的规定，全国县和县以上渔业行政主管部门和重点渔港均设立了渔政渔港监督管理机构，配备了渔业行政执法人员和执法装备，初步形成了一支统一领导、分级管理的渔业行政执法队伍。建立了渔业资源监测网、渔业环境监测网、近海渔业安全救助通信网等信息系统，为渔业管理提供必要的依据和技术支持。

第三节　农村信息管理与信息化建设

一、农村信息及其管理

（一）农村经济管理所需信息

有了准确、及时、全面的信息才有可能做出正确的决策。在实际工作中，农村经济管理需要注意掌握以下信息：

1. 农村市场信息

开展农村经济活动，需要了解市场信息。农村市场信息主要包括以下内容：

（1）农产品市场价格信息

我国幅员辽阔，农产品市场价格具有以下特点：

第一，各地差异大。鲜活农产品、特种农产品的价格，各地差异较大。其原因在于：一是各地生产成本不同；二是各地市场供求量不同。由于生产成本和市场供求量是经常变化的，因此产品的市场价格也会随之变化。农村经济管理要随时了解各地市场的价格行情：如果有条件，还需要了解相关农产品的价格行情，通过分析产品的价格行情和成本，寻找盈利最大的项目。

第二，价格变化快。从统计分析的结果来看，市场价格变化快的当属鲜活农产品，而青菜的价格又是鲜活农产品中变化最快的。进入21世纪后，虽然蔬菜生产进入专业化、区域化阶段，但蔬菜价格的波动仍然是大的除了蔬菜外，其他鲜活农产品由于生产的季节性强，保鲜成本高，价格的变化也很快部分产品不但每天价格不同，而且早晚价格也有变化。

第三，质量差价大。进入21世纪后，我国农产品质量差价逐步拉开，同一农产品因品牌、质量等的不同价格也有很大的差距农村经济管理者不能简单地了解某一品种的农产品价格是多少，还需要了解在不同的产地品种规格、品牌、质量等级条件下的市场价格。

第四，变化有一定的规律。看似起伏不定的农产品价格变化主要是供求决定的：在消费需求不变的条件下，生产增h后，价格会下降；在生产不变的条件下，消费需求减少，价格将下降；在消费需求增加的条件下，生产不变，价格将上涨；在消费需求不变的条件下，生产减少，价格将上涨；在消费和生产同时增加时，如果消费增长快于生产的增长，则价格上涨，如果消费增长低于生产的增长，则价格下降；在消费和生产同时下降时，如果消费下降低于生产下降，则价格将下降，如果消费下降快于生产下降，则价格上涨；当消费下降生产增加时，价格将大幅度下降，反之价格将大幅度上涨。掌握上述规律，就可以基本把握市场价格的变化趋势。

（2）农产品市场需求信息

在农村经济活动中，特别需要了解下列市场需求信息：

第一，批发与零售市场的产品需求。产品批发与零售市场是目前农村生产经营单位了解产品市场信息的主渠道。由于需求变化时价格也会相应发生变化，农村生产经营者还可以通过价格信息认识产品需求变化的方向及其程度。

第二，加工企业对原料的需求。有些企业需要的农产品是从市场采购的，这类企业的农产品需求信息可以从市场价格上得到反映。同时，目前也出现了大量与农业生产单位签订合同，委托农业生产单位生产的加工企业。这类企业对于农产品的需求难以从批发与零售市场上直接得到，多数需要从企业的有关信息中得到反映。

第三，直接消费需求。我国连锁企业的发展速度非常快。不少大型连锁企业有自己的生产基地，如比较知名的连锁餐馆肯德基、麦当劳、全聚德，以及欧尚、家乐福、沃尔玛等连锁超市均有自己的生产基地，所用农产品原料大部分通过订单生产。这部分产品的需求数量稳定，价格合理，能够为农村带来稳定的收入。认识这类产品的市场需求，需要从相关调查及专业统计第四，产品出口的需求。出口农产品一般是采购商直接与农业生产单位联系，或者农业生产单位自行组织出口，在国内农产品市场上很难了解到这方面的信息，但可以从外贸企业，或在有关进出口贸易的统计报表上了解到。

（3）农产品市场趋势信息

产品的价格是由供求决定的，而消费者的需求变化与收入相关。这样我们就可以通过收集有关供求变化和收入变化等信息认识产品市场供求的未来趋势。如在猪肉市场上，母猪的饲养决定仔猪的数量，如果母猪大量减少，未来市场的仔猪必然减少，在一定时期内猪肉的供应也会减少，如果需求不变，将使猪肉的价格上涨。

2. 农村生产条件信息

农村生产受自然条件的影响较大，同时也受到生产资料供应、运输、技术等条件的制约，在决策时还需要掌握这些方面的信息。

（1）农村生产的基本条件

土壤、气候、水文是农村生产的基本条件。了解这些条件需要掌握长时间的资料，需要进行一定的分析，需要有科学的手段。如我国的寒潮往往几年一次，受这种寒潮的影响，南方的一些种植、养殖项目会受到很大影响。在这类地区生产有关农产品时，掌握寒潮等信息就非常重要。类似的还有台风、洪水的影响等。

在某些产品的种植或养殖中，需要有一定的特殊条件。如决定柑橘甜度除了温度和日照外，还与土壤中氮磷、钾的比例密切相关，与微量元素有关。种植柑橘时，如果不了解土壤的详细信息，就很难生产出高质量的柑橘。

（2）农村生产的竞争性条件

农村生产经营要取得好的经济效益，就要在市场上有竞争优势，这就需要掌握有关竞争者的信息，主要有以下方面：

第一，竞争者的自然条件。农业生产是自然再生产与经济再生产的结合，拥有良好的自然条件才有生产优势。自然条件的优劣决定了不同地区具有不同的最适合、较适合与不适合生产的农产品，根据相关信息，找到最适合本地生产的农产品，可以获得最好的经济效益。

第二，竞争者的外部经济条件。外部经济条件是指一个区域所形成的对某一产品生产销售的有利条件。当前，农村生产的专业化区域开始出现，在区域中已经形成了对相关产品的科学研究、销售组织、技术培训、生产资料供应、产品对外宣传等条件，而在其他区域内生产同种产品由于缺乏上述外部经济条件，就很难得到同样的经济效益。因此，了解竞争者的外部经济条件，知己知彼，尤为重要。

3. 农村产业发展信息

农村经济管理除需要了解市场，认识竞争者外，还要详细了解与本村产业发展有关的信息。

（1）产品生产总量信息

在需求相对固定的条件下，了解未来产品生产的总量，便于正确预测市场价格的变化。

（2）新品种与新技术信息

当前，我国农业生产的新技术、新品种、新产品不断涌现，合理运用新的技术，及时更换新的品种，在不增加或少增加投入的同时可以明显提高产量和收入水平。由于农业生产受地理条件、气候条件等因素的影响，对哪些新品种、新技术可以用于当地，需要有深入的了解和认识。

（3）服务信息

当前，农村服务项目在不断增加，甚至有些服务项目已经十分普遍，如种植业中的土壤分析、机耕、播种、插秧、机收等，养殖业中的饲料分析、防疫等。农村社会化服务能够提高生产的专业化水平，可以在较低投入的同时获得显著的经济效益，可以解决农村生产经营者的难题。因此，了解服务信息，对农村生产经营十分必要。

（4）相关产品信息

这里的相关产品是指替代产品和相关生产资料。

第一，替代产品信息。日常生产和生活中，农产品可以相互替代，部分工业品也可以替代农产品。可替代产品的供求对市场价格也有很大的影响。替代性最主要的标志是：一种产品的供求发生变化时；另一种产品的供求也发生相应的变化，即在替代产品的供求发生变化时，会影响被替代产品的市场供求，从而使其价格发生相应的变化。因此，了解替代产品信息也很重要。

第二，相关生产资料信息。农业生产资料价格是决定农产品生产成本的重要因素之一，影响农产品的经济效益。因此，对于农业生产资料信息也需要有一定的了解。

（二）农村信息管理工作

农村经济管理者要用好信息，需要做好信息管理工作。

1. 农村信息管理必要性

（1）管好用好信息才有正确决策

农村生产经营信息往往影响着农村生产经营的经济效益。信息对农村商品生产所起到的显著作用。当前，信息已成为农村经济发展的重要条件。如何从农村的实际出发，进行正确的决策，对于农村经济的发展有着非常重要的作用。然而，正确的决策必须以全面准确反映整个市场变化和农村经济活动的信息为依据。掌握信息和了解情况，是进行农村经济决策最起码的条件，也是决定决策正确与否的基础。

（2）管好用好信息才能沟通城乡联系

市场经济体制下农村经济的发展依赖于日益紧密的城乡联系，不但农产品的销售依赖于城市的需求信息，而且农村工业和服务业的发展以及劳务输出等，都依赖于城乡信息的沟通，农村经济管理者要管好、用好信息，可以在一定程度上缓解农村信息不畅通的问题，促进农村经济的发展。

（3）管好用好信息才能提高效率

当前，世界科技发达、市场广阔，为农村生产经营效率的提高奠定了基础。然而利用好科技进步的成果，打开广阔的市场，先要掌握相关信息。在信息化时代，国家疏通了信息通向农村的渠道，但有关信息真假难辨，有用的信息时常混杂在大量的无用、虚假信息中，农村经济管理者一方面要收集信息；另一方面要管理好相关信息，去粗取精、去伪存真，掌握有用的、真实的信息，从而才能真正加快农村的科技进步，才能真正打开更加广阔的市场。

2. 农村信息管理特点

（1）农村信息管理要结合农村的实际需要

农村生产经营需要的信息非常具体，仅从公共渠道中很难找到。需要农村经济管理者的长期努力，通过信息管理，从分析、判断、调查中找到农村发展所需要的有用信息。

（2）农村信息管理要沟通与上级的联系

目前已经建立起多个农村信息系统，各地都建立了农村信息的专业机构，不少乡镇还设立了信息服务站。农村经济管理者要充分利用好上级有关部门提供的条件，加强与有关部门和单位的联系，以缓解农村信息管理力量不足的问题：

（3）农村信息管理要满足农民的多种需求

农村经济管理者既要满足农户生产经营活动中对信息的需求满足农民外出，包括到境外从事生产经营活动的信息需求；也要满足农民生活对信息的需求，如农民卫生防疫、健康养生、医疗保险，以及文化生活方面的信息等。

3. 农村信息管理内容

（1）建立信息管理的相关制度

农村的情况和条件不同，建立的信息管理制度也不尽一致，主要有以下方面：

第一，历史信息的存档制度。农村中许多重大事件都有文字材料，这些材料既是本村历史事件发展的记载，又是日后工作的重要依据，需要将这些材料分类保管：农村中与外单位签订的合同、与村民签订的合同，以及重要会议的记录、重大事件记载的材料等，都需要通过制度保管起来。

第二，重大信息的收集制度。有些信息对于本村的发展至关重要，而社会上这些信息又相对零乱，农村经济组织对这类信息要建立收集制度。

第三，相关信息的公开制度。目前，不少农村实行了党务、财务、村务三公开的制度，要对农村生产经营信息和需要公开的其他信息，向村民一并公开。在制定信息公开制度时，除公开的内容外，还应包括公开的程序、公开的形式、公开的时间及对信息公开的监督等内容。

（2）落实信息管理的相关人员

为保证信息管理落到实处，农村经济组织需要安排信息管理人员。对于集体经济实力雄厚的农村，时以根据需要安排有关的信息收集小组；对于人口少、集体经济实力弱的农村，也应该安排专人或者兼职人员管理相关信息。信息管理人员要有较高的文化程度和一定的专业能力，而且农村经济组织要为信息管理人员提供必要的条件，以使之能够切实完成信息管理的任务。

（3）用好现代信息技术与设备

农村信息管理中要用好现有的各种设备和技术。如有的农村通过群发短信向广大村民公开信息，速度快、效果好、费用省，受到了农民的欢迎；有不少农村还利用上级配给的计算机，开展与有关专家的网络对话和视频交流，解决了生产中的技术问题；也有不少农村通过专业的信息网络，了解农产品的产销信息；还有不少农村支持农民专业合作社发展电子商务也取得了一定的成效。

二、农村的信息化建设

在大数据的时代背景下，我国农村信息化的宏观环境逐渐形成，迎来了难得的发展机遇，农业信息技术的运用进入快速发展期，农业农村信息服务也在不断普及。

（一）加大农村信息化政策体系建设

加强农村信息化政策顶层设计与规划引导是农村信息化工作的重点，利用大数据手段设计农业农村信息化顶层结构，从国家层面统筹和规划大数据资源开发利用，需要先对国际大数据的前沿动态有所了解，分析大数据行业的整体发展趋势，积极研发相关关键技术，再根据我国农业农村发展的具体特点和需求，进一步拓展和深化相关领域。推动现代大数据、互联网、云计算等信息技术与农业产业的生产发展相融合，打造智能化、信息化的现代农业。

（二）完善农村信息化基础设施建设

大数据对于优化农村土地、人力资源配置和解决农民信息不对称问题具有重要作用，要完善农业农村信息化建设，推动社会力量参与进来，首先需要提升农村信息化基础设施水平。大力引进数字政务向基层推进，完善数字农业生产服务系统与经营信息共享系统，以数字农业为抓手，培养批农业大数据应用示范项目，推进现代农业智慧园建设。整合农民人社、医保、教育等部门公共信息，建立乡村公共服务与社会救助信息共享平台，着力解决农民在市场化经营中面临的信息不对称等问题。

（三）深化农村大数据应用建设

要深化大数据在农业生产经营、管理和服务等方面的创新应用，可以从物联网、云计算、5G等现代信息技术入手，实现农业生产的精准施肥、智能灌溉等，同时还要积极组织研发适用于该地区农业发展的电子信息技术，实现对农业生产全过程的信息化管理，提高信息化农业装备的引导能力。农村信息化建设是开展农村电子商务的基础，在利用大数据发展农村信息化建设的同时，还要加强农民对电子商务的了解，让他们获取养殖种植技术，提高农村文化素养，延长农业产业链，实现农产品直销，帮助农民从电子商务和农村信息化建设中获得利益，推动我国农村信息化建设快速发展。

（四）加快信息平台建设，做好信息采集

大数据与数据库不同，大数据更注重对信息的整理和挖掘，以及信息共享过程中其自身的价值体现，完善新农村信息化建设，需要政府及相关主管部门建立信息服务平台，培训信息采集员，建立数据编码、采集、分类、共享和交换等相关配套标准，倡导信息主动共享和协议共享，激发农村农民在各方面信息资源共享的积极性。此外，还可以在信息服务平台中设置"咨询交流"模块，但同时也要让农民认识到信息化服务的价值与重要性，加大网络信息服务平台的宣传力度，告诉农民具体的使用方法，并选取重点领域开展示范与网络共享，探索农业农村信息化发展机制、路径与新的商业模式，提高农业信息化水平，培育智慧农业产业。

（五）加强农业大数据人才培养体系建立

提高农民素质是提升农业经营效率的重要手段，现代化农业应当加快人才建设，在有针对性的培训下培育新型职业农民和农业经营主体，将他们培育成一支有自主经营意识和信息技术知识水平的"互联网+"现代农业建设队伍。

第四节　农村经济管理的创新策略

农业经济在我国处于基础地位，其发展对于我国农村乃至于国民经济的建设都是极为重要的。农业经济管理不仅需要依托于当地的自然情况，同时也要遵循市场规律。农村经济管理侧重于地域性，重视对于某区域内的生产要素进行整合与调配，应用产业化模式来更新生产方式，这样才能缓解和解决"三农"问题。随着社会经济的快速发展，人们的整体生活水平也得到大幅度的提升，而为了促进农村经济发展，我们要采取有效措施来加强管理，这就需要对传统农业管理模式进行优化和创新，只有这样才能够改善农民的生活条件，进而促进农村经济建设可持续发展。

而且时代的不断变化，越来越多的人也开始重视对农村经济体系改革，因为这直接关乎农民的生活质量和水平，市场经济体系的快速发展，也为我国农业现代化发展注入了生命与活力，所以我们应站在新农建设环境角度下对传统农业管理模式进行创新，进而促进农业经济管理工作得以有序展开。

一、农村经济管理的策略

第一，提高对经济管理职能的重视。农业经济在我国国民经济发展中的地位极为重要，所以农业经济管理人员要对自身的职责重视起来，履行职能，推动农村经济的发展，提高自身的服务意识。而与此同时，当地的政府部门也需要提高对农业经济管理的重视程度，为了保证相关部门管理人员的业务能力，可以积极组织培训，普及先进的生产与

管理方式，并下乡检查，监督各项改革措施的实行。只有转变传统的思维方式，树立起全新的农村管理理念，才能促进农村经济的发展气

第二，建设完善的管理体制。开展农村经济管理工作离不开一套健全的管理制度，并需要在具体工作中不断优化与完善。结合当前农村经济发展的需要来建立切实可行的农村管理体制，确保农村经济管理各项工作的顺利开展以及与农村各个方面建设工作的紧密结合，从而提高农村经济发展水平，获取更高的市场经济效益。在这方面应当关注食品健康以及原材料安全性等方面的问题，在实际应用中逐步完善市场经济建设措施。

第三，优化管理模式，督促经济管理人员履行职责。随着时代的发展，农村经济的发展与当地经济管理工作的关联越来越密切，因而作为政府管理人员而言，需要对当地农村经济管理给予足够的重视，明确自身的管理职责，积极参与到农村经济管理工作中，并注重工作方式的规范性。地方政府相关部门可以定期开展经济管理知识与业务的培训，保证农村经济管理水平。因而优化管理模式的重点在于督促经济管理人员履行职责，明确农业经济对我国经济体系的基础作用，积极开展各项管理工作，从而实现可持续以及产业化发展。

第四，推进农业产业化发展的管理措施。在新农村建设的大背景之下，需要给予当地农村、农业的发展以一定的扶持与政策倾斜，尤其要保证农村经济发展的资金保障。同时需要加大物力与财力的投资，积极引进电子设备，重视人才的培养，形成一支高业务水平与职业素养的农村经济管理队伍。在产业合作方面，应当结合当地的地域特色，与当地的企业开展合作，尤其重视原料应用以及深加工技术，将原料加工规划工作与产业园规划结合起来，以适应于农村建设的需要。重点扶持当地龙头企业，从而实现对区域经济的带动作用。

此外，政府部门也需要依托于政策的基础，与龙头企业深化合作，实现产业化经济的跨越式发展，这样才能最大程度上发挥合作优势，实现农村建设的目标。为了更好地实现上述措施，应当从提高工作人员执行力入手，提高利益协调效率农业经济管理工作与基层密切相关，只有结合当地的地域特色，明确其经济发展情况，才能提出正确而合理的措施。在农民利益方面，其是农业经济发展的立足点与重要目标，且以农民利益作为出发点，积极解决纠纷。在工作中要积极听取农民的利益诉求、并做好技术普及工作，将先进的生产技术与科学的管理理念作为生产力的重要增长点，从而促进农村地区生产力水平的提高。

二、乡村振兴建设中农村经济管理的创新举措

随着国家乡村振兴战略的实施，农村经济的发展和管理逐渐成为社会关注的焦点，为了解决当前农村经济管理中存在的困难和问题，需要采取一系列创新举措。

（一）加强政府引导，发挥市场机制作用

政府在农村经济管理中，需要加强引导作用，制定相关政策和措施，引导农村经济

转型升级。同时，也更要提高政府服务质量，积极营造良好的营商环境：鼓励和支持社会资本进入农村领域，充分发挥市场机制：境竞农村市场主体、引导农民参与市场经济竞争，推进农村经济的升级发展。

（二）发展特色产业，加强品牌营销

农村经济的发展离不开特色产业，需要通过发展一些有特色、有竞争力的产业，促进区域经济发展。同时，也需要加强品牌营销，打造农村品牌，提高农村产品的市场竞争力。这一方面需要政府、企业以及农村合作社等各方共同合作，共同推进特色产业的发展，另一方面也需要加强农民对特色产业开发的认识和意识，充分发挥他们的主体作用。

（三）拓宽农产品销售渠道

农产品销售渠道是农村经济管理中比较重要的问题，要想保证农民的收入稳定，必须要拓宽农产品销售渠道。除了传统的批发市场或者超市，还可以通过电商、农产品展示馆、农村直供店等多种方式进行销售，提高销售渠道的多样化和便利性。同时，也可以通过农产品定向采购、合作社等模式，实现供需的稳定，有效地提高农民的收益。

（四）加强人才引领，推动科技创新

推动科技创新是农村经济管理中的一项重要任务，需要加强人才引领，营造良好的创新环境。可以通过建立科技创新示范基地、设立科技创新基金等方式，支持和引导农村科技创新，推进农村经济的升级转型。同时，还需要加强技术培训和科技普及，提高农民的科技创新能力和水平。

（五）加强农村金融服务，提升金融支持能力

加强农村金融服务是农村经济管理中不可或缺的一部分，需要提升金融支持能力，保障农民和农业企业的资金需求。可以通过建立农村金融服务网点、开展信用体系建设等方式，提高金融服务的覆盖面和便利性。同时，还可以探索创新金融产品，如农村小额贷款、农村信用社合作贷等方式，满足农民和农业企业的多元化资金需求。

农业数字化建设是农业经济管理创新的重要内容，可以帮助农业企业实现数字化转型，提高运营效率和决策水平。随着科技的不断发展，农业数字化建设已经成为数字化时代的必然选择。政府应当加大对农业数字化建设的支持，推广数字农业生产、追溯溯源、交易结算等数字化服务，提高物流配送、供应链建设等数字化程度，持续提升产业的竞争力和发展水平。

（六）提高经营主体的能力水平

农业经济管理的发展需要强有力的经营主体。当前，农村经济发展中存在人才紧缺、资金不足等问题。为此，应当加强农业人才培养和引进，提高农业经营的人才素质和管理能力，打造一批专业的农业经营主体。此外，政府可加强农业金融服务，为农村小微

企业提供贷款支持，使得农村企业能够更好地发展。

综上所述，农村经济管理的创新举措包括政府引导、特色产业发展、农产品销售、科技创新和农村金融服务等方面。这些创新举措需要政府、企业以及社会各方共同协作，共同推进农村经济的发展，促进乡村振兴战略的顺利实施。

参考文献

[1] 张艳.跨境电商经济发展研究 [M].北京：中国纺织出版社，2022.

[2] 王贤彬，黄亮雄，刘淑琳.经济增长目标引领经济发展研究 [M].广州：暨南大学出版社，2022.

[3] 杨力.经济发展中的法律问题研究 [M].长春：吉林人民出版社，2022.

[4] 王玮.科技投入与经济发展关系研究 [M].长春：吉林出版集团股份有限公司，2022.

[5] 程晶蓉.发展中国家经济发展根源新探一种货币的角度 [M].天津：南开大学出版社，2022.

[6] 曹颖.现代商业经济发展研究 [M].长春：吉林科学技术出版社，2021.

[7] 王言.中国经济发展新阶段研究 [M].太原：山西经济出版社，2021.

[8] 陆晓禾.企业和经济发展中的伦理、创新与福祉 [M].上海：上海社会科学院出版社，2021.

[9] 兰小欢.置身事内中国政府与经济发展 [M].2021.

[10] 赵文强.中国民营经济发展的制度变迁研究 [M].广州：广州中山大学出版社，2021.

[11] 左燕薇，李墨溪，刘虔.多维视角下的经济发展战略研究 [M].长春：吉林科学技术出版社，2021.

[12] 祁翔，荣金霞，史文燕.现代经济发展理论与实践 [M].哈尔滨：哈尔滨出版社，2021.

[13] 张琳琳，郭璟坤.效能航空城面向全球竞争的中国临空经济发展新模式 [M].北京：航空工业出版社，2021.

[14] 窦玉鹏.区域经济发展动力转换从战略到政策 [M].长春：吉林大学出版社，2021.

[15] 林善炜.发展战略与福州经济发展研究 [M].厦门：厦门大学出版社，2020.

[16] 张岩，姜辉.中国城市经济发展理论与实践研究 [M].长春：吉林人民出版社，2020.

[17] 丁丽芸.现代经济发展与就业规划 [M].哈尔滨：哈尔滨出版社，2020.

[18] 龚勇.数字经济发展与企业变革 [M].北京：中国商业出版社，2020.

[19] 赵高斌，康峰，陈志文.经济发展要素与企业管理 [M].长春：吉林人民出版社，

2020.

[20] 孟捷 . 当代中国经济发展的逻辑 [M]. 上海：上海人民出版社，2019.

[21] 陈增帅 . 经济改革及经济发展问题研究 [M]. 兰州：甘肃人民出版社，2019.

[22] 徐大丰 . 我国低碳经济的发展 [M]. 上海：复旦大学出版社，2019.

[23] 孟习贞，田松青 . 经济发展解读 [M]. 扬州：广陵书社，2019.

[24] 方天坤 . 农业经济管理 [M]. 中国农业大学出版社，2019.

[25] 潘传快 . 农业经济调查数据的缺失值处理模型和方法 [M]. 汕头：汕头大学出版社，2019.

[26] 邢旭英，李晓清，冯春营 . 农林资源经济与生态农业建设 [M]. 北京：经济日报出版社，2019.

[27] 赵丽红，刘薇 . 绿色农业经济发展 [M]. 咸阳：西北农林科技大学出版社，2019.

[28] 张忠根 . 农业经济学 [M]. 北京：科学出版社，2019.

[29] 张德元 . 农业经济学刊 [M]. 北京：社会科学文献出版社，2019.

[30] 陈其，周蓓 . 农业经济史 [M]. 郑州：河南人民出版社，2018.

[31] 张冬平，孟志兴 . 农业技术经济学 [M]. 北京：中国农业大学出版社，2018.